现代汉语粘合式结构范畴化研究

全国斌　著

安徽大学出版社

图书在版编目(CIP)数据

现代汉语粘合式结构范畴化研究 / 全国斌著．—合肥：安徽大学出版社，2009.4

ISBN 978－7－81110－555－1

Ⅰ．现… Ⅱ．全… Ⅲ．汉语—语法结构—现代—研究 Ⅳ．H146

中国版本图书馆 CIP 数据核字(2009)第 039031 号

现代汉语粘合式结构范畴化研究 全国斌 著

出版发行	安徽大学出版社 (合肥市肥西路 3 号 邮编 230039)	**印 刷**	合肥现代印务有限公司
		开 本	880×1230 1/32
联系电话	编辑部 0551－5108241 发行部 0551－5108397	**印 张**	11.125
		字 数	260 千
电子信箱	ahdxchps@mail.hf.ah.cn	**版 次**	2009 年 6 月第 1 版
责任编辑	马晓波	**印 次**	2009 年 6 月第 1 次印刷
封面设计	孟献辉		

ISBN 978－7－81110－555－1 **定价 26.00 元**

目 录

序

传统语法分词法(morphology)和句法(syntax)两大范畴,认为二者具有不同的语法规则和范围。词法研究词的结构、词形变化和词类,而句法则研究短语、句子的结构规律和类型。就分析程序而言,语言范畴的识别需有形式的依据,而且较之意义、功能更为科学和可靠。对于形态发达的语言基本上可以凭据形式参项来认定,『赤い髪』(红发)是短语,因为『赤い』用了形容词的连体形;『黒髪』(黑发)是词,因为『黒い』的形容词词尾——送假名『い』已脱落。由于有了形式的外衣,辨别语言单位的范畴相对就显得比较容易;而落实到形态不发达的汉语,完全凭借形式来厘定范畴所属则显得事倍功半,“拉货的车”是短语,“大车”则并不能断言是词,范畴所属需借助其他因素来认定。于是,朱德熙承认短语有粘着式结构和组合式结构两种形式,借以说明构式的整体功能和构式“组件”之间的组合能力,但朱先生并没有揭示粘着式结构和组合式结构在意象层面的差异以及给出构式形成的语义动因。

随着功能语法的兴盛和语法化研究的深入,词法和句法分立的合理性受到了前所未有的挑战，"今天的形态是昨天的句法"(Givón1971)这一著名口号的提出和认同预示着词法和句法之间并不存在着清楚的边界，没有不可逾越的天然鸿沟，共时语言系统中大量存在着的兼属、范畴不明等现象是语言范畴之间具有连续统性质的佐证。在这一学术思潮背景下，全国斌博士选取处于词法范畴与句法范畴交接位置上的粘合式结构为考察对象，用认知语言学的原型范畴观来透视粘合式结构的典型性特征以及与其他构式的瓜葛。

在考察过程中，作者将粘合式结构置于"词汇词—词法词/句法词—粘合式结构—组合式结构"的连续统坐标中进行观察，这就为窥见该结构与其他相关语言单位的异同搭建了一个极佳的观望平台。在这一平台上，粘合式结构的各种共时的静态现状都可视为是其他语言构式动态发展、变化的雏形或结果，从而不再孤立地认证粘合式结构的语法性质，大大地拓展了研究视角。这是本书的特点之一。

其实就形态丰富的语言而言，语言单位之间的紧密度和整合度完全可以从形式上得以体现。日语的『引っ越し』、『引越し』和『引越』都是"搬迁"的意思，从『引っ越し』到『引越し』实现了送假名『っ』的脱落，形式的变化表明构式从组合式结构蜕变为粘合式结构的实现，可以视为动词『引く』和『越す』紧密度高的体现；而从『引越し』到『引越』的送假名『し』的消隐则是构式从粘合式结构到句法词的形式折射，蕴含的是语言单位整合程度的高下。汉语虽有零星的表述语言单位间语法关系的标记(如结构助词"的"等)，但缺乏严格意义的形态变化，难以寻觅形态标志。由此，全国斌博士从概念间的语义联系入手，选取构式的指称表达为切入点来解释形式表征的异同。这无疑是一种切合于汉语的研究路径。

作者在《现代汉语粘合式结构范畴化研究》这本书中用力

最勤的是探寻粘合式结构形成的认知基础。全书围绕着“粘合式结构指称次范畴类别”这一主体思路展开，试图论证{词法结构：指称类别}、{粘合式结构：指称次范畴类别}和{组合式结构：指称个别}的客观存在，并以此为线索就影响结构范畴化的结构成分的性质、结构的去范畴化特征、构式语义的形成机制、结构表达的环境制约因素等进行了有益的探讨，给出了一些规则和解释，饶有新意。

粘合式结构典型形式和语义特征的给出只是建构了一个识解词法结构和组合式结构的基础参项，其参项值还须置于“词法结构—粘合式结构—组合式结构”这一连续统中去评估和验证，这是一项更具艰辛的研究，我们期待着作者在不久的将来有更新的研究成果问世。

张国宪

己丑年岁初于东京听雨斋

第一章

粘合式结构的界定及其认知路径

1.1 概 述

1.1.1 结构即关系，功能分类是关系分类

名词或者说典型的名词是表示事物名称的，动词表示动作行为变化，形容词表示事物的性质状态等，这是通常意义上的定义。但意义分类至今没有恐怕永远也不可能有个明确的、一致的结果，因为人们命名一种事物时事实就是建立一种事物类别或为事物的类别增添一个子类。如果把所有的子类归并为若干个大类的话，子类间的区别就突出地表现在语义特征的差别上。如把事物分具体事物、抽象事物、时间和空间等，具体事物分生物与非生物两类，生物分人、其他动物、植物等，人又可以从性别、职业、年龄等方面进行分类，这样形成一个庞大的语义分类系统。操作繁琐失却简明自不待言，关键是存在着无限分类的可能性。“事物”、“动作”、“性状”等都是

从真值条件出发，自然会有这样的结果。研究中人们又把目光转向与句法功能有关的语义特征的类别上。以名词为例，朱德熙按照名词与量词的选择关系把名词分为可数名词、不可数名词、集体名词、抽象名词与专有名词五类（参看朱德熙1982:41～42），王珏（2004:104）也以量词为标准将名词层层二分为非量名词和可量名词、事件名词与事物名词、惟类量名词与非类量名词、部分量名词与非部分量名词、群体名词与非群体名词、局量名词与整量名词等，企图把朱氏的分类进一步引向深入。这种以句法功能为纲的语义特征分类也还不足以达到人们心目中满意的分类效果，究其因还是事物间的区别性与语法分析的工具性间的矛盾。如果把矛盾分为可调和的与不可调和的两类，这种矛盾应该是不可调和的。因为同一功能类别里的名词不一定属于同一个语义特征类别，同一语义特征类别也不一定属于同一个功能类别。这些矛盾都在句法组合里凸显出来，要解决问题恐怕还得放到句法组合中去。

朱德熙（1982:37）认为给汉语的词分类"只能根据词的语法功能"，"一个词的语法功能指的是这个词在句法结构里所能占据的语法位置"。这是布龙菲尔德的分布分析（朱先生在《语法答问》中也公开用了"分布"这一名称）、索绪尔聚合关系的类的发展。结构主义语法排斥语义，但朱先生的分布分析把语义关系的分析糅了进来，用量词的有无和量词的种类来为名词归类，这样就避开了凭事物间的区别性特征给名词划分类别的无限可能性，自然有操作上的便利。但随之又带来了另一个问题：量词是怎么分出来的？量词与名词有着意义上的依存关系，借用量词本身可能就是事物某一方面特征的反映，如"一弯新月"中"弯"的形状特征、"一刀纸"中"刀"赋予纸数量及形状特征等。那么名量词是否应依靠名词、动量词是否要依靠动词来归类呢？这样难免会陷入循环论证的泥淖。然而给词设定一个特定的关系框架来确定其功能的类别是目前最具可操作性的方法，着眼于归类项目的功能相似。食草动物与食肉动物各自的归类首先依靠的是食草还是食肉，尽管每一类别中的子类都有着形状大小等的差异。

传统范畴观的界定特征、原型范畴观典型成员与非典型成员的区别似乎都要面对如何解决循环论证的问题，因为传统范畴观里的界定特征与原型范畴观里的好的、清楚的样本本身的由来都有二分和多分的相对性问题。原型范畴理论关于归类原则的"像"与"不像"标准比传统范畴理论的"是"与"不是"标准大大前进了一步(下文对"原型范畴"有专节阐述)。后来的一种样例说认为，认知系统中存储的是一组特定的例子和情景，而不是原型，为了对新项目进行归类，人们会将它与头脑中所有的类别样例进行比较，而并非仅仅只与原型进行比较(参看莫雷、常建芳 2003:628)。Smith(1989:501～506)，Kruschke(1992:99:22～44)，Malt(1999:40:230～262)等的研究也都指出了这一点：归类是根据刺激项目与对本类成员的记忆痕迹之间重叠的特征的数目来进行的。这并不影响我们承认词类范畴是原型范畴、词类成员有典型与非典型之分这一前提。或者说，样例说实际是着眼于归类的原型论。认知语言学家对"原型"主要有三种理解：一是指范畴内的典型代表；二是指范畴核心概念的概括性图式的表征；三是指范畴由最佳实例及一套最佳实例操作规则两个因素决定的"原型加转换"的观点(参看王寅、李弘 2003:135～136)。样例说偏重归类，原型论偏重分类。这让我们确信范畴化能力的天然存在，尽管目前对其存在机制和形式化规则的研究还很模糊。人们为老虎归类要用到范畴化能力，而对其危险性的认识却更多地借助于范畴化的结果，人类知识库储备往往让人忽视前者的存在，从而注重结果的重新分解。

可以说，为名词设定一个量的框架既是一个形式标准，又是一种意义的抽象，因为数的特征是事物的规定性特征。事物概念上有界和无界的对立在语法上的典型反映就是名词有可数和不可数的对立（参看沈家煊 1995：369）。其他语言可以不用量词而采用其他方式来表达这一规定性特征，范畴化能力是人类的，范畴化方式是民族的。基于词有定类来源于人的范畴化能力、相似性可用于归类、原型是分类的基础、范畴化方式是功能的等等这样一些前提，可以把量词作为一种功能词来看（事实上量词的后起也间接说明了汉人认知方式的发展变化）。而量词本身的意义也都是就地取材来的，好比汉语的借词，多用意译的，尽可能少用音译的，便于符号的高效使用，减少记忆负担。人们用废纸或干草等来引燃木柴，废纸或干草就是一种引火物，一种媒介而已。用这种引火物而不用其他的是就地取材，凸显的是媒介功能，背景信息是易燃。量词是汉语词类中范围最不稳定的类，临时量词都是借用来的，数量不固定。印欧语中的冠词却是个封闭的类，但与量词的功能的性质是相通的。如此再回头看为名词设定的量的框架，倒不至于重回到循环论证的泥淖中去。

然而，要给动词、形容词等设定一个这样的框架却并不容易。动词、形容词指称的动作、性状等都依附于事物，我们自然不能假定名词来充当动词、形容词分类时的功能词，或先有了名词的分类然后才有动词、形容词的分类。动名组配、形名组配各有不同的形式，表示不同的关系。关系的类别同样是一种意义的抽象。越来越多的研究证明结构关系意义有着概念组合的基础。或者说，结构关系与概念组合有着类与例的差异。功能是类的规则，功能词的产生是结构的产物。因功能词都是实词虚化来的，可以肯定的是，有概念组合便有结构，有结构便有结构功能，凭结构功能便可分出结构的类与结构成分的类来。

这跟结构语义学的前提不同。A.J.格雷马斯(1999:21)为结构下了个定义:两个词项同时在场,外加它们之间的关系。得出的结果是:1.一个对象词项单独在场没有意义;2.意义预设了关系的存在:词项间关系的存在是意义产生的必要的先决条件。格雷马斯认为所有的词项都是结构的,因结构而生义,因义而有关系,关系和意义的同盟让所有的词项都变成了功能符号,功能成了一种纯粹的形而上的东西。如果认为词项单独在场也有意义,功能同时也有意义选择的基础,所有的词项都是功能符号。所谓结构,我们就可沿用陆丙甫(1993:1)的界定:"就是整体中各组成部分之间的关系。"我们把认知语法强调的结构关系也包括在内。认知语法把每个语法构造都看成是由相互对应的语义极和音位极组成的象征单位,一个构造就是一个象征复合体,包括成分象征结构和复合象征结构,也包括结构间的关系(参看 Langacker2000:212)。而构造的意义要通过整合而不单是其构成单位的简单相加。整合除了词项意义在场外,也需要特定的语境、情景和百科知识等。这也是粘合式结构不同于一个词项的功能类别基础。

一个词项单独在场的意义可称为词汇意义,这是概念组合的基础。有了概念组合便有了结构,概念组合意义又是结构意义的基础。结构意义又称结构关系意义,是功能意义的基础。向心结构与离心结构的区分是依据结构关系意义求得结构的功能意义,布龙菲尔德依据聚合功能方面的等同性标准建立起的这一对概念,因排斥意义在场而在具体问题的分析上往往捉襟见肘,朱德熙修改了向心结构的定义,增加了"在语义上受到相同的语义选择限制",却仍然只能把"木头房子、这种谦虚、他的死"都看做广义的有两个核心的向心结构,与人们的心理期待值还是有出入。而陆丙甫(1993:59)采用语义标准把核心看成代表某类事物的"种概念",附加语表示的是"种属之差","附加语+核心"则表示"属概念",所有的附加语都有某种类次范畴化功能。陆先生依此把介词结构、助动词结构的核心分析为介词和助动词,朱德熙(1982:61、174～175)也把助动词作为真谓宾动词看待,但介词的作用还是界定为引出与动作相关的对象以及处所、时间等。人们的语感是有不同标准的。倾向于功能标准不愿把虚化的成分看成核心,倾向于语义标准不愿把附加成分看成核心。这让我们在寻求合理解释的同时更多地将目光投向结构与事理的联系上,因为结构本身就是事理的抽象再现。事物间有什么样的关系便会有什么样的结构,人们总是寻求合适的方式方法再现主客观世界的和谐统一。

组合源于聚合,从组合中求得聚合的类,似乎无法回答是先有组合的类还是先有聚合的类的问题。水土孕育万物,水与土的联系再自然不过。什么样的水与什么样的土结合,适宜生长什么样的植被是人们对这种再自然不过的联系的一种认识、一种分类。可见,类是关系的产物,关系来源于人们对客观事物及事物间联系的认识。先于组合存在的聚合的类是逻辑意义上的类,从组合中求得的聚合的类是功能上的类。功能的类是人们为了解释组合关系的一种认识手段。功能的类一旦建立,自然要反过来用于组合解释。由此可知用词类名称来描述句法结构并不存在所谓的循环论证问题。逻辑分类与语法分类是人类认识的不同层面的分类,语法分类有着逻辑分类的基础。组合内蕴逻辑事理联系,组合关系也就有着逻辑意义基础。因此孤立地看一个词,根据其词汇意义往往便可大致将其归入不同的类别。不过,词类毕竟是语法类别,有语义的基础,但基础并不意味着就是标准。

认知语法把语义视为约定俗成的主观意象,开辟了从概念上定义词类和其他语类的可能性(参看沈家煊 1994a:17)。如何把语义标准同形式标准有机结合在一起,一直是人们企望达到的理想标的。整合了词项意义在内的结构关系意义或许会成为这种可能性的基础。

1.1.2 结构的恒素成分与变素成分

着眼于联系的特性,一个结构体的形成需要有一个核心,或者说,作为分析单位来说要有一个分析的出发点。基本层次范畴是认知上优选的范畴,基本层次范畴里的成员往往充当分析的出发点,这是因为基本层次范畴最适合人的认知需要。沈家煊(2005:8)总结了三个方面的原因:

1)异同平衡:作为基本层次的范畴,其内部成员之间有足够的相似点,而它与其他类别的成员又有足够的相异点。

2)完形感知:基本层次范畴的各个成员有共同的整体形状,便于作"完形"感知。

3)动作联系:基本层次范畴总是跟人的特定动作相联系,例如"猫"和抚摩联系,"花"和采摘联系。

完形是作为分析单位的基本条件。异同平衡体现范畴的类的概括性,正如杯子用来镇纸是种"不足的使用"(参看陆丙甫 1993:73),是杯子基本物理性的使用(用来喝水则是杯子的一种完全的使用,即符号基本意义的使用),具有概括性的范畴成员在表达上是又一种不足的使用,或者说是语用上的一种不足的分类,这是由符号内容或概念内涵概括上的扬弃造成的。这一扬弃使得基本范畴成员极易成为分析的核心或出发点。从某种意义上说,语言交际是这种扬弃的反动,语言结构是这种反动的结果。而因果联系又是分析的必要条件。

认知上优选的范畴与分析出发点往往重合在一起,分析出发点又往往是心理上感知到的语言结构的核心,或者说,语言结构都是围绕这一核心形成的。如定名短语中的名词，述宾短语中的动词等。陆丙甫(1993:81)认为语言结构普遍具有核心的原因之一是因为任何分析都需要有个出发点。比较是一切知识的起源，这一出发点也就是比较基点。分析两个运动中的物体，把其中一个处理成相对静止点，也就是把变化因素集中到了另一个上。而这另一个因集中了变化因素而有了强化对比、凸显关系的作用。向心结构和离心结构的区分事实上在于寻求这一相对静止点。向心结构的相对静止点在结构的内部，如“孩子脾气”中的“脾气”；离心结构的相对静止点可以说是在结构的外部，如“东北(向)、开关(的工具)”中的“向、工具”。核心的求得因为选择词汇标准还是功能标准一直见仁见智，究其根本应该在于两个标准中间并不存在一条截然分明的界线。我们按陆先生的看法将这一分析的出发点姑且称为恒素成分，将另一个称为变素成分。一个结构以恒素成分定其性质，以变素成分定其大小。可以发现，恒素成分携带义位语义信息，是符号基本意义的一种完全的使用。我们将义位信息视为基本语义信息，是一种“具体的质”；变素成分则可以是符号基本意义的一种完全的使用，也可以是符号基本意义的一种不足的使用，携带的往往可以是一种抽象的属性义，或派生语义信息，或称为“抽象的质”。由具体的质到抽象的质可视为语义扩张，从本质上说是人类语言普遍存在的一种语法化现象，符合人类的一般认知规律(参看张国宪2005:18)。如“孩子脾气”中的“脾气”是恒素成分，变素成分“孩子”凸显“具有儿童心性”义，这是“事物的质＞行为属性的质”；“出租汽车”中如果“出租”是恒素成分，用的便是基本的动作义，变素成分“汽车”的工具义凸显，这是“事物的质＞事物属性的质”；如果“汽车”是恒素成分，用的是基本的事物义，变素成分“出租”凸显的是用途义，这是“行为的质＞行为属性的质”，是具体行为扩张为抽象行为。恒素与变素相辅相成，结构表达式不能或缺的是变素成分，恒素成分可以寓于结构之外。“白的纸”可以用“白的”来指称；“东北”中“东”和“北”都携带义位信息，互相都不是对方的变素成分，但是二者的结合又使得各自所携带的义位信息出现了耗损，相比之下将二者合起来作为寓于结构之外的恒素成分“方向”的变素成分较为妥当。从这一意义上说，将离心结构解释为外部核心结构比双核心或无核心结构更为合理。

1.2 粘合式结构的界定

1.2.1 粘合与组合的二元对立

粘合式结构与组合式结构是语言的两种不同的表达形式。越来越多的研究证明这两种结构形式在句法、语义、语用诸方面存在着这样那样的异同。

朱德熙(1982:112～113、125～128、148～149)率先根据结构构成成分的不同将句法结构分为粘合式和组合式两类。朱先生虽未给出粘合和组合的明确界定，但列举了三类相对的粘合和组合形式：偏正结构、述宾结构和述补结构，成功地建立起粘合和组合的观念。以此为出发点，从一些复杂的语言现象的运用中概括出极简单的语法规律。如述宾结构一般不能直接做定语，但粘合式结构例外；定语的次序问题用粘合式和组合式的观念描述则是：粘合式偏正结构既可以替换组合式里的名词，也可以替换粘合式里的名词。而组合式偏正结构只能替换组合式里的名词，不能替换粘合式里的名词。

近年来的研究由描写转向了解释。就粘合式述补结构来看，程琪龙(1995:27)在谈及“动$_1$＋动$_2$”的语义结构时认为，有些动词既表动作又表状态，动作词不能占据动$_2$的位置，动态词可以；张国宪（2004：9）指出粘合式述补结构中的动词在话语中并不具备独立的可操纵性特征，也就是说，并不表具体的动作，而是泛指一种无界的行为，往往容易被整体扫描，功能上近似于一个变化动词；袁毓林（1999a：187）考察了偏正结构粘合式与组合式的不同，认为粘合式表达（或激活）的是一种单一性的意象，并不突显定语所表示的性质；组合式表达（或激活）的是一种复合性的意象，它突显中心语所表示的事物具有定语所表示的某种性质。郭继懋、王红旗（2001：15）认为用粘合补语表达结果是低程度地凸显结果，用组合补语表达结果是高程度地凸显结果。这些都表明说话人是选择粘合式结构还是组合式结构不仅受语用因素促动，还与构式语义密切相关。

既然粘合式结构与组合式结构存在着这样那样的差异，理清二者之间的界限无疑是认识语言结构规律的关键。粘合式结构有的能扩展为组合式结构，有的不能。按照标记理论，能扩展的粘合式结构是无标记的，与之对应的扩展式组合结构是有标记的，如“说清”与“说得清”。而不能扩展的粘合式结构没有与之对应的组合式结构，如“猴急”。可以肯定的是，不能把粘合式结构看做组合式结构的简式。这样，我们首先把朱德熙先生粘合和组合的二分说得更详细点，粘合式结构与组合式结构相对待，是一种普遍的语言现象。不单是主谓、述宾、述补、偏正、联合这五种基本的句法结构类型，所有的句法结构都存在着粘合式和组合式的二元对立。

要给粘合式结构下个定义并非一件容易的事。我们先给出一个前提作为讨论的基础：粘合式结构和组合式结构从形式上都可以描述为一个可分析的、可类推的临时组合，从语义上则可描述为一个义位组合。粘合式结构的两个直接组成成分必须都是具有概念意义的一个词且不能被其他成分隔开；组合式结构则不受此限：组成成分可不必一定是一个词，且结构可以扩展，扩展式与基式意义基本保持不变。

这里的“自由”我们沿用陆丙甫（1993:42）的界定。陆先生认为词法结构与句法结构都具有无限递归扩展的可能，但词法结构扩展的方式是相当单调和极受限制的，远不如句法结构的扩展灵活、自由。自由“主要是指扩展中对所添加成分（包括直接成分和间接成分）的语类（词类）范畴的‘选择自由’”。如介宾结构，宾语所包含的范畴是自由的，虽然宾语本身限于名词短语和动词短语，但宾语内部的成分却可以是任何范畴，因为这个名词短语内部可带定语，而定语可以是任何范畴，因此介宾结构是句法结构。“但粘合式定语本身不能是，内部也不能包含有，副词、介词、语气词等等，仍不算真正的自由。可见这种自由主要是反映于间接的组成成分选择上。”（陆丙甫 1993:43）因而粘合式结构与组合式结构的“自由”有着程度的不同，粘合式结构的“自由”是缺少了“间接的组成成分选择”的自由即最小形式（两个实词）的组配自由，而组合式结构的“自由”包括两个单词的组配自由（如我们下面举的“许多姑娘”），更为广泛的情形却是包含了“间接的组成成分选择”的自由。

另外，陆先生还把能否充分扩展作为判别词法结构和句法结构的辅助标准。“粘合定语只能是词，不能充分扩展为短语。”“‘洗脸’在‘我洗脸’中是句法结构，而在‘洗脸盆’中则是构词结构。这种区别，主要是由核心的级别决定的。‘我洗脸’中的核心‘洗’是个词，而‘洗脸盆’的核心‘盆’在普通话中只是个不成词语素。”（陆丙甫 1993:43～44）顺着陆先生这一思路可以发现，核心如果是个语素，整个结构无疑是构词结构；核心如果是个短语，则应是组合式结构。但核心如果是个词呢？答案恐怕可能是粘合式结构，可以是组合式结构，同时也不能把构词结构排除。况且直接成分能否充分扩展，受制于小句这一环境。正如陆先生举的例子“一朵真的假花”，“假花”如果扩展为“假的花”，同一向心流程的成分便互相矛盾。所以能否充分扩展有着语言环境条件的限制，扩展的结果是否合格要由该结果与小句中其他成分的关系说了算。

如果用“选择自由”、能否充分扩展作为标准，粘合式结构与词法结构的确可归为一个大类，因为由单词充任的直接成分都不能扩展，间接成分自然也无自由不自由之分。陆先生循吕叔湘先生“短语词”与“词汇的词”的名称，自然而然地也得出了下面的结论：“在传统意义的复合词、粘合结构和组合结构三者中，如果要划一条最粗的界线的话，这条线应把复合词和粘合结构划在一起，这两者间的界线是不明确、不显著、不稳定的，它们一起构成广义的复合词、语法词。而这广义的复合词同组合结构，即句法结构间的界线，也许说不上绝对明确，但至少是相当明确的。”（陆丙甫 1993:45）但粘合式结构与组合式结构同样有归为一个大类的理由，即成分间的关系都是临时组合，而复合词是固定组合。人们如果临时组合一个类似词的单位的话，这个单位一定是粘合式结构而并非复合词。相比之下，人们运用一个类似词的临时组合单位来指称事物、行为或性状等的几率要远高于用一个抽象的词来表达。这固然有词的概括性以及作为符号数量的有限性的制约，更多的是受具体表达的驱动，也是对基本层次范畴成员不足使用的一种补偿。从构词角度即着眼于词的结构分析，起码要把词汇化了的复合词放进来。（造词和构词的分别参看潘文国、叶步青、韩洋 2004:420～432）这样，我们把词化的方向分成词汇化的和非词汇化的两个维度，可以发现，每个维度都脱却了“临时性”这一特征，而词汇化了的复合词绝大部分应该是高频致使的，这有着来自历史语言学方面的证明。

如此我们把粘合式结构大致定义为：粘合式结构是由两个实词充任直接成分构成的、形式上不能被其他成分隔开、语义上具有整体性的最小的自由临时构造。①

粘合式结构必须由两个实词充任直接组成成分构成，这是结构成分数量和性质方面的限制。从历时变化上看，两个间接成分也可能粘合在一起，粘合的结果却不是粘合式结构。"自由临时构造"与复合词区分开。"最小的""自由"指不包含"间接的组成成分选择"的自由即两个实词的组配自由，与实际上可视为扩展了的粘合式结构的这种通常意义上的组合式结构相对待。② 形式上"不能被其他成分隔开"一则是指一旦拆开使用自由临时组合便宣布解体，一则是指整个结构中间不能插入其他任何成分扩展为复杂组合形式，且两个直接成分任何一个都不能扩展为高一级的结构形式短语。如：

漂亮姑娘（粘合式）	考研（粘合式）
漂亮的姑娘（组合式）	考研究生（粘合式）
漂漂亮亮的姑娘（组合式）	报考研究生（粘合式）
	报考硕士研究生（组合式）

而形式上的这一特点又有着结构语义的整体性制约的前提，语义的整体性可以表述为结构指称一种次范畴类别。这可以通过扩展式与基式意义的比较看出来：不能扩展是指扩展后结构意义发生了改变，如"漂亮姑娘"扩展为"漂亮的姑

---

① 这里用"构造"(construction)而不用"结构"(structure)主要取认知语法"构造"的包括结构和关系在内的意义（参看王寅 2006:59）。所有结构其实都是一种"构造"，粘合和组合是"构造"的两种主要的构成方式。

② 组合式结构也有这种最小的自由组配形式，但组合式结构具有可扩展性。

娘"后由类指向单指游移(关于类指和单指的区别参看§2.0.2)。但"许多姑娘"、"一个姑娘"却不一样,"许多姑娘"扩展为"许许多多姑娘"、"一个姑娘"扩展为"一个个姑娘"都还是表单指,因而"许多姑娘"、"一个姑娘"都不是粘合式结构。这与事物属性性质有关,因数量特征不是事物的本质属性特征。

从上边的例子可以看出,粘合式结构本身有粘合度大小问题。如果把粘合式结构大致分为有相应的组合式和无相应的组合式两种,无相应组合式的粘合度要大大高于有相应组合式的结构。即如有相应组合式的粘合式结构,两个直接成分都是单音节的要高于一个直接成分是单音节的,后者又要高于两个直接成分都不是单音节的。这可从扩展能力和成分替换上得到证明。如"猴急"不能用双音节词替代其中的单音节词("猴急"甚至不具备意义上的类推性,如不能说成"狗急、马急"等),但"考研"还有相应的粘合式"报考研究生",而"考研究生"与"报考研究生"相比扩展能力明显有大小之别,这与双音节词的功能增殖有关(参看§2.2.1)。张敏(1998:235~236)比较了"白纸(甲$_1$)"、"白的纸(甲$_2$)"、"雪白的纸(乙)"三种格式的扩展能力,认为完全不能插入数量/指量成分的甲$_1$式的语法意义可以用称谓性来表达,勉强可以插入定指成分的甲$_2$式具有分类性,不定指与定指成分大多可以插入的乙式距离最大,具有述谓性的语法意义。这种重要的分别也成为我们分析定中粘合式结构的分类基础。

1.2.2 粘合式结构的必要条件:粘合

粘合式结构是由两个最小的直接成分构成的自由临时构造,但由两个最小的直接成分构成的自由临时构造未必都是粘合式结构。粘合式结构的形成手段是粘合,通过粘合形成的粘合式结构存在着典型性程度差异。

复合词分为两种，一种是构词法构词，一种是词汇化的结果。前者我们称为词法词，后者称为句法词。粘合是一种结构构成方式或手段，经过一个词汇化过程的复合词一定有粘合的前提。事实上，即使作为一个临时组合的粘合式结构一旦入句便有了不同于组合式结构的句法语义语用特征。

句法词有两个来源：一是两个直接成分的粘合，如"白纸、吃饭(问题)"；一是相邻的两个间接成分因常在结构序列中同现继而粘合在一起，如"而已、不讳"。无论如何，句法词的结构都不再具有可分析性、可类推性，这与词法词区别开来。句法词与词法词都不能拆分，这是二者的共性。

作为粘合结果的粘合式结构和句法词一定有粘合的前提，但发生粘合的结构未必都是粘合式结构，还可以是相邻接的两个非直接成分的粘合。能成为今天的复合词构成规律的恰恰是昨天的粘合式结构，同样发生粘合变化的跨短语粘合结构是派生词构成的源结构。

这是就一般情形而言的。学界普遍认为汉语动补结构产生的一种重要方式是由两个他动词构成的句法结构的后一个他动词经过自动词化过程形成的。动补结构来源于古代的双动共宾结构，最初两个动词的联系比较疏松，彼此之间分用与合用的自由度很大，常可以看到两个动词被其他成分隔开的情况，如"听而信之、战以败之"。有学者认为动补结构的结构方式是词的组合，本质上与词的构成一致；有学者认为动补结构的产生不但是构词层次上的问题，也是句法层次上的问题(参看§3.0.5、§3.2.1、§5.1)。这种认识分歧的主要症结在于动补结构产生的源结构的性质问题。有两点是清楚的：其一，动补结构是继起的，是语法化的结果；其二，动补句法词的源结构可分为两种，一种是跨短语粘合结构词汇化的结果，另一种是粘合式结构词汇化的结果。因为动补式复合词已是词法词的一种能产性很高的构词方式，而这一能产的构词方式源于能产的动补结构。因而我们假设动补结构的源结构是或部分是跨短语粘合结构，类推的效能使得动补结构逐渐衍生成一种能产的结构方式，之后又成为一种重要的构词方式。这样，原作为语法化结果的动补结构便逐渐向能够类推的动补结构演化，经过能类推与不能类推的结构并存阶段继而成为一种能产的结构方式。自然，作为词汇化结果的动补式句法词也就有了能类推的粘合式结构和不能类推的跨短语粘合结构两种源结构。要区分清楚动补句法词哪些是粘合式结构词汇化的结果，哪些是跨短语粘合结构词汇化的结果，需要借助历时语言材料的支持。实际上，从动补句法词向上即可衍推出动补结构的这两种性质：作为粘合式结构的动补结构和作为跨短语粘合结构的动补结构。前者是共时的产物，后者是历时的作品。

粘合和组合是两种普遍的语言结构方式，粘合发生的驱动力在于结构意义的整合变化。粘合式结构本身有粘合度强弱之别，与结构的可分析性、可类推性成反比例关系。粘合度强的可以进一步语法化。

概念间的语义联系是结构的粘合剂。两个直接成分可以凭客观的概念距离的大小粘合或拉开，也可以根据主观的概念距离的远近拉开或粘合（参看§1.3.2.4.4），构成规约性粘合与非规约性粘合、加合性粘合与特异性粘合（参看§1.2.4）。

粘合式结构由于外部言语环境的挤压往往被作为一个整体来使用，因而功能也往往相当于一个词。与句法词的显著区别是，粘合式结构的意义属于义位组合，句法词的意义只是一个义位。

1.2.3 粘合式结构在结构连续统中的位置

董秀芳(2000:58)在讨论复合词原型范畴时指出,从句法到词法也是一个渐变的过程,短语与复合词构成一个连续统,复合词范畴中典型成员已经彻底词化,不再具有短语的特性,而更多的形式是处于变化过程之中的,既带有短语的某些特征,又带有词的属性。这样,我们按句法结构成分结合的自由度,大致可以得出如下序列:

词汇词——词法词/句法词——粘合式结构——组合式结构

自由度减弱 ⟵——　——⟶ 自由度增强

Di Sciullo & Williams 将语言中的词分为词汇词(lexical word)和词法词(morphological word)两类。词汇词是词库成员。词库(lexicon)是一个语言中具有特异性的词汇单位的总体,词库中的项目都是语言中意义不可预测的成分,具有不规则性,需要以清单方式一个一个存储,表现出形式和意义之间的任意性的或非常规的联系;词法词是由词法规则生成的词(参看董秀芳 2004:9～11)。句法词是句法结构词汇化的结果,句法词的形成有两个源结构:着眼于分界取消的粘合式结构与着眼于分界改变的跨短语粘合结构(参看§5.1)。

粘合式结构与组合式结构都是可分析、能类推的词汇性成分组成的句法结构,结构上的区别在于是否具有可扩展性,这也是粘合式结构自由受限的一个直接证明。语义上,粘合式结构是事物的次范畴类别表达形式,结构的表达前提是表达者主观认定这一次范畴类别表达形式是事物、行为、性状等的一种客观存在的类,因而粘合式结构往往是组合式结构的一个组成成分。组合式结构则没有这种表达前提,即使表达对象实际就是事物行为、性状等的一种客观存在的类,如"臭豆腐”的类指前提与“臭的豆腐”的弱类指前提之别。

粘合式结构与复合词的结构也有异有同。结构上不具有可扩展性是同,构词规则与句法结构规则的不同是结构上的异。语义上均表类指是同,复合词表示范畴类别、粘合式结构表示次范畴类别是异。

1.2.4 粘合式结构的下位类型

粘合式结构按内部语法关系可分出主谓、述宾、同位等下位类型,我们从概念组合角度区分出如下两种下位类型:规约性粘合与非规约性粘合;从组合的典型性角度区分出另外两种下位类型:加合性粘合与特异性粘合。

1.2.4.1 规约性粘合与非规约性粘合

张国宪(2006b:10～11)区分过规约性和非规约性两个术语,用于说明现实世界中结果达成的两种情状,认为动补结构高能产性的原因不仅在于动补之间体现了规约性关系,更导源于包容了大量的非规约性关系。张先生举的例子是:

洗:规约性系联:洗干净

非规约性系联:洗脏　洗破　洗烦　洗晕　洗吐

洗病　洗伤　洗累　洗腻　洗旧

这两种系联事实上是所有句法结构类型的两种根本的概念组合关系。反过来说,每一个句法结构都属于其中的一种系联情形。

规约性粘合指两个结构成分的概念语义间有着内在的、必然的逻辑联系(可称为理据性联系、非任意性联系)。如“洗”和“干净”、“木头”跟“桌子”、“吃”和“饭”、“杀”和“死”等的粘合,两个成分彼此的概念语义互相包含,即从一个概念的语义特征中可析出另一个概念,反之亦然。这是由概念的无限可分的性质决定的。

非规约性粘合的两个结构成分的概念语义间没有内在的、必然的逻辑联系(可称为偶发性联系),彼此的粘合是出于概念组合的需要,带有某种约定俗成的性质。如“洗”和“脏”、“木头”和“人”、“吃”和“住”等的粘合。我国汉代就开始以12地支配12种动物用来纪时,子鼠、丑牛、寅虎、卯兔等也都是这种非规约性粘合。我国古代用阴阳、五行、四晕、五色、左右、八卦、数字、天干地支等来表示地理方位,构成像“阴宅、土命、左侧、离位、巽门”等众多的粘合形式,都带有某些约定俗成的性质。

“卯兔”的结合属于非规约性粘合,是因为“卯”的概念中离析不出“兔”来,“兔”的概念中也离析不出“卯”来。但“卯兔”为什么这样结合人们还是能说出某种理由来的。卯时是早晨五六点,据说此时为“大阴”(即月亮)的时间,传说月球中有玉兔,所以卯时就属兔。虽说这样的结合也体现出某种程度的理据性联系,然而毕竟与存在内在的必然性联系的结合有着质的差异。物以类聚是大自然的法则,类聚的动物或植物之间的联系是必然的,属于规约性联系。然而非规约性联系的例子也不胜枚举。草原上的犀牛是一种最不能让人侵犯的动物,可它却整天驮着一群小白鸟。犀牛之所以这样容忍小白鸟,是因为小白鸟可以为它清理身上的寄生虫,小白鸟也因此而获得食物,它们彼此的关系是生存的需要。绿虾的一生都是生活在扁鱼的嘴里,但扁鱼绝不会把绿虾吞掉,因为绿虾会以自己的晃动来吸引其他的小鱼给扁鱼充当食物。于是绿虾成了扁鱼生活的一部分,在扁鱼的嘴里留宿。只是绿虾一旦老了,就会被赶走,会由另一条年轻有用的绿虾来取代它的位置。犀牛与小白鸟、绿虾和扁鱼并非生来就要成为对方的一部分,维持彼此联系的是有用。一旦有一方失去作用,便会被另一方抛弃。非规约性粘合也可以因高频致使或有用等进一步词汇化，有的甚至从开始粘合便显露出走向虚化的趋势。王建军(2006:36～38)在论述从“便是”到“就是”的演化历程时说，“便”原本是个时间副词，表示动作的随即发生，起初并不能用于判断句中，也没有与“是”组合的机会。但“便”却在表示“就便”的意义上与“即”有相通之处。而“即”除了作时间副词外，本身还是一个具有加强肯定语气作用的副词，“便”是在“即”的感染下才出现于判断句之中的。几乎在实现自身融合的同时，“便是”就开始了其演化过程的第二步：句中位置的后移。而“便是”意义和功能的虚化在它尚处于句中位置时就已有所显露。

事实上，规约性联系与非规约性联系并无截然分明的界限，只有强弱程度的区别。“便是”在“即是”组合的感染下也具有一定程度的规约性。规约性强非规约性就弱，非规约性强规约性就弱。从概念组合联系的紧密程度上看每一个合格的结构都处于下列连续统的某一节点上：

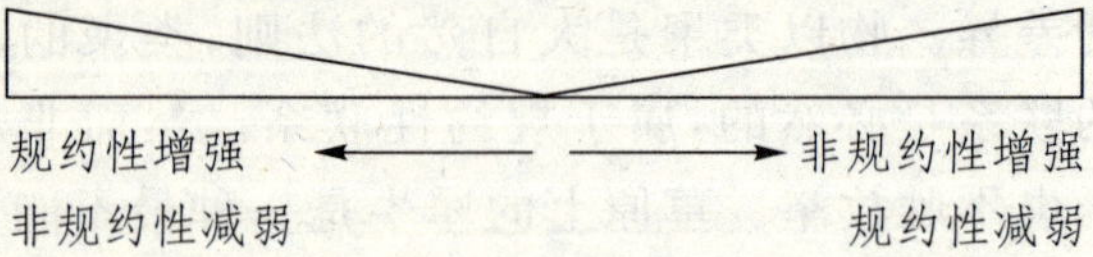

规约性与非规约性程度的消长可以从词义的历时变化中得到证明。孙雍长(1985:207)曾提出一个不同于引申的词义发展规律——词义渗透，指并不与词的本义发生事理联系的两个(或多个)语词意义之间的流转变化，而引申是沿着词的本义所决定的方向进行。孙先生并且将词义渗透分为了几种形式：单相渗透、交互渗透和辗转渗透。张博(1999:129)也认为组合同化是词义衍生的一种途径。这应该属于非规约性增强的情形。

组合影响词义衍生的途径也还有其他情形。如蒋绍愚(1985:10)提出的相因生义说，指这样一种情况：甲词有①、②两个义位，乙词和甲词的①义位同义(或反义)。人们在语言运用中，由于类推作用，认为乙词既然和甲词的①义位同义(或反义)，就应该和甲词的②义位也同义(或反义)。这样，乙词就取得了甲词②义位的意义(或与甲词②义位相反的意义)。如“熟”有三义：①煮熟。②果实成熟。③熟练。这三个意义先秦时都已产生。“生”也有三义：①未煮熟。②果实未成熟。③不熟练。其中第一义先秦时已产生，后二义直至宋代才见到。蒋先生认为“生”的第二、三义与其说是由“生”的第一义引申而产生的，还不如说是受“熟”的第二、三义影响，作为其反义词而产生的。许嘉璐(1987:50)提出“同步引申”概念，认为一个词的意义延伸的过程常常扩散到与之相关的词身上，带动后者也沿着相类似的线路引申。这应该是规约性与非规约性因素互相作用的情形。

规约性增强的典型情形就是通常所说的词义引申。词义引申一般着眼于一个义位(关于义位的说明见下)的变化情况，但词义变化的结果扩大、缩小、转移和易位(参看蒋绍愚1985:9)首先是词汇系统调适的结果。从这一意义上说引申与组合影响的关系更为密切。蒋先生列出的除引申、相因生义之外的其他几种词义变化的途径如虚化、语法影响和简缩更是结构直接作用的结果。

规约性与非规约性的强弱程度会因结构因素的影响出现界限模糊的情形，这也正好说明二者处于一个非二元对立的统一体中。张国宪(2006b:12)在分析汉语的动补结构时，已经指出有些傀儡动词与结果补语之间很难说有什么规约性。如“弄/搞坏、弄/搞湿、弄/搞旧、弄/搞穷”。这导源于人们的思维特征的变化。客观事物间的联系大致分为相关性联系和相似性联系两种，就一个义位的发展变化来说已经有了相关相似的不同。有了结构，人们的思维特征自然由联想转为推理，根据相关性联系和相似性联系进行的推理首先就有着不同的前提条件，加上相关相似的交互变化，第一步是相关的，第二步、第三步就可能是相似的或相关的；第一步是相似的，第二步、第三步也可能是相关的或相似的。这种错综复杂的变化在概念组合中会自然而然地体现出来。傀儡动词的产生一方面由于动词本身语义的宽泛，另一方面在于结构的另一成分某一特征因素的凸显。这种凸显的结构制约因素中人们主观建构的客观事物间的相关相似性联系显然成了主导性的意义联系。

规约性与非规约性的区分不仅适用于粘合式结构，同样适用于组合式结构。

配价是概念依存能力的体现，配价问题研究的中心在于确定规约性关系。

1.2.4.2 加合性粘合与特异性粘合

如果一个结构的意义是两个组成成分意义之和（不包括附加色彩意义），两个组成成分彼此的语义联系是加合性的。如“巧妇、坏脾气、动感地带”。反过来，如果一个结构的意义不仅仅是两个组成成分意义之和，或者就不是两个组成成分意义之和，那么彼此的语义联系是非加合性的，或特异性的。如通过隐喻和转喻模式派生出来的词语的意义当有两种解释：一是先（凝固）成词而后有词义引申，二是先有结构意义引申而后结构凝固成词。无论哪一种情形，就派生义来说都由原来的加合性向非加合性发生了转移。如“新手”指“做某事或从事某一行业的新人”，“白宫”指“美国总统府”后又指“美国政府”，“入门”的原意是“进门”（而未登堂入室），从这个意义引申出“学习的初步阶段”（还不是深造阶段）的意义，这是因为“读书学习”可以分为若干阶段，这和进入家居的行进阶段有相似的地方。“亮相”本义是“演员在台上向观众作出某种短暂的静态姿势，以突出人物的形象或内心活动”，比喻义是“公开表明态度，亮明观点”。用义位概念来描述（参看§1.3.2.4.1.1），两个组成成分都凸显义位信息，彼此的语义联系是加合性的；反之，两个组成成分的义位信息并不都被凸显，其中最少有一个组成成分的义位信息背景化，结构则是非加合性的（非加合性的都是由加合性的发展来的）。加合性的可以体现事物的规约性联系，也可以体现事物的非规约性联系。某一规约性成分因可以从另一规约性成分的概念结构中离析出来往往可以缺省、功能退化甚至成为羡余成分。如“孩子脾气”是脾气的一种，“孩子”义位信息背景化，只作属性义标准使用，或根本就是一种“不足的使用”（参看§1.2.2.1的分析）；“咸盐、酸枣”中的“咸、酸”分别是“盐”、“枣”的本质属性，“咸、酸”的义位信息背景化并进一步发展为结构的羡余成分，整个结构也因此趋于词汇化。这是规约性加合情形。“残酒”、“猛酒”、“魔酒”中“残、猛、魔”不是“酒”的特有属性，因而是非规约系联结构，在作属性义标准使用时义位信息不可能完全背景化，因而也是加合性的。

加合性粘合可以类推，特异性粘合的类推性却受到限制：虽有合格的结构，但受到特指意义的限制。“切夫语法”中两个组成成分都携带义位信息，指切夫创立的语法体系，可理解为类名，这首先是加合性粘合。但“切夫语法”不能类推，具有特指性，所以又是特异性结构。特异性粘合结构其实就是类推受限的加合性粘合结构，类推受限的原因在于加合性粘合结构的特指性意义表达。

加合性和特异性通常是意义上的类别，特异性是意义上的非加合性，如派生意义的产生。有一种意义上的非加合性是由间接成分组合或跨短语成分组合这些结构形式上的非加合性赋予的(我们姑且把直接组成成分构成的结构称为加合结构,间接成分或跨短语成分构成的结构称为非加合结构。前者是可类推的结构,后者是类推受限或不能类推的结构)。如跟多动共宾结构的连接词“而”粘合而成的“而乃、而上、而下、而已、而且、而外、而立、而往、而后、而来、而亦、而况、而降”等句法词的衍生(参看§5.2.1.1)。

语法结构规则内部并非整齐划一,我们按传统的做法首先分出词法规则和句法规则两种,句法规则实际可以再分出粘合规则与组合规则两种下位类型。可以发现,词汇词是词库成员,词法词受词法规则制约,作为词汇化结果的句法词既受到句法规则制约(源于粘合式结构的句法词),又游离于句法规则之外(源于跨短语粘合结构的句法词)。[①] 语素组合体现词法规则的能产性,可以类推;句法结构(为叙述方便,我们把合成词的内部结构称为词法结构,把短语的内部结构称为句法结构)体现句法规则的能产性,可以类推。而句法词都不能类推,其本身是否具有可分析性源于源结构(词汇化前的粘合式结构)的规则性的存在与否。我们把句法结构与句法词的两种情形对比如下:

句法结构	源于粘合式结构的句法词	源于跨短语粘合结构的句法词
可分析	可分析	不可分析
可类推	不可类推	不可类推

假如我们把单个词项的意义表述为指称一种类别:一种事物、一种行为、一种性状等等,那么句法词属于单个词项,意义表述亦如上述。一个粘合式结构的意义便可以表述为指称

① Packard把词缀分为构词词缀和语法词缀(转引自杨亦鸣、余光武2003:66),本身就意味着词源的两个不同方向。

一种次范畴类别：指称一种具体的事物、一种具体的行为、一种具体的性状等；一个组合式结构的意义实际是指称一种个别：个体的事物、个体的行为或个体的性状等。词项与粘合式结构的意义之别是抽象类别与具体类别的不同，粘合式结构与组合式结构的意义之别是一般类别与个体类别或类与个体的不同。

不同的意义自然有不同的形式体现。郭继懋（1996：18）把多词组合形式“熊猫保护组织”也视为粘合式结构，将其中的“动＋名”结构看成既是构成短语的方式，又是构成词的方式。而“保护熊猫的组织”只是一种构成短语的方式。构词方式似可以用结构的粘合方式来描述。形式与意义的对应、规则与例外的差别是显而易见的了。

回过头来再看加合性粘合与特异性粘合。二者意义都表述为指称一种具体的类，区别大致为：

加合性粘合	特异性粘合
可分析、可类推	可分析、类推受限

“类推受限”从词汇化角度可得到很好的解释。如“黑熊”、“棕熊”被收入词典，而其他颜色的“灰熊”、“白熊”等却没被收入。这是因为黑熊是熊类中最温顺的，又称狗熊，还有一比喻义指怯懦无用的人；棕熊是熊类中最高大最凶猛的，又称罴或人熊。相比之下，狗类中“狼狗”因像狼、性凶猛进入词典，“狼”义位信息背景化，只表示“像狼一样的”；“猎狗”因用途进入词典，“猎”的义位信息背景化，只表用途。不同颜色的狗没一种能进入的，究其因还是缺乏特异性。加合性粘合结构是句法结构的典型形式，特异性粘合结构是句法结构的非典型形式，特异性大致可以解释为结构意义表达上某种区别特征的凸显致使，即“组合义＋特指义”。“组合义”是可分析、

可类推的前提条件,“特指义”是类推受限的根本原因。类推受限大致可以表述为获得特指义的结构的使因是唯一的,而一个结构获得特指义的途径是可类推的(如合格的组合、高频致使等共同前提)。

当然,语义没有特异性的组合仍然可以是词(参看董秀芳2004:103)。董秀芳(2004:104)认为形名组合不是复合词的优势候选结构,如果成词都在语义上具有非组合性(这里的非组合性相当于我们所说的非加合性),如“黑板”、“白菜”等。如果语义上具有组合性(这里的组合性相当于我们所说的加合性),如“黑板”表示“黑色的板”的意思,就可以看做短语。但我们认为一个组合成词与否不在于该组合语义上是否具有非组合性或非加合性,而在于具有词的形式的组合语义上是否有整体性,即是否指称一种事物、一种行为、一种性状等。特异性是整体性的一种变体。一个语义上具有整体性的结构是类推效能不受限制的结构,而一个语义上具有特异性的结构是类推受限的语义整体性结构。特异性并不是结构词汇化的条件。

规约性与非规约性、加合性与特异性分别是从概念组合和结构组合两个角度区分出的句法结构的两种语义联系。规约性结构与非规约性结构都可以是加合性粘合结构,也可以是特异性粘合结构。加合性以反映形式与意义之间的理据性或规约性联系为常,特异性以反映形式与意义之间的任意的或非常规的联系为常。这样,我们可以建立如下两组无标记关联模式:

无标记组配	无标记组配
规约性	非规约性
加合性	特异性

相反，规约性与特异性的组配、非规约性与加合性的组配都是有标记的。“飞鸟”是无标记组配，两个组成成分间具有规约性和加合性联系；“不会飞的鸟”是有标记组配，两个组成成分间具有非规约性和加合性联系。所以前者用粘合式表达，后者用组合式表达。组合式结构是有标记结构。

1.3 结构的认知基础

1.3.1 结构词汇化理论依据

今天的词法是昨天的句法，“语法是语用法约定俗成的结果”（参看沈家煊 1999a：75）。这种共识里包含了词汇化和语法化。一般所谓的词汇化（lexicalization）是指从语法性成分到词汇性成分的变化，我们采用董秀芳（2002：64）的看法，把由非词单位到词的变化统称词汇化。语法化（grammaticalization）指的是语法范畴和语法成分产生和形成的过程或现象，典型的语法化现象是语言中意义实在的词语或结构式变成无实在意义、仅表语法功能的语法成分，或者一个不太虚的语法成分变成更虚的语法成分（参看吴福祥 2004：18）。Givon 认为语法化包括句法化和形态化两个组成部分（参看吴福祥 2005：20）。王灿龙（2005：233）从认知语义角度来解释词汇化和语法化的关系，认为词汇化是一种转喻过程，语法化是一种隐喻过程。两者遵循的原则有所不同，邻近（contiguity）是转喻遵循的一个重要原则，相似（similarity）是隐喻遵循的一个重要原则。沈家煊（1994b：18）举的一个例子可以为语法化是一种隐喻过程增添注脚：“她在厨房”和“她在做饭”，“在”由表空间引申为表时间而不是相反，这是人的认知总是从空间转移到时间的规律在起作用。词汇化的结果是在形式未变(也可能有简缩等的变化)的情况下,语义由原来的加合性向整体性发生了转移,词汇化是一种转喻过程自是不言而喻的了。

词汇化的结果已然经过了重新分析,重新分析是语法化的一个重要机制。所谓重新分析,按 Langacker (转引自王灿龙 2005:228)的定义,是指一种改变结构关系的分析。Hopper and Traugott(1993:41)认为这种分析本身并不对表层结构作直接或本质上的修正。王灿龙(2005:228)解释说,重新分析完全是听者(或读者)在接受语言编码后解码时所进行的一种心理认知活动,听者(或读者)不是顺着语言单位之间本来的句法关系来理解,而是按照自己的主观看法(通常都是在一定的诱因作用下)作另一种理解。这样一来,原有的结构关系在听者(或读者)的认知世界就变成了另一种结构关系。拿 ABC 这样的语言组合来说,假如它本来的结构关系是 A(BC),那么进行重新分析后,它的结构关系可能就是(AB)C。

粘合式结构是整体被扫描为一个单位的有着词的形式的非词单位,关注其中的词汇化部分在重新分析前后的结构关系变化和型式语义变化及主观化等因素的影响,是我们这项研究的又一重要课题。

词法学中有一种阻断效应(blocking effect),指的是一个形式的不出现是由于有另一个形式的先期存在(Aronoff:1976),Hoffman(1982)明确指出,在句法中也存在着阻断效应,词可以阻断与之同义的短语的出现。如人们一般不说 this night 这个短语,因为已有词库成员 tonight 存在(转引自董秀芳 2004:13),如果选择短语形式表达,则只能是 this evening。

概念意义的层次实际上都具有这种不同程度的阻断效

应。如规约性粘合中规约性程度高的加合性结构往往不易词汇化。如“飞鸟”中“飞”是“鸟”的典型性特征,“鸟”这个词本身的意义因涵盖了“飞鸟”组合的意义实际上也阻断了“飞鸟”向词汇化方向发展。“上举”的两个概念成分同样可以互析,也生成同样的一种阻断效应。但这样的典型性特征成分一旦成为结构的羡余成分,反而会加速结构的词汇化进程。如“飞禽”是词,“飞”同样是“禽”的典型性特征,但“禽”比基本层次范畴成员“鸟”的层次要高,这也许是促使“飞”羡余的一个重要原因,或许“飞禽”是一种先期存在的词的形式。上举的“咸盐、酸枣”的羡余成因与“飞禽”却似不同,“盐、枣”与“鸟”一样属基本层次范畴成员。或许“盐、枣”缺乏一个有共同本质属性限制的高层次的范畴成员。但可以肯定的是,上述羡余现象与概念意义的层次密切相关。

1.3.2 结构的范畴化与去范畴化

1.3.2.1 范畴化和概念化与结构范畴的形成

范畴化(categorization)是对认知对象进行分类和归类的过程,范畴化的结果就是范畴(categories)。

概念化也是人们的一种基本认知活动,概念化的结果是概念。

范畴化是概念化的基础,即有了范畴化这种认知活动人类才具有了形成概念的能力。

在认识范畴化和概念化两种基本的认知活动的异同之前,我们有必要先来区分下列一组术语:现实表征、心理表征和语言表征。

现实表征是客观世界的表现样式。因以人的存在为前提,所以现实表征实际是获得了以人为中心的多元方位格局的客观现实。心理表征以现实表征为基础,是现实表征在人脑中的内化。语言表征是心理表征的符号实现。心理表征是联系现实表征和语言表征的中介(参看刘宇红、王志霞 2005:147)。现实表征、心理表征和语言表征分别对应着客观世界、主观世界和语言世界:

客观世界	主观世界	语言世界
|	|	|
现实表征	心理表征	语言表征

范畴与概念从广义上来说是等同的,但严格来讲,范畴指事物在认知中的归类,而概念指在范畴基础上形成的词语的意义范围,是推理的基础(参看赵艳芳 2000:55)。范畴化的支点是心理表征,现实表征是范畴化的基础;概念化的支点是语言表征,通过心理表征的中介来表征客观现实。范畴化的结果未必一定要用语言世界里的现成词语体现出来,而概念化的结果必有附着的实体,一般表现为语言世界里的现成词语或结构。任何实体都有形式和内容对立统一的两个方面,形式和内容都可以范畴化;而概念化只考察形式的内容,即为什么会以这样那样的内容得出这样那样的形式。因形式和内容对立统一的特性,概念化其实也可表述为内容的范畴化。即使就内容方面来说,范畴化与概念化抽象的程度也不一样,概念化抽象的程度要高,词语意义的概括性就是明证。范畴是形形色色的,可以是认知图式的集合,可以是符号的集合,可以是声音形式的集合,也可以是一组语义特征的集合等;概念只是一组语义特征的集合。语法化是一种范畴化,内蕴概念化机制。

我们以"中庸"这一词语概念的形成为例。《现代汉语词典》(1999 年修订本)的释义为:"①儒家的一种主张,待人接物采取不偏不倚、调和折中的态度。②＜书＞指德才平凡。"

“中庸”始见于《论语·雍也》，但其思想渊源却要上溯久远。普遍认为具有政治、伦理和哲学三种形态，也就是说，在这三个领域中形成了三种形态的范畴。孔子为调和与“礼”的矛盾，首先将“中”、“庸”并用，作为至德的伦理范畴，经子思、孟子、荀子等的不断完善，到了朱熹，中庸思想被完全纳入理学的轨道，朱熹将其演化成了一种系统的学说。如正先于中，中重于正，中贵权变，中非折衷，中之极致，中兼知行等。孔子“中庸”思想的精髓“无过不及”数千年来深深锲入了民族文化心理。中庸是古人社会生活经验的总结。在长期的生产与生活实践中，古人惩创于“过与不及”尤其是过头行为遭致的失利，认识到必须使自己的行为保持恰如其分才能获得成功。分寸感是人类生存发展所必须具备的能力，不论是对自然界还是对社会而言（参看郭齐 2005:128）。这是人基于经验的思维方式和行为规范，是属于世界的。最好的例证莫过于与孔子有着大致相同时代背景与生产生活方式的亚里士多德同样持一种中庸观来认识世界，当然，中西文化的差异自然会给两种中庸分别烙上不同的印记，也就有了不同的概念含义。梁晓杰（2005:28）认为，亚里士多德的“中庸”范畴不只是一种规则否定性，即强调区别不足和过度，而且恰是旨在求取行动中的“真”。“无过不及”的思想又何尝不是如此。中非折衷，中有种种不同的程度，把握行动的分寸不见得正好在“过”与“不及”的正中间，而是实实在在地处于中间链条的某一点上。这是范畴化过程的相似导致的概念趋同。

要求取行动中的真，就要在过与不及的中间链条的诸多节点上进行选择对比。这就要进行比较，把诸多节点放在一起进行比较。这样，“无过不及”因其对立联系的性质便成了一种基于经验的矛盾学说，我们姑且称之为比较范式，首先是一种思维方式和行为规范，这种比较范式的形成过程是范畴化过程，同时也是“中庸”这一词语概念的概念化过程。与这一比较范式有关的事物现象，无论是政治、伦理、哲学还是其他领域，都可以形成一个个具有家族相似性的范畴。如亚里士多德在他的伦理学著作中，以中道为德性，以过度与不及为恶，曾试图为情感和行为的种种德性、过度、不及都找出相应的名字。鲁莽与怯懦之间是勇敢，挥霍与吝啬之间是慷慨，奉承与慢待之间是好客，等等。但是，他也常常因此而陷入困境，屡屡为某种中道之没有名称而尴尬(参看庞朴 2000:24)。这是概念化与概念之间的矛盾。亚里士多德把平衡隐喻为均等、均势、公平、两极之间的中点以至德行，可想而知也是基于比较范式。平衡本就是一种比较的图式(参看胡壮麟 2004:82)。贸易平衡、收支平衡、饮食平衡、政治力量基于均衡的对比、法官不偏不倚的公正、艺术创作等的取舍等等，无不在两个或多个选择中作出判断。

莱可夫和特纳认为我们的概念系统储存有各种结构，其组成部分为图式和隐喻。一旦我们学到一个图式，它就成为常规化，不需要再学习或使用时加以复习，这是图式对认知的威力。我们可以利用这些现存的工具，而不必费力去制造或寻找它。同样，一旦我们学到一个概念隐喻，它也常规化了，是现成的有威力的观念工具。只要我们使用一个概念图式或一个概念隐喻，我们同时就接受了它的效度。正是由于这个原因，常规化的图式和隐喻对我们具有劝说力(参看胡壮麟 2004:91)。常规化对应于范畴化，也对应于概念化。概念化将义位或义位组合之外的能使概念意义发生变化的所有社会文化因素等都包容了进来，范畴化并不如此。但概念化可以成为范畴化的前提条件。

研究语言共性和语言类型学的学者普遍将领属关系分为可让渡和不可让渡两个类别，认为表不可让渡关系的形式往往会比表可让渡关系的形式在结构上更为紧密。Haiman指出"不可让渡性"的连续体序列形式为：身体>部位亲属关系>一般物件，身体部位代表最原型的不可让渡关系，而一般人工制品代表最原型的可让渡关系。但Haiman却注意到在汉语里身体部位词与一般物品词是一类，不能出现在不带"的"的领属构造里（参看张敏1998：209～210）。张敏（1998：230）虽未明确表示自己的看法，但还是把一种可能性与Haiman的看法作了比较："或许有人会从萨丕尔—沃尔夫假说出发将汉语里的这种情况解释为概念化方式的不同，即认为在汉人的概念里亲属关系比身体部分更'不可让渡'。Haiman认为，这类解释并不足取，因为尽管不同语言可有不同的概念化方式，这些方式必定会受到某些普遍限制的约束，否则对概念化的解释就会流于任意。"有一点可以肯定，常规化的约定俗成的任意性联系有时比规则来得更强硬，它从习惯中来，左右着人们思维方式的主观化方向。

1.3.2.2 粘合式结构——句法结构的原型

传统的范畴观认为范畴都是离散范畴，每个范畴都有自己的"界定特征"，符合某些"界定特征"的就成为某一范畴的成员，反之则不然。"界定特征"为范畴所有成员所共有，因此范畴内部各成员的地位是均等的。认知语言学则认为人建立的范畴，包括语法范畴，大多是典型范畴而不是离散范畴。范畴不能靠界定特征来界定，范畴与范畴之间的边界是模糊的，一个范畴内部各成员的地位是不均等的，有的是典型成员，有的是非典型成员（参看沈家煊2005：7）。袁毓林（1995：157）在论述汉语词类范畴的家族相似性时为这一理论前提加上了很好的注脚：范畴不一定能用一组充分必要特征/条件来下定义，在区别一个范畴时，没有一个属性是必要的。实体的范畴化是建立在好的、清楚的样本基础之上的，然后将其他实例根据它们跟这些好的、清楚的样本在某些/一组属性上的相似性而归入该范畴。这些好的、清楚的样本就是典型(即原型),它们是非典型事例范畴化的参照点。

句法结构也属典型范畴。朱德熙(1982)甚至没能为粘合式和组合式给出一个明确的界定,只是指出粘合式结构首先包括了如下三种类型:由单个名词、区别词、形容词做定语组成的偏正结构;由单独的动词和单独的名词(不包括代词)组成的述宾结构;由单词充任补语而且直接粘附在述语后头的述补结构。朱先生只列出这些粘合式成员的一个共有特性——"直接粘附",这也间接证明了语法结构范畴不可能具有离散、绝对的性质。粘合式结构根据成分直接粘附的程度首先就处于一个连续统序列之中。如果说复合词由于结构的固化失去了一些句法结构的固有特征,组合式结构由于表达一种复合性的意象而增加了一些句法结构原本没有的特征,我们有理由认为粘合式结构是句法结构好的、清楚的样本。

粘合式结构这一好的、清楚的样本本身的好的、清楚的样本又是什么呢?这是我们这项研究的中心任务之一。"北京饭店"具有称谓性,"北京的饭店"具有分类性,"许多学生"既无称谓性又无分类性。但"北京"与"许多"都主要作用于中心语的外延,Seiler(参看张敏 1998:265)将名词短语中的各种修饰限定成分都视为限定语,这些限定语在名词短语中的作用可分为两个类型,即确定指称(specifying a reference)和刻划概念(characterizing a concept),前者的功能是确定指称的对象,因而它主要作用于中心语概念的外延,不会或较少对中心语概念的内涵有影响;后者的功能是增加概念的内容,主要作用于概念的内涵。Seiler 并且认为限定作用实际上是一个连续统,其两端分别是确定指称和刻划概念。显而易见,即如同一大类的限定语跟中心语名词之间也存在着粘合度强弱的不同。粘合度强的称谓性就强，粘合度弱的称谓性也弱。

而粘合式结构内部又有规约性粘合与非规约性粘合、加合性粘合与特异性粘合之分（虽然这些类别也同样适用于组合式结构），朱先生为粘合和组合概念的建立而界定的三类粘合式结构也作为句法结构原型的好的、清楚的样本，成为我们讨论粘合式结构范畴化问题的出发点。

同样，可用标记性强弱来标度粘合式结构的典型成员与非典型成员。就粘合式结构与组合式结构而言，前者是结构的原型，是无标记组配，后者是结构的非典型形式，是有标记组配。

1.3.2.3 去范畴化——结构特征表现与典型性鉴定

去范畴化又叫非范畴化，是指在一定语境下范畴逐渐失去其典型特征的过程。如果一个范畴原型具有一组充分必要特征，则这组充分必要特征是不同语境条件的集合。去范畴化机制应该同时作用于历时和共时两种操作界面。从历时角度着眼于范畴化（形态化）的动态演变，从共时角度着眼于范畴化的作用对句法结构的影响。这跟主要关注历时变化的语法化区别开来。目前去范畴化理论在国内外受关注的程度远远不够，而这一理论对于范畴的中间状态恰恰有着极强的解释力。如 Taylor（1989）指出过去数世纪英语的一个重要特征是“及物动词不断侵蚀到不及物句式中”（转引自刘正光、刘润清 2003:245）；张国宪（2005:18）认为表物／行形容词的出现是语法化的句法后果，性状的语义扩张从本质上说是人类语言普遍存在的一种语法化现象。去范畴化是范畴化的准备，也是范畴化的结果。如果说范畴化的结果是认知对象的类别，去范畴化的结果应当是认知对象类别属性的句法实现。

范畴化是从杂乱无章的事实中寻求事物的共性特征或规律，是从个性中概括出共性的过程。但共性存在于个性之中，关注范畴化的起点和中间状态，从一般回到个别，这是去范畴化理论的任务。

任何一个结构都可以描述为一个去范畴化结构，结构成分间的相互联系和相互制约使得结构成分的功能都有了不同程度的耗损。组合是结构去范畴化的条件或使因，聚合是结构去范畴化的结果或表现。去范畴化更经常地被运用到描述结构运用过程中组成成分功能的进一步衍化——功能增殖或耗损上面。

粘合式结构语义的整体性可以通过结构的去范畴化过程得到很好的解释。结构或结构的某一成分的某一(些)特征的消长直接作用于结构的表达。研究粘合式结构的去范畴化过程，不仅可以展现结构的动态演变过程和演化层级，而且同样适于结构典型性的共时描写。

1.3.2.4 结构的两种阐释：概念组合与语义结构

上述关于粘合式结构与组合式结构的描写和解释已然证明了两种句法结构的客观存在。形式不同而表达有异，说明句法组合变化与成分语义特征选择之间存在着有规律的关系对应。形式的差异显而易见，组合成分的哪些语义特征参与组合(这不仅仅是语义搭配问题)却鲜有论及。这涉及概念和概念组合的特性。概念有哪些特性，概念组合有哪些特性，会不会因此造成两种句法结构内部构成机制的差异？句法规则与构词规则是否存在概念化方式的同一性？结构成分某一语义特征的隐显与结构方式的类别之间是否存在着有规律的对应限制？

要回答上述问题，首先要了解词的概念义与结构意义的形成是否具有一致性。徐盛桓(2001:86)认为二者都是人类的认知能力对现实世界的认识结果：“一个句式的语义构成同词汇的语义构成一样，都反映了人类的认知能力对现实世界的把握。”石毓智(2006a:110～112)作了进一步的阐述,指出结构义和概念义的形成有着共同的认知基础,但并不一定任何一种结构意义的产生都能找到跟它们相同的词汇的概念化过程。语法结构产生的另外一个来源是语言系统内部调整的结果,而不是直接对现实世界的事件的认知结果。

我们的假设建立在结构的非任意性(理据性)基础之上。结构的非任意性应该包括结构成分选择的非任意性和结构规则的非任意性。前者更多地表征为句法语义语用限制,后者更多地表征为人们事物概念化方式的约束力。

1.3.2.4.1 由概念与词义说开去

词表示概念,符淮青(1986:8)把词义称为词的概念义。短语也可以表示概念。这是语言表征平面的解释。即使如此,词义和概念并不同等程度地反映客观对象。概念反映客观对象的一般特征和本质特征,代表一定时代人们认识事物的最高水平;词义反映客观对象的本质特征,“只包括一些足以确定适合于该词的概念的外延的特征”(参看石安石1994:25)。词是语言类别,无疑有着心理表征的基础,但词义对客观对象某一特征的取舍的因素却往往并不单纯,我们很容易给出存在的和致用的两个粗略的类别。致用的是为语言表达的需要而设,这类无现实基础的或者说抽象的事物的概念化方式假定与具体事物概念化方式相同的话,概念化过程是否一致现在还说不大清楚,但至少可证明词义的形成还有着与概念的形成不同的或不完全相同的机制。概念和词义的根本区别在于概念属于主观世界,词义属于语言世界。着眼于认识过程的一致性,词义可说是概念的一种精加工。把词义说成词的概念内容可看成是种约定俗成的借用,是概念客串到语言世界里与词义在语言表征层面的重合或包容。波兰语言学家沙夫(1979:293)曾有过精辟论述:概念和意义在内容上是同一的。它们之间的差别,只是由于我们从两个不同的但又不可分割地联系着的观点——在一种情形下,是从思想过程的观点;在另一种情形下,是从语言过程的观点——来解释同一个认识过程。

史迪芬·平克(2004:115)有段话可以让我们重新玩味一下词义与概念的形成机制问题:“概念和语言的类别上是稍有关系的,但这个关系很淡薄、很抽象。当我们建构世界的一个层面时,我们希望它能被指认出来、被计算、被测量,在事件上扮演一个角色,语言使我们用名词来达到这个目的,不论它是否是物理上的物件。如当我们说‘我有三个理由必须要离去’时,我们把理由当成物体一样来数,但是我们并不是真的以为理由是可以摆在桌子上,或可以用脚踢着玩的东西。”

我们可以引入“义位”和“义位组合”的概念来界定词和结构的语义分别。

通常我们说的概念组合实际是义位(sememe)组合,也是借到语言表征层面的术语。蒋绍愚(1981:28~33)有过这样一个定义:所谓义位,简单地说就是一个词所具有的各种意义。义位在句子中的具体运用,就叫义位的变体。一个义位的意义,一般包括基本意义、附属意义、结合关系、感情色彩。一个词可以只有一个意义,也可以有几个意义。分析词义时就不能笼统以词为单位,而要以词的各个意义为单位。词的每一个意义就是一个义位(参看王惠 2004:29)。

语义学范畴的义位不同于词典学范畴的义项。一个义项可以是一个意义,这是狭义义项。一个义项可以是几个相近意义的排列,这是义项组。如“轻”的一个义项是“数量少;程度浅”,但可用于“年纪轻”(数量少)、“轻伤”(程度浅)两个不同的组合,这是一个义项包含两个义位的情形。一个义项还可以是某个方面意义的概括,其下细分为不同的意义。如《新华字典》中“打”的指某种动作的义项：打(捉)鱼/打(买)油/打(收)粮食/打(织)毛衣/打(画)格子/打(捆)行李/打(发)电报/打(做)短工，这是义项目(关于狭义义项、义项组、义项目的解释参看符淮青 1996a：166～167)。这种情形我们看做一个义位的义位变体。

概念组合中的词义单位是义位或义位变体。

义位也不同于义素(semantic component)。义素又叫语义特征(semantic feature)，是对词的义位进一步分析后得到的一个个区别特征。一个区别特征还可析出若干个区别特征，这样层层下分，便是所谓概念的无限可分性。

规约性粘合与非规约性粘合是从概念组合角度区分出来的。两个概念组合成分的其中之一如果能从另一个的语义特征中离析出来，或两个概念可以互析，那么这一概念组合属于成分间有着内在的、必然的逻辑联系的规约性系联结构，反之便是非规约性系联结构。规约性系联结构中离析出的区别特征的层级(上文简称概念意义的层次)与规约性系联结构的典型性有关。这一层级(或层次)存在于概念组合中，有着概念包含的前提。

概念组合或义位组合意义的常规变化或非常规变化都源于义位或义位变体的无限可分概念序列中的区别特征的凸显、消长变化。

1.3.2.4.2 概念组合映现语义结构

通过以上的分析我们可以得出如下结论：概念组合(或称概念结构)属心理表征层面，语义结构属语言表征层面。概念组合形成于主观世界，语义结构形成于语言世界，都是客观事物及事物间联系的反映。概念组合在语言表征层面映现为语义结构。如果说概念的范围大于或等于词义的范围，那么概念组合的范围也大于或等于语义结构的范围。之所以借用概念和概念组合用于语义分析，主要着眼于概念的无限可分的性质。

1.3.2.4.3 概念组合与组合方式：情景和意象

一个词语的意义不仅是这个词语在人脑中形成的一个情景（situation），而且是这一情景形成的具体方式——意象（imagery）（参看沈家煊1994a：12）。情景对应于概念或概念结构，意象是认知语法中极为重要的概念。所谓同义句式在认知语法中被视为同一事件的不同的观察方式，或者说是同一情景形成的不同的意象。这时我们可以来解释§1.2.1中提到的单一性意象与复合性意象。举例来说，“孩子的脾气”中恒素成分“脾气”携带义位信息，变素成分“孩子”同样携带义位信息，因而“孩子的脾气”可以用“孩子的”来称代，“孩子脾气”却不能。这显然是意象引起的情景变化，即结构方式引起的概念及概念结构的变化。概念的变化是是否携带义位信息，概念结构的变化体现为句法结构关系的差异。“孩子的脾气”是领属关系，“孩子脾气”不是。“孩子的脾气”凸显的是“脾气”的领有者，“孩子脾气”凸显的是“脾气”的一种。

1.3.2.4.4 概念距离与成分距离

概念距离的远近与成分距离的大小即概念结构单位的序列与语言结构单位的序列存在关系相似，这是一般都承认的事实。有问题的是概念组合的形式，也即概念成分的先后位置与组合手段的异同。张敏（1998：256～257）曾有过一个假定，认为具有逻辑关联的某个实体和某个属性之间的联系如果用述谓的方式表达的话是一种“未确立的关联”，用非述谓的方式表达则是“已确立的关联”。前者因关联未定而距离大，后者因关联确立而距离小。张敏举的例子是，当说话人认定听话人并未意识到某件衣服这个实体和“白”这个属性之间的关联，或说话人认为听话人对这种关联的认识不够充分，这时往往会使用述谓形式如“衣服是白的”，否则会使用非述谓形式如“白衣服”。张敏（1998：262）强调指出这里的距离不是客观的物理距离，而是映现在认知中的概念距离。这样便有了两种概念距离：客观的概念距离和主观的概念距离。客观的概念距离是恒定的，存在于人们的心理知识库中；主观的概念距离却因表达而有了变化，恒定的概念距离只是变化的标尺，或者说是变化合理性的前提。可以看出，成分距离大小固然跟客观的概念距离远近有关，交际双方认定的主观的概念距离可以使成分距离作出与客观的概念距离远近不一致的调整。述谓性的定语必带“的”，朱德熙（1982：172）说带“的”的定语一定在不带“的”的定语之前，“小的瓷茶壶”，说话人把“瓷”与“茶壶”的关联当成已确立的关联，“小”是要表达的未知的成分；“瓷的小茶壶”中“小茶壶”是已知的类，“瓷”是要表达的未知的成分。这可以解释范继淹（1958[1986：1]）提出的同一个熟语何时带“的”何时不带“的”的问题。着眼于主观的概念距离标准大致可以形成如下一条规律：未知的变化的成分处于结构的外围。心理结构单位中的焦点、信息结构单位中的新信息的分布位置都可以证明这一点（参看范开泰1985：404～407）。如一个以动词为中心的小句其焦点或新信息在无标记的结构中往往落在句子的末尾。但在实际表达中，说话人可以同时排列出若干个同属于未确立的关联属性，哪一个处于外围即首先要听话人注意的还是取决于说话人的主观认定即交际目的：“小的瓷的茶壶”与“瓷的小的茶壶”事实上只涉及说话人的主观排序，跟客观的恒定的概念距离无关。可是如果同属于已确立的关联上述成分距离规律的描述则不适用。为什么只说“小瓷茶壶”、“大长腿”而一般不说成“瓷小茶壶”、“长大腿”，众多学者见仁见智。陆丙甫（1988：105）把多重粘合式定语的顺序概括为“时间、空间、颜色外观、质料功能及其他”。马庆株(1995[1998:89])将形容词分为6类进行排序,袁毓林(1999a:199)得出一条概括力极强的语序规律:容易加工的成分>不易加工的成分,事实上都在客观的概念距离的恒定性上做文章,这固然是一项具有里程碑意义的工作,能够很好地说明距离相似的动因,但也还有一些问题有待于进一步探讨。如同属于已确立的关联情形,“圆旧饭桌”不成立是因“圆”表述的是事物的先天属性,“旧”是后天变化的结果,与事物的关系不及前者(参看张国宪 2006a:9)。而同是事物先天属性的情形“长大腿”不成立可以用建立在语义聚合基础上的定语对立项的多少来解释(参看袁毓林 1999a:186~191),或者用便取度高低来解释:词义越复杂,掣肘越多(参看张国宪 2006a:10)。容易加工的成分一般处于客观的概念结构的外围,可为什么主观的概念结构却可以不受此限?分拣黑豆黄豆人们总是把量少的一种择出,这是为了省时省力。但如果有人要喝黑豆粥,也可能直接去择量多的黑豆。这与上面的情形相似。以分拣为目的,容易加工的或便取度高的成分便成为首选;有了主观需要,则会以需要为目的。但需要是临时的变化的因素,属于未确立的关联情形。客观的分拣的结果会成为习惯,主观的需要的结果却未必一定不会成为习惯。值得注意的是,张伯江、方梅(1996:226)列出“德性>价值>真假>新旧>属性>度量>色彩”这样一个粘合式分类性定语的排序规律后指出,越靠前的越带有强烈的主观色彩,越靠后的越少有主观色彩,而往往是物体本身的客观属性。张国宪(2006a:10)直接把性质形容词定语的倾向性排序规律概括为:主观性形容词>客观性形容词,认为词语的意义不仅仅是客观的真值条件,而是客观现实和主观认识的结合,语义中会或多或少地掺杂一些主观性成分。凭经验就可以为主观性形容词划分主观性程度等级,并且把便取度高低同主观性程度等级平行排列。主客观标准如能统一起来，无疑符合我们最大的期望值，问题是主观性形容词与客观性形容词的划分以及主观性程度等级的确定。词语意义中主观认识因素多少的决定因素是什么？结构因素会成为认定的标准还是标准实现的结果？可以肯定的是，词语意义中的主观认识因素与说话人的主观需要有着潜在的联系，人们对客观的概念距离的证明也说明了这一点。

客观的概念距离与粘合式结构、主观的概念距离与组合式结构存在无标记的关联对应。概念距离近，成分距离就小；概念距离远，成分距离就大。如果人为地把恒定的概念距离拉大或缩小，即形成主观的概念距离，则必由成分距离的大小作出补偿。成分距离的大小与主观的概念距离的远近成正比，与客观的概念距离的远近却有正比例关系和反比例关系两种。这两种关系实际是粘合式结构与组合式结构的形成机制，正比例关系形成粘合式结构，反比例关系形成组合式结构。

成分距离却似乎因组合方式的不同而有了大小之别。假定具有述谓性质的成分做谓语是无标记的表达方式，会选择无标记的粘合式结构来表达；做定语、状语等可能就是有标记的，会选择有标记的组合式结构来表达。汉语中有这样一些形容词，做定语必借助于“的”字，如“大方、畅通、单纯、孤独”（例见张伯江、方梅 1996：227）等，但做谓语时却可用粘合式表达：

大方的举止——举止大方

单纯的头脑——头脑单纯

沈家煊（1999a：303）认为双音节形容词的内部不一致，将这类形容词归为偏向于状态形容词的一类。张国宪（2006a：

6)用程度量幅法说明从性质形容词到非性质形容词并不是一个非此即彼的离散类别,而是一个连续统。这种重要的分别固然影响成分距离,但并不影响我们的结论。组合方式的不同使得上述例子中的“举止、头脑”有了类与个体的变化,我们讨论概念距离与成分距离的关系有着相同的概念结构的基础。

虽然就典型的形容词来说,这种区别并不怎么明显(如“好衣服——衣服好”都有粘合形式),但“根儿深、苗儿壮”之类的表达是一种常见的对比形式,没有相应的非述谓粘合式表达,这有历史语言学事实的证明,可以支持我们的假设。虽说对举环境是一种条件限制,姑且把这类述谓表达算作有标记结构,没有相应的非述谓粘合式表达也证明了概念距离与成分距离对应关系的变化,何况这是在概念距离不变的条件下。概念距离自然有远近之别,如规约性的联系要比非规约性的联系近。我们固然可以概念距离的恒定不变为前提考察成分距离,同样也可以概念距离的大小为前提考察成分距离的变化,或从成分距离的显性表达入手验证概念距离的大小,从而找出有规律的对应关系。

1.4 粘合式结构的典型性描述

通过以上分析,我们将粘合式结构好的、清楚的样本条件首先列出如下几条:

1. 结构的可分析可类推性与不可扩展性。粘合式结构是由两个实词充任直接成分构成的一个最小的自由临时构造,在小句中往往作为一个整体单位充当组合式结构的一个直接组成成分。这一整体单位从构成上说是自由的,从外部功能上说是粘着的。这跟组合式结构、同时也与句法词区分开。

粘合式结构与组合式结构都具有可分析性与可类推性，区别在于是否具有可扩展性。特异性粘合结构属于类推受限结构，是非典型的粘合式结构。类推受限指获得特指义的结构的使因是唯一的，而结构获得特指义的途径是可类推的。

2. 语义的整体性。概念间的语义联系是结构的粘合剂。规约性增强加合性增强，特异性减弱；非规约性增强特异性增强，加合性减弱。规约性越强粘合式结构的典型性程度越高，非规约性越强粘合式结构的典型性程度越低，反之亦然。

粘合式结构语义的整体性可以表述为指称一种次范畴类别：一种具体的事物、一种具体的行为、一种具体的性状等等。相应地，一个组合式结构的意义实际是指称一种个别：个体的事物、个体的行为或个体的性状等。与单个词项指称意义比较如下：

词　　项	粘合式结构	组合式结构
指称类别	指称次范畴类别	指称个别

认知语言学反对客观主义语义观，坚持整合观，认为整个较大单位的意义不完全等同于其组成部分意义之和(参看王寅 2006:160)。粘合式结构的典型性与结构的整合机制密切相关。

3. 粘合是结构去范畴化的特征和结果。所有的结构都是去范畴化了的结构，事实上结构中的每个成分都不同程度地去范畴化了。去范畴化首先是一种结构的组合特征，伴随着结构的进一步演化而表现为聚合特征(如结构成分的虚化)。粘合式结构范畴化的特征表现就是某一结构成分的去范畴化(与作为基本层次范畴成员的词的功能对比)或结构的去范畴化(结构语义的整体性体现为结构去范畴化的结果)。

粘合是粘合式结构范畴化的手段,同时又可视为结构去范畴化的结果和特征。结构不具有可扩展性是结构发生粘合的标志。结构或结构成分的去范畴化程度与粘合式结构典型性差异有关但并不对应。因粘合式结构由典型形式向非典型形式的演化有两个方向:组合化方向和词汇化方向。通常组合化方向是结构或结构成分功能特征的增加,所以粘合式结构进一步的去范畴化通常只表现为结构的词汇化方向,虽然词汇化并非结构进一步去范畴化的必然结果。

去范畴化了的成分依附性增强,但并非一定演化成虚范畴标记。标记的判定标准为:位置固化,要求选择性成分同现。如方位短语中方位词位置固定,必附着在词或短语之后。

第二章

名词性粘合式结构

名词性粘合式结构是事物的次范畴类别表达形式。人们可以从不同角度给事物分出小类，形式上作为事物次范畴类别分类标准的不同功能类别的词粘附于事物名词前面，如"脊椎动物、复印件、慢性毒药"等。这些不同功能类别的词无一例外地具有概念义潜存性质义凸显的语义特征。

结构即关系，关系植根于概念组合，我们从结构成分的性质、结构体的指称及运用环境等多角度考察名词性粘合式结构的范畴化问题。

2.0 事物的次范畴分类

2.0.1 定名短语的类指能力差异

我们把定名粘合式短语看做中心语名词表示的事物的再分类，如"汉语教师、好老师、授课老师"等，这种再分类从不同方面对中心语名词表示的事物范围进行限定或缩小，因此，一个名词指称事物类别，定名粘合式结构可以表述为事物的次范畴类别形式。

朱德熙(1982:143)对此早有定论：在不带“的”的格式里，定语和中心语联系紧密，在意念上是一个整体；在带“的”的格式里，定语和中心语是一种临时的组合，两部分在意念上保持比较大的独立性。陆丙甫(1988:105～106)用称谓性与非称谓性的对立去概括朱德熙提出的粘合式与组合式定中结构的意义区别。称谓性指的是能构成一个类名去称谓某个或某类事物的定中结构的特性。张敏(1998:237～239、242～243)认为可说成一种为某类群体起一个种属名或类名、通名的“可命名性”，这与为某个个体起一个特称名或专名的情形区分开。“白纸(甲$_1$)”、“白的纸(甲$_2$)”、“雪白的纸(乙)”三种格式存在潜在的类指(generic)能力差别，形容词简单形式及名词做定语时无论带不带 de 往往都有分类性，即可作为给中心语分类的依据，形容词复杂形式充任的定语一般没有分类性。而具有分类性的甲$_1$式和甲$_2$式，前者具有称谓性，定语的分类作用往往带有一种规约化程度较高、较稳固的分类意味。因为它体现的是事物固有的属性，故更多地作用于概念的内涵而不是其外延，能帮助形成类名，却较少用来确定个体指称。后者不具称谓性，定语的分类性则往往带有临时、权宜地分类的意味。这是成分距离或意象造成的。张国宪(2007b:31)认为“性质”意象的形成受益于整体扫描，与时间无关，记述的是属性；“状态”意象的形成是次第扫描的结果，描写的是状态，有时间的背景。同样是记述属性，“白纸”、“白的纸”这两个语义结构的基体(base)都是所有种类的纸，但“白纸”的“注意的焦点”或侧面(profile)(基体和侧面详见沈家煊 1994a:14)是所有种类中的一种，“白的纸”的侧面是“白”。前者是分拣出一种可供选择使用的类，后者描述一种具有某种属性的个体类别。前者是事物的属性类别依据，后者的侧面是事物的属性义本身。我们把这两种区别简单地概括为如下规律：带 de 的定语凸显义位信息（属性义本身），其临时分类意味源于临时组合；不带 de 的定语不凸显义位信息，凸显的是事物的属性义依据（属性义的抽象），其稳固的分类意味源于事物本身内部属性的客观存在。事实上朱德熙（1956[1999：5]）早已有过定论："甲$_1$里的定语既然是作为分类的根据而存在的，分类的根据只能是一种属性。"需要强调的是，这种稳固的分类是以同类异质或异类同质事物的存在为前提的分类，[①]同类异质的分类情形如"白纸"，"白纸"的存在意味着其他颜色纸的并存。异类同质的分类情形如"黑蹼"，因其他蹼类动物如鸭、雁、鹅、颅鹚、鹭、鸶、鸥、鹈鹕、蟾等还有不同颜色的蹼，"黑蹼"可能是某几类与其他类区别的属性（当然，树蛙有黑蹼和红蹼之分，单单用于区别树蛙则属于同类异质的情形）。典型的情形如"全蹼"只是颅鹚的特征，"凹蹼"只是鸥的特征，"瓣蹼"只是鹈鹕的特征，"全、凹、瓣"的属性义标准只能以异类同质事物为前提。事物的属性分类是种根本的分类。而临时的分类只以其他同类事物的存在为前提，只突出属性特征，不提供异类分拣，带有一定程度的描述性。如"请拿些彩笔、黑红墨水、白纸过来"不能说成"请拿些彩笔、黑红墨水、白的纸过来"。朱德熙（1956[1999：15]）认为由双音形容词充任的定语是描写性的而非限制性的。虽然至今没有充足的理由证明单双音

① 事物因同合，因异分。上位类别是合并或归类，下位类别是分化或分类。大致说来，同类异质着眼于事物的分类即事物次范畴或下位类别的区分，异类同质着眼于事物的归类即上位类别范围的界定。二者有类别意义的共性，因而可以把着眼于事物分类的同类异质看做非典型意义上的归类，把着眼于事物归类的异类同质看做非典型意义上的分类。

节的变化可以带来语义选择和句法功能等方面的差异，概率上的倾向性更宜充当规则的证明材料而不是规则的本质依据。张国宪(1996:1～6)认为单双音节形容词都有描写和分类的语法意义。描写性有强弱之分，描写性弱的双音节形容词同样可以做光杆定语，主要作用是限制对象的范围，给事物分类，与绝大多数单音节形容词的作用相同。而单音节形容词也有描写作用，只不过位置在名词之后。这是意象作用的结果。单双音节形容词光杆做定语的语法意义一致，这符合我们的基本认识。限制对象的范围，给对象分类的作用可命名为分类性或区别性，分类性或者说区别性是定名粘合式结构的本质属性。

需要说明的是，上述"属性"这一概念是一个意义类别概念，属性是事物所具有的性质、特点，如事物有大小、轻重、新旧、好坏、黑白之类空间、度量、色彩、评价等意义上的差别，但这些差别有一个共同点，那就是能反映事物本身不同方面的内在特性。沈家煊(1999a:266)指出属性是事物固有的性质。但属性还有两个条件变体：一是某种固有性质的显化，如"白的纸"不仅有类指作用，"白"的义位信息凸显；一是某种固有性质的强化，如"雪白的纸"的程度属性的增加。这可以更好地理解前面提到的复合性的意象，究其原因是结构方式的变化引起属性条件变体的衍生。属性也包括张国宪(2006c:4)提到的变化的属性，张先生按[±静态]标准为形容词划定了"无缘、背景、舞台"三种情状类型，我们再把"背景"细分为“背景”和“前景”，[1]还是着眼于缺乏内在的自然起始点和终结点的均质的（homogeneous）时间结构以及类义或个体义的强弱程度。而“舞台”情状的时间结构因是异质的（heterogeneous），有内在的自然起始点和终结点，都可以容纳续段（duration）（这与张国宪先生的看法略有出入。张先生（2006c：4）认为动态形容词的最大特征“可以有内在的自然起始点和终结点，有些变化形容词还可以容纳续段”。事实上变化形容词可以看做性状形容词的动态再分类，分类依据就是是否可以容纳续段），所以广义的属性包括内在的恒定的属性和外在的临时的属性，狭义的属性只指事物本身借以与其他事物区分开的内在的恒定的属性。我们使用广义的属性义，出发点在于事物间互相联系又互相区别开来的特性。属性是意义类别的再抽象。

我们赞同张敏提出的三种格式有着潜在类指能力差别的看法，并扩展到变化的属性类别“丙”。即我们认为所有的名词性结构都有强弱不等的指称能力。指称能力的强弱可以从定语成分义位信息的变化、事物属性的改变、时间结构隐显、个体与类的分别等角度进行分析，结果会证明我们第一章中论及的观点，即一个词项的意义在于指称一种类别，粘合式结构的意义在于指称一种次范畴类别，组合式结构的意义在于指称一种个别，名词性粘合式结构的意义就在于指称一种事物的次范畴类别，作用就在于补词项指称数量、范围等的不足：

---

① “前景”是从“背景”中分出来的，事实上是介于“背景”和“续段”之间的一种情状，也由于不体现为一个具体的续段而统归于“背景”，我们将“前景”定义为“背景”的显化。

甲$_1$	甲$_2$	乙	丙
臭豆腐	臭的豆腐	臭烘烘的豆腐	臭了的豆腐
义位信息背景化	携带义位信息	携带义位信息	携带义位信息
属性类化	属性显化	属性强化	属性变化
无时间背景	时间背景化	时间前景化	续段背景化
类指	类义增强	个体义渐强	个体化倾向

恒定性增强 ←———— ————→ 临时性增强

分类性增强 ←———— ————→ 述谓性增强

“属性类化”指某种属性成为事物类别的区别特征，“属性显化”是属性的凸显，“属性强化”是属性的描绘，“属性变化”是变化属性的描绘，“显化”的属性最接近事物的固有属性，“显化→强化→变化”体现事物属性由固有到临时的性质级次。“时间”可以是时点，可以是时段。“无时间背景”指属性是一种无条件的存在，“时间背景化”指属性是事物在一定的时间呈现出来的区别特征，“时间前景化”指属性是事物在特定时间呈现出来的区别特征，“续段背景化”指属性是变化而来的结果。

如果说词项指称是一种恒定类别，那么粘合式结构的指称可以表述为一种相对恒定类别，这种相对恒定性依“甲$_2$、乙、丙”方向逐渐减弱。能用相对恒定类别形式表达的事物类别（行为、性状类别同此）都有同类或异类事物类比的前提，且这种类比前提是类别形式表达的意义构成。这种性质也随上述连续统中结构形式位置的变化而变化，至“丙”类结构形式虽也有类比前提，但这一类比前提已不再是结构形式的意义构成，因表达止于事物个体性状等的描述，类比前提实际已经背景化甚至成为一种羡余存在。粘合式结构指称一种次范畴类别,因此也表述为一种客观类别,连续统中的其他结构形式指称类别都带有不同程度的主观性,主观性程度的高低受制于表达环境。

义位信息背景化的或凸显属性义标准的定语成分在组合中显然已经去范畴化了,亦即整个结构发生去范畴化。事物本身的类别有本质非本质之分,粘合式结构本身也有典型成员与非典型成员之分。

2.0.2 类指(kind－denoting)和单指(individual－denoting)

2.0.2.1 指称是一种语境赋值

指称和陈述是话语语用现象。语言学上的指称是对名词性词语而言的,根据功能语法的观点,指称指的是篇章中某个名词性词语与其话语所指物之间的关系。词有词型/位(type)和词例(token)之分,词型/位是脱离语境的抽象的词,词例是特定语境中的具体词(参看王红旗 2004:17)。词型有指称能力差别,词例才有指称与否,指称是一种语境赋值。

指称能力有强弱之分。详见下节。

2.0.2.2 指称能力和指称

类指和单指的区别大致相当于陈平、徐烈炯先生所说的通指和单指。通指成分指某类事物,单指成分则指一类中的个体(陈平 1987:113;徐烈炯 1995:178)。"臭了的豆腐"通常表示事物变化的属性,类指能力极弱。但如果把"臭了的豆腐"与"臭豆腐"进行属性对比,也可以看出这一特殊语境中"臭了的豆腐"的指称义表现:

(1)a. 臭豆腐好吃。

b. 这种臭了的豆腐不能吃。[①]

b 中“臭了的豆腐”前有了表类量词的修饰，可见临时类别也有指称能力。只不过在甲$_1$、甲$_2$、乙、丙四种格式中当属最弱的一种。“臭豆腐”是光杆名词短语(bare NP)，刘丹青(2002:413)提出了光杆名词短语普遍具有类指属性的假说，这也是我们着力证明的名词性粘合式结构范畴化的结果。虽然传统语法学把定语当成降级谓语，早期生成语法把定中关系看成述谓关系，而哲学家和逻辑学家更把定语看做谓词(张敏 1998:244)。也有的学者认为所有的结构都具有表述功能(参看杨成凯 2003:14～15)。这些足以说明指称能力与述谓能力都有强弱大小之分，只不过这种能力大小通常以常量和变量的方式体现出来，粘合式结构的类别指称是结构表达常量。“臭豆腐”和“(不臭的)豆腐”都是其上位范畴“豆腐”的下位范畴，只是“不臭的”是常态，人们使用其无标记形式“豆腐”，这样就造成了“豆腐”既是上位概念又是与“臭豆腐”相对的下位概念的现状。[②]

杨成凯(2003:4)认为现实世界中的具体事物和抽象事物在思维世界中都是一种存在，或者说是一种映像。语言是描述映像世界的工具，要研究语言表达式的指称，首先要研究思维世界中的各种映像的类型。这样，指称对象一边连着认识世界中的映像，一边连着现实世界中的实体，如下所示(杨先生[2003:2]认为可以把外延理解为对象本身，把内涵理解为对象具有的定义性质)：

---

① 需要分别解释的例句序号以章为单位排列，不需要分别解释的也以章为单位不加序号。

② 这一点是张国宪师在作者博士论文的批注中标示出来的，先生批注多所引用，仅借一代全。

认识世界中的映像←—指称对象—→现实世界中的实体

杨先生(2003:5～6)把彼此能够相互区分开的映像叫单元映像,彼此相互混同、没有区别开来的是类元映像。类元映像中包含对象全体的映像是全集映象,表示一类对象共性的映像是典型映像。如"麻雀虽小,五脏俱全。"与"恐龙早已绝灭。"中"麻雀"与"恐龙"都是类指成分,对应类元映像。但"麻雀""只能是通过一个个体表示一类事物的共性,我们可以说那个个体是麻雀的'内涵',也可以说通过麻雀的一个类元映像反映所有麻雀的性质,但它不是指麻雀'整个一类事物',因为'麻雀虽小'的'小'说的是麻雀集合中的个体性质,而不是说全部麻雀组成的集合体小,这里有总称和分述的区别"。(2003:7～8)因此这里的"麻雀"是指类元映像里的典型映像。而"恐龙"是指类元映像里的全集映像,其内涵包含对象全体。任何一个名词在语言表达式中都可以是类元映像里的全集映像或典型映像的反映,当然也可以是单元映像(单元映像对应单指成分)的反映,这可以叫做具有类指能力或具有单指能力,类指或单指的性质取决于名词或名词短语以什么样的内涵来表示事物的性质,指称能力的强弱自然要着落于内涵的表达上,常量和变量本就是事物性质的不同表现方式。体现事物变化属性的成分单指能力强,体现事物恒定属性的成分类指能力强。

指称可以理解为一种指称对象实现为现实世界中的一个实体。实体是离散的,因而指称对象必有外延,否则事物无法区别开来。"学生阅览室"中无指成分"学生"成为有指成分"阅览室"的下位概念的限定属性,整个结构因而指称"阅览室"的一个具有新的外延的下位范畴类别。"学生"这里体现"阅览室"的用途属性,但并不是说"学生"没有潜在的指称能力，只不过是在指称事物和表达事物属性两种功能上选择了后者而已。选择是结构功能致使的结果：类指意义的绑定与结构位置的先后所由使的一种合力。定语的谓词性事实上是选择的一种潜在诱因。指称事物的功能体现了事物内涵与外延的统一，表达事物属性的功能却不要求事物必须首先是界限分明的一个个个体。

指称能力是指称对象的一种属性，指称是指称对象的一种功能。属性是一种存在或一种映像，功能是一种关系。柏拉图的指称论本就认为指称是意义，除指称外再无别的意义。弗雷格认为指称是意义，但意义不仅是指称（参看徐烈炯1995：11～13）。如果说指称首先是认识世界里的一种映像，这是作为属性存在的指称对象，是客观上具有指称能力的指称对象，这是对事物内涵的认识。这种属性一旦与确定的事物外延相联系便成为指称成分。

2.0.2.3 结构的类指能力差异

沈家煊（1999a：308）指出一个光杆名词通常是泛指一类事物的类名，性质形容词所形容的名词通常是类名，因为一类事物的性状是相对恒定的。“纸”是一个大类名，“白纸”是一个小类名。状态形容词所形容的名词通常是个体名，因为我们认识的个别事物的性状相对来说是临时性的。泛指事物类名的光杆名词一般是基本层次范畴词（basic－level terms）。当然，其上位范畴词如“动物、水果、工具”等也可以泛指事物类名，只不过在使用时一般还得联想到基本层次范畴成员。这是恒定性的类指。甲$_1$式光杆名词短语一般是由一个基本层次范畴词加一个属性定语构成，如“白纸、塑料盆、电影演员”等，当然也包括其上位范畴短语如“哺乳动物、装卸工具”等，这是相对恒定性的类指。检验恒定性（包括相对恒定性）类别的标准可以是类别的约定俗成性。

甲$_2$式表达虽也建立在事物的固有属性类别的基础之上，但说话人主观上认定所要表述的事物类别还不足以与事物的固有属性类别画上等号或者说认定所要表达的事物属性还不足以达到与其他同类事物有明确界限的程度，说话人往往会用自己的这种“客观—主观”标准建立起事物属性的类：

(2)在英国像这种大的博物馆是完全免费的。[①]

(3)在人体口腔中有三对大的唾液腺和一些零散的腺体。

(4)a. 每年7月中旬开花时节，在茎的顶端生出一个大的花盘，上面簇生着10～12个头状花序，花冠鲜紫色。

b. 查干湖的雁鸭可以说是两个大的家族，飞起来遮天蔽日。

c. 马克斯·普朗克学会之下建立了几十个人员精干的研究所，还有十几个大的科学中心。

(2)中“大的”前有表类量词；(3)中“大的”和“零散的”前有“三对”和“一些”等集合量词修饰，也有了分组意义；(4)中各例“大的”前都有不定量词修饰，表示个体类别，值得注意的是，这种个体类别因事物属性标准而建故都有着属性级差的类比前提。如(4)a中“上面簇生着10～12个头状花序，花冠鲜紫色”是“大的花盘”与其他大小形状花盘区别的特征，(4)b中“飞起来遮天蔽日”是“大的家族”与其他大小家族区别的特征。

乙式因事物属性的程度意义凸显而常用于表示个体类别。与甲$_2$式不同的是，乙式的个体类别因事物属性的程度性而建，故不再有属性级差的类比前提，只是凸显属性级差的某

① 全书例句不注明出处的一般取自北大语料库。

一特定的程度，但也还可以凭这一特定的程度与其他程度的个体类别区分开来，只不过说话人的意图已不再有类比前提：

(5)我发现这种很简单的餐具，使用的方法却相当复杂。

(6)这种黑漆漆而又亮堂堂的艺术境界，正是龚贤画作的特色。

(5)中的“使用的方法却相当复杂”、(6)中的“正是龚贤画作的特色”都不再是这种个体类别区别特征的描述。

丙式因事物变化属性的存在常用于单指，变化的属性是事物单指或具有个体义(刘丹青[2002:411、416]把类指的核心语义归纳为非个体性，把单指的核心语义归纳为指具体个体)的前提。具有变化属性的事物的类指用法表示事物的一种临时类别，这种临时类别需要有相应的恒定类别的类比环境，或者说就是恒定类别的一种条件变体，离开了具体的语言环境便不复存在。如(1)b可表述为“这种臭豆腐不能吃”。

徐烈炯(1999:180)曾讨论过光杆名词是类指还是单指的判定方法，认为很大程度上可以通过谓词的性质来决定。谓词表示状态主语往往通指，谓词表示事件主语往往单指。徐先生的例子是：

(7)a. 青蛙有四条腿。

b. 青蛙在叫。

刘丹青(2002:412)直接将(7)a的谓语称为属性谓语，把(7)b的谓语称为事件谓语。(1)b的谓语“不能吃”正是这种属性谓语，或者说属性谓语的存在正是事物临时类别的出现环境。

综上所述，甲$_1$、甲$_2$、乙、丙四种不同的名词性结构的指称能力可描述为如下的连续统变化模式：

类指——弱类指——弱单指——单指

2.1 形名粘合式结构

2.1.1 事物联系与属性交互

客观事物间的联系有相关性联系和相似性联系两种，反映到语言形式上，如果A事物与B事物有相关性或相似性联系，与A有组合关系的词语C也可能与B有了相同的组合关系；又由于B事物与A事物的差异，C的意义逐渐丰富起来，表现为词语的引申义与比喻义的衍生增量。但反映在义位组合上，C的某一义位与A如有规约性语义联系，与B也有规约性语义联系，则从发生学角度与符号的音义结合的性质上来说，应该有一个是原始的，另一个是继起的。这也可以证明规约性与非规约性联系的程度性差异。比如事物“温顺”这一属性，本义指人的一种性格，形容其他动物时则着眼于人和其他动物这方面的相似性。但事实未必全然如此。如“大”，任何事物都有大小，“大”义初始的依附对象也许正是以所有事物为依附对象的。反过来说，不同事物由于具有相关性或相似性联系，当然会有相同的分类或关系，因而在逻辑语义上会采用相同的概念或概念组合形式，在语言表达上会用相同的词语或句子结构。如“大”的本义表示空间，基本义是“在体积、面积、数量、力量、强度等方面超过一般或超过比较的对象”(《现代汉语词典》修订本)，不同事物都可以用“大”来修饰与描写。我们从国家语委语料库上按“大～”格式随机抽出一些例子罗列于下：

a. 树 罐 草坪 风浪 牌楼 花圈 熔炉 吊灯 眼睛 肚皮

b. 城市 医院 森林 企业 公司 灾害 丰收 银行 革命 剧种

c. 财富 门类 洪水 部分 年龄

d. 比重 力气 毛病 恐慌 差别

e. 律师 教授 干部 官僚 人物

f. 破坏 贡献 进步 伤害 提高 亏损 开发 讨论 检阅 突破

a 组表示体积或面积，b 组表示规模，c 组表示数量，d 组表示强度或程度，e 组表示地位或名望，f 组表示行为。“大”作为区别标准起帮助形成次范畴类名或小类名的作用。小类名是类名的再分类，经过了人们的一次重要的分析过程——比较，这一过程可着眼于事物的内涵，也可着眼于其外延，因为比较作用于事物的不同层面，比较总要选择一个切入点来把握事物特征及事物间的联系。上面我们说过，成分距离越大，事物的个体指称意义越清晰。也正是由于某种属性分布的语义区域大（大到作用于所有的事物），所以在这一区域内的事物都可以用这种属性自然进行分类。定语是一种修饰限定成分，定名短语自然也就是一种类别佳构，而定名粘合式结构可直接视为最好的类名构成形式。

同一属性特征为不同的事物所拥有可称为属性交互。属性交互缘于事物的相关性或相似性联系，交互的属性差异源于不同事物的特点。如“黑芝麻、黑皮肤、黑蹼、黑上衣、黑提包、黑眼镜”中“黑”的程度量值可能都不一样，但都属于形容词的零形式表现出来的基本量值（基本量值与合成量值的区分见张国宪 1996a：34），可表述为随具体事物的不同呈现出的不同的属性常态，也就是事物属性体现出来的程度平均值，这一平均值通常表现为一个量幅区间。表达事物类的属性差异用基本量值，表达事物个体属性差异用合成量值。这是因为性质形容词的程度性特征主要表现在量潜能方面，性质形容词占据的是一个量幅，具有被不同量级的程度词切割的潜能，而性质形容词能被不同量级程度词切割的潜能本质上是其自身量的弥散性语义特征的显露（参看张国宪 2007b：32）。

基本量值是整体扫描的结果表征，合成量值是次第扫描的结果表征。

2.1.2 本质属性词与附加属性词

定名粘合式结构以事物次范畴分类为存在前提，事物的恒定分类与临时分类或者说客观类别和主观类别事实上体现了属性与事物间的概念距离的远近。主观性有强弱之分，因而概念距离的远近可以从多重定名结构中形容词定语的排序中大体看出。但这并不是说成分距离无条件与概念距离相对应。不属于事物本质特征的属性不在这一规则运用的范围之内，如事物的数量特征。这需要我们首先确定讨论的范围。

人们对事物某个特征的认识首先是从具有不具有延伸到程度意义的，这符合事物由低到高、由简单到复杂的认识规律。具有不具有着眼于异类同质，程度性着眼于同类异质。如“熊”具有危险性（同质）是跟异类事物虎、狼、狗、羊等进行比较得出的结论，而危险性的大小（异质）是跟自己的同类或同样具有危险性的虎、狼等进行比较得出的结论，这时实际上已经把虎、狼等当成同具有危险性这一共性的一个大类，同质是类的基础。从同一小类中看得更清楚些。棕熊、白熊、黑熊不仅有颜色的异质，也还有危险性大小的异质。只是这种危险性大小的异质属于百科知识范畴，不是人们用颜色给熊分类的理据性成分。

属性交互属于异类同质，反映在句法结构上是同一个形容词修饰不同的名词的情形。在属性交互区域里，单独一个形名组合虽不好判断概念距离的远近，但都有着与不同事物比较的基础。可以想见，同一属性与不同事物的概念距离并不等值。而判断同一事物与不同的属性之间概念距离的远近，也就是判断不同属性与同一事物联系的程度性差异，属于同类异质的情形，反映在句法结构上是不同的形容词修饰同一个名词的情形，多重定名结构中形容词定语的排序是判断这一程度性差异的最佳环境。

张伯江、方梅(1996:224)主要以句法功能与音节为标准把形容词分为本质属性词和附加属性词两类，本质属性词以单音节的为主，能自由地做定语，也能做谓语；附加属性词以多音节的为主，只能做定语。可以发现，本质属性词主要对事物概念的内涵进行限定，功能是刻划概念；附加属性词因具有述谓性，主要作用于事物概念外延，功能是确定指称。无论是同类异质还是异类同质的情形，都主要对事物概念的内涵进行限定。附加属性词做定语构成的结构通常是加合性的情形，如"儒雅气质、暴躁脾气"虽也对事物进行分类，但由于附加属性词述谓性的存在这种事物分类临时性明显增强，也即失去了事物分类的典型意义，只能算是一种非原型意义基础上的分类。但如果构成一个特异性的结构，附加属性词也就有了刻划概念的功能(参看§2.1.2.2.3的分析)。下面我们主要讨论本质属性词粘合式结构，结构中心语表示的事物称为本质属性词属性或状态的宿主。① 本质属性词我们参考张伯江、方梅的分类，也分为德性、价值、真假、新旧、属性、度量、色彩等。考虑到特异性情形的可能性，例词增加些双音节的。

2.1.2.1　色彩类

色彩类本质属性词例如(依《形容词用法词典》，词典未收入的我们也不计入，但不影响我们另例讨论。下同)：

暗　黑　红　蓝　亮　绿　紫

---

①　拥有某一属性或状态的事物是该属性或状态的宿主(参看张国宪2006a:15)。

颜色是事物的基本外在特征,因而颜色类是事物的基本类别。颜色属性是事物的客观存在,不因时因地、也不因人的主观需要而发生质的改变。人们在表述颜色类的时候,通常是将色彩类本质属性词直接粘附在事物名词的前头,其程度量具有弥散性语义特征,体现为属性常态(表达基本量值的属性)。如:

亮斑 暗星云 黄梨 黄头发 绿岛 紫砂壶 蓝屏 白萝卜

物体的颜色有的往往偏离属性常态,如同两种或几种颜色调制而成的"调和色",这种调和色的程度量依然占据一个量幅,只不过这一量幅是截取了一种颜色中的与另一种颜色重合的一段,等于说A颜色在B颜色的量幅区间上找到了与自己匹配的相应位置。而由于A本身也不具有量的规定性,所以这一位置并不体现为"量点"。但对于B来说则有了一定程度的规定性,B可以描述为一个规定性的量幅。A成为底色,B是主色。二者调和的前提是两种颜色色调上有叠合或混合情形。例如:

黑红脸膛 黑蓝墨水 蓝灰衬衣 紫红腰带 黄绿军装 灰白头发

从模糊表达上说,"黑红脸膛≈红脸膛"、"黄绿军装≈绿军装"。"黑蓝墨水"是一种蓝墨水,"蓝黑墨水"是一种黑墨水。"黑红、黑蓝、蓝灰、紫红、黄绿、灰白"等应该看做偏正式合成词,偏为底色,正是主色,底色呈暗色调,主色呈亮色调。由于规定性量幅区间的存在,这种合成词本身不能受任何程度词的修饰,这跟状态形容词不同。状态形容词是定量形容词,不能受"最、更、比较、稍微"等表客观量的程度词修饰,有的仍可以受"极、很、非常、太、十分、有点儿"等表主观量的程度词修饰(参看张国宪 1996a:34)。状态形容词在词类连续统中偏向于动词一端，而“黑红”类偏正式合成词偏向于名词一端。这可以跟“海棠红、枣红、鹤顶红、鹅黄、米黄、鱼肚白、鸭蛋青、草绿、鹦哥绿、玫瑰紫”这种指色词[①]进行比较，共同点都是A为B规定量度标准。具体事物更直观可感，作为标准更接近量点。如“海棠红、鹅黄、草绿”中的“海棠、鹅、草”和“墨黑、雪白、漆黑”中的“墨、雪、漆”都有规定量度标准的作用，都着眼于异类同质事物的比较，但前者对同样的质的量幅区间进行再分割，如“海棠”在“红”的程度上与“枣、鹤顶”等相比较而共存，几种事物对“红”的量幅区间进行分割。后者却把事物颜色属性常态作为量点凸显质的规定性，比较的意义只是潜在的，或者说是一种缺省比较。因作用有别，后者凸显的质的规定性一般要高于或低于事物的属性常态。

即使有三种以上颜色的混合体，汉语中也最多只由两个颜色词构成偏正结构修饰名词，因这种调和色事实上只是一种颜色，无非由量度的两个或若干区间合成一个区间。两个基本颜色词的组合完全可以清楚地表述这一量幅区间。有时一个单纯词也可以表述调和色的量幅区间，如“橙”是红和黄合成的颜色，“绿”是黄和蓝合成的颜色，证明一种颜色也可以是一个合成区间。

也还有一种形似的结构，如：

黑白照片　黑白电视　红白喜事　蓝黑军团　红绿衣裤　红黑条纹

这里连用的两个颜色词构成联合短语做定语，因而整个短语

---

① 李红印(2004:57)将这种具有指称色彩意义的词称为指色词，将“红、黄、白、黑、绿、蓝、紫、灰”这八个稳定而能产的基本颜色词称为辨色词，把“通红、墨黑、雪白、漆黑”等主要用来描绘色彩性状的词称为描色词。

是组合式结构而不是粘合式结构。联合的项当然也可以不止一个。虽也有类指作用（这是由定名短语的性质决定的），但已具备个体指称的能力。如“蓝黑军团”是意大利国际米兰足球队的代称。物体色彩是两种颜色的复合而并非调和成为一种颜色。两个颜色词的语序除了“黑白”具有强制性外其余的一般按亮色调在前暗色调在后的次序排列，这符合人们视觉上的对比度优先选择的认知需要。

2.1.2.2　度量类

我们首先举出如下一些度量类本质属性词：

矮 薄 扁 长 沉 粗 大 低 陡 短 肥 高 厚 近

宽 密 胖 浅 轻 深 瘦 稀 细 小 远 窄 重

矮小 粗大 肥大 高大 茂密 浓密 瘦小 狭长 狭小 狭窄 细小

2.1.2.2.1　绝对量值与相对量值

沈家煊（1999a：150～154）区分了三类“相对词”：“大小”类、“好坏”类与“冷热”类（其中“大小”类属于度量类），认为在语义上“大”和“小”都可以分出两个意思，“这只箱子很大／小”里面的“大／小”表示绝对的、实在的大小，是“大$_1$”和“小$_1$”。用“大$_1$”义和“小$_1$”义来比较大小的是实比；在“但是比那只大／小”里面的“大／小”表示相对的大小，是“大$_2$”和“小$_2$”。用“大$_2$”义和“小$_2$”义来比较大小的是虚比。沈先生指出“大小类”只涉及一个量级，例如就“长—短”而言只涉及一个长度量级：

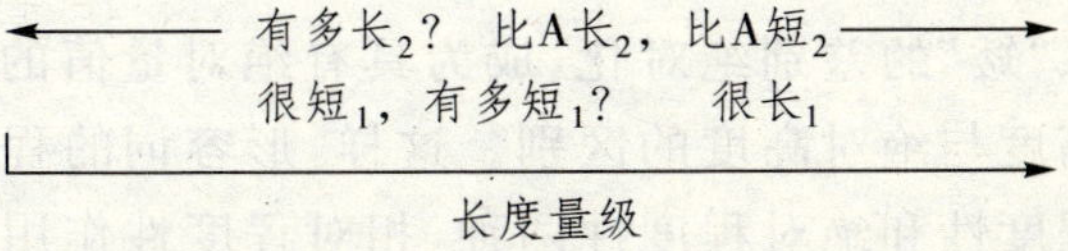

如果把表示绝对的、实在的大小量值称为绝对量值，把表示相对的大小量值称为相对量值，可以看出，表示虚比的体现

为相对量值，表示实比的体现为绝对量值。度量类词的绝对量值表现为“小（矮、薄、短等）到0大（高、厚、长等）到无限”这一量度区间（“扁—圆”、“瘦—胖/肥”的情形略有不同，“扁、瘦”值可以为0，“圆”最大值是360°，“胖/肥”的上限只存在理论上的无限性。沈家煊先生把“胖/肥—瘦”的情形直接归到了“冷暖类”里。在我们看来，“扁—圆”、“瘦—胖/肥”除了绝对量值有最大值的限制外，其他表征与“大小类”有更多的共同性，而与“冷暖类”有更多的差异）里的任何一个量点，相对量值表现为这一大的量度区间内的又一小的量度区间。小的量度区间相对于大的量度区间的存在而存在。用中性问和偏向问的分别来验证，中性问问相对量值，偏向问问绝对量值，因偏向问的先设表达绝对量值。

2.1.2.2.2　绝对程度性和相对程度性

形容词的本质特征是其程度性。性质形容词的程度性首先着眼于同类事物的比较，说“矮城墙”时程度量取值于城墙的高低之分，这是相对性比较；如把“矮城墙”与“高城楼”放一起进行比较，自然不同于“城墙”或“城楼”本身具有的高低之别，这是绝对性比较。二者比较的性质不同。前者属同类异质，“高矮”在高度这一概念域中各自占据自己相对的量幅区间，成为具有不同量值的异质，之间虽然并没有截然的界限。典型的性质形容词基本上都具有这种相对性语义特征。后者属异类同质，“高矮”这一共同的概念域成为联结不同事物“城墙”和“城楼”的区域限定标准，形容词的相对性语义特征背景化，“高”、“矮”的差别绝对化，成为具有绝对量值的同质。这是相对高度与绝对高度的区别。这样，形容词的程度性可分为相对程度性和绝对程度性两种，相对程度性作用于同类事物，体现为形容词的基本量值或量幅区间，这是虚比；绝对程度性作用于不同的事物，体现为形容词的绝对量值或量点，这是实比。张国宪(2007b:35)曾对性质形容词的标准属性值作过界定,认为标准属性值在性质连续统中是模糊的,有弹性空间;在状态连续统中是较为确定的。见下图:

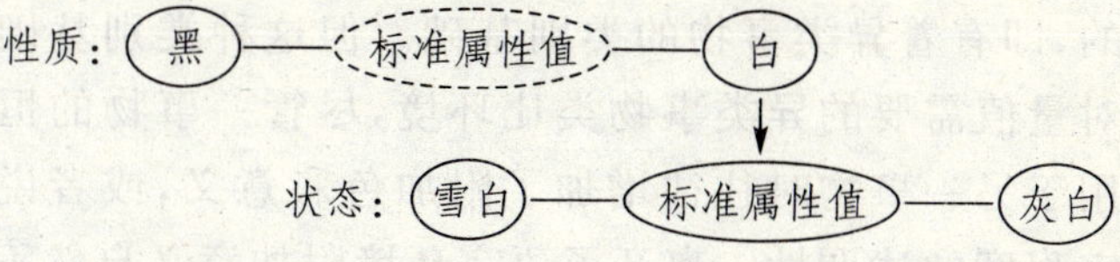

状态形容词形容个体名是无标记组配,而性质形容词修饰不同的个体事物时其标准属性值不再是模糊的,体现为性质形容词的绝对量值。无标记组配“雪白的纸”表示个体类别。“矮城墙”表示类名时(与“高城墙”相对待)是无标记组配,“矮”的标准属性值是有弹性空间的相对量值;表示个体名时是有标记组配,要有异类事物(“矮城墙与高城楼”)类比的语言环境,“矮”的标准属性值是确定的绝对量值(或称规定量值)。绝对量值伴随着同一概念域的一组相对的概念成分的标准属性值的定量化,或者说,有另一(组)相对的概念成分的绝对量值的参照,而这一绝对量值往往是人们在客观基础上的主观认定,因而有了一定程度的述谓性,又与特定的个体事物相联系,带有了临时分类色彩。而即如绝对量值,因属事物本质属性值与事物名词粘合,这种本可应用组合式结构表达的内容用粘合式结构的形式表达出来,这就形成了有标记的粘合式结构类。举例如下:

(8)a. 她有一个矮丈夫。

b. 她有一个矮的丈夫。

a 和 b 表达没有分别,都只有异类同质而没有同类异质的比较前提。由此也可以证明性质形容词绝对量值的标记性意义表达。

这要把属性交互的情形区分开来。“纸、衣、被”有厚薄之分，“雨、雪、烟、雾”的厚薄之分就不是恒定的属性分类，但却可以有恒定的属性分类表达形式。这使得我们有理由相信“薄雨、薄烟、厚雪”这种准恒定分类是通过一个隐喻过程建立起来的，即有着异类事物的类别基础。但这种类别基础却并非绝对量值需要的异类事物类比环境，尽管一事物的恒定属性在用于另一事物时往往增加了附加色彩意义，或者说增加了一定程度的述谓性。离开了语言环境附加意义自然不复存在，因此这种临时组合往往不能单说，究其因还是非事物固有属性之故。如：

(9)坦平的柏油马路上铺着一层薄雪，被街灯照得有点闪眼。(老舍·骆驼祥子)

(10)在快要过年那几天，我们是正用生的棕布包了脚，在那没膝的厚雪里走动，开差到麻阳县去的。(沈从文·入伍后)

(11)柴禾淋了薄雨，不好着，一股烟缭绕而出，呛人得很。(迟子建·岸上的美奴)

(12)在香香的桑的薄烟里，天葬师拿走了头骨。(池莉·让梦穿越你的心)

“雪”通常分厚薄，“雨”有大小，“烟、雾”有薄有浓。凸显述谓性的需要使得这种形象类别的缺省合理化。“雪”厚薄、“雨”大小可目视、可感受，“薄雨”与“小雨”意义相同，前者让人注意到增加了一种能见度的差别。“烟、雾”的浓淡通常是能见度而并非感受度的差别。事物的这种准恒定属性表达相对量值还是绝对量值仍要遵循同类异质或异类同质的分别。

2.1.2.2.3 常规关系与倚变关系

事物的固有属性与事物之间的联系是必然性的，非固有属性与事物之间的联系是或然性的。固有属性往往是无标记的，非固有属性是有标记的。次范畴类别表达中固有属性因属事物常态形式（下文通称属性常态）有些通常只用零形式表达，如“庄稼”呈现绿色是常态，所以没有“绿庄稼”；“天空”呈现蓝色是常态，所以没有“蓝天空”。相反，非固有属性在次范畴类别表达中却要用加合性粘合形式来表达（从这一意义上说非固有属性成分事实上是一种意义上的标记成分，可表述为这一概念成分的不可或缺的特性。这样表述并不妨碍整个粘合式结构的无标记性）。如上面举过的“臭豆腐”中的“臭”是“豆腐”的非固有属性，所以没有“（不臭的）豆腐”但有“臭豆腐”。又如“绸子”呈绿色并不是必然的，所以有“绿绸子”。“蓝墨水”的出现也是后天发展的结果，直接的证据是由于有了红墨水和蓝墨水等，“墨”表示“黑”的语义明显出现了耗损。

值得注意的是，或然性大体上分两种情形：一种是通常意义上的非必然性，这种或然性表达不是粘合式结构（如“我校、本文、许多姑娘”都不是粘合式结构）。另一种或然性不是通常意义上的非必然性，而是必然性程度的减弱（但必然和或然的对立统一的存在还是让我们把这种程度减弱的必然性联系称为或然性联系）。这种或然性常用粘合式结构的典型形式来表达。如“蓝”与“墨水”之间的联系是或然性的，“绿”与“绸子”之间的联系是或然性的，而“蓝、绿”性状一旦达成便成为宿主事物后天衍生出的固有属性。这跟属性常态的表达因而有了分别，天空当然不是永远呈蓝色，庄稼并非始终都绿，所以有“蓝墨水”而无“蓝天空”，有“绿绸子”而无“绿庄稼”。因此，概念成分的性质是结构形式选择的决定性因素。

这种基于相似性联系的准恒定属性与事物的联系由于类别允许缺省而显得更加自由，事物的范围因而更大，这样，次规约性系联情形要远远超出规约性系联情形，这在有些度量类本质属性词的结合能力上表现尤为突出：

低:高规约性系联:低门槛 低个子

次规约性或非规约性系联:低热 低成本 低水平 低收入 低效益 低风险 低利率 低价格 低性能 低嗓门 低频段 低噪声 低脂肪 低消耗

短:高规约性系联:短跑道 短头发 短裙 短尾巴 短枪

次规约性或非规约性系联:短时间 短时期 短周期 短半径 短日照 短寿命 短调 短柬 短音阶 短诗集 短新闻 短波 短故事 短信息

我们用"高规约性"和"次规约性"区分两种系联情形是基于属性交互区域的固定化。时间长短、文章长短现在已经是种常规关系了,但可推测是由物体长短而来。词的本义与引申义的关系说明了这一点。"低"与"高"同一概念域,"低"的系联类别是建立在与"高"的相对的基础之上的,反之,"高"的系联类别也是建立在与"低"的相对的基础之上的。所以"水平、收入、效益、风险、利率"等都有高低类的分别。即使次规约系联的情形允许缺省,如"科技、质量、声誉"只与"高"系联,"噪声、脂肪、权限"只与"低"系联,自然也少不了这一相对的基础。"短日照"虽有日照时间长的情形与之相应,却不存在"长日照"这一显类。这种不对称或由于表达习惯,或由于另一方因模糊性强而不宜类化。如果把这种相对变化称为倚变关系,即指同一概念域的概念成分,一方的关系类别有着另一方存在的基础,一方的范围变化带来另一方也发生相应的改变的情形,可以发现,每一个度量类本质属性词都有一个量度区间,而这一量度区间又都是相对于同一概念域的其他概念成分表示的量度区间而存在,或者说与其他概念成分表示的量度区间共处于一个统一体中,因而最适宜表示倚变关系类别。

度量类本质属性词相互间的倚变关系客观上也成了次规约系联或非规约系联范围扩大的间接原因,虽然根本的动因源于事物属性的程度性。

双音节形容词做定语一般要加“的”，这固然因为单双音节形容词有很大的区别：朱德熙（1980：17）认为双音节形容词一般都带有状态形容词的某些性质，突出的表现是双音节形容词充任的定语是描写性的而非限制性的；沈家煊（1999a：307）把双音性质形容词大别为A、B两类，把状态形容词大别为甲、乙两类，直接把B类双音性质形容词与乙类状态形容词并为一类。如果从概念组合角度分析，把双音形容词分为加合性的和特异性的两类，得出的结论是，加合性的具有描写性，特异性的具有限制性。如“矮小”是“又矮又小”的意思，属于加合性复合词。事物不能同时从两个角度进行分类，两个概念成分意义互相掣肘，量值是两个量幅区间的交叉部分，带有一定程度的规定性，自然也就有了述谓性。另一种情形如用于“狭小空间、狭小通道”中的“狭小”，量值体现为某一概念的基本量值，另一概念只是在这一概念中打上自己的印记，或者说，把自己与这一概念重合的区间融进来，整个组合表示一种整合意义。如“狭小空间”中的“狭小”是凸显“狭”义的“小”的意义，“狭小通道”中的“狭小”是凸显“小”义的“狭”的意义。这是特异性的情形。加合性与特异性情形的分别可图示如下：

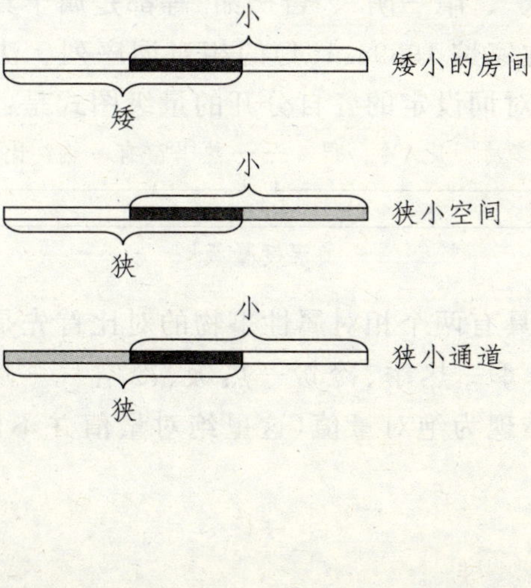

加合性的情形可描述为“加而选择性地合”，特异性的可描述为“加而包容性地合”。

2.1.2.3　属性类

属性类本质属性词例如：

潮 脆 淡 钝 干 光 滑 紧 乱 麻 嫩 黏 晴 热 软

涩 生 湿 松 酥 烫 甜 歪 弯 斜 硬 匀 脏 壮

潮湿 干燥 光滑 凌乱 零碎 麻痹 黏糊 晴朗 柔软 沙哑

湿润 松软 弯曲 匀称 茁壮

2.1.2.3.1　必然性联系与或然性联系

与颜色类、度量类本质属性词相比，属性类本质属性词表示的属性与事物之间都只有我们上述的必然性程度减弱的或然性联系。这种或然性来自于事物受外力影响而产生的变化。因而属性类本质属性词的属性常态有了时间背景，蕴含后天变化成因。

2.1.2.3.2　两个相对独立的量级

属性类形容词表示事物正反两方面对立的属性，有冷就有热，有脏就有干净，“潮—干”、“湿—干”、“咸—淡”、“紧—松”、“硬—软”、“晴—阴”、“苦—甜”等都是属于具有两个独立量级（参看沈家煊 1999a：154）的相对词序列。沈家煊先生为“冷热类”相对词设定的各自分开的量级图式是：

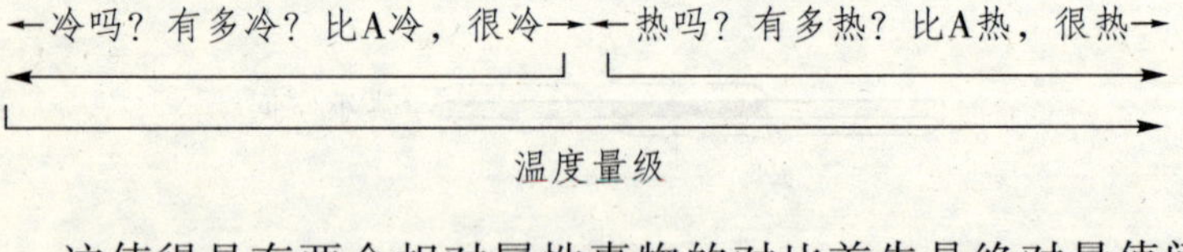

这使得具有两个相对属性事物的对比首先是绝对量值间的对比，“冷季—热季、冷饭—热饭、冷空气—热空气”中的“冷、热”都体现为绝对量值（这里绝对量值并不体现为量点，

而体现为具有量幅区间的平均值)。这是因为这两个独立的量级之间有个确定的界限,如“冷—热”以0℃为界,“晴—阴”以白天是否见到太阳为界,“苦—甜”以无味为界等等。如果界限的一方体现为事物的属性常态,另一方则体现为事物的变化属性。如与“干海带、干树枝、干辣椒、干塘”相对的是“海带、树枝、辣椒、塘”,“湿”或“有水”是这些事物的属性常态,如果出现反倒成了羡余信息,或成为有标记的类。反例的情形如“干毛巾、干脚”,但因“干”是“毛巾、脚”的属性常态,“干毛巾、干脚”反倒往往成为有标记的类,或成为羡余信息。“湿毛巾、湿脚”体现事物的变化属性。有标记类一定伴随某种语用目的出现,这种相对类别的语用目的是绝对量值间的对比环境。

另外,事物的变化属性极少能有两种相同的,如“屋、被子、地板”都有“潮湿”的变化属性,但“潮湿”的量度区间明显有别,不同质量的属性不能用做分类的标准。“潮屋、潮被子、潮地板”如出现一定有特殊的语用目的。因此属性类本质属性词多与个体事物相联系。如“屋潮,要多开窗户通风”。

其次,两个相对独立的量级内部呈现出程度的有序性。一个序列由最大值向小的方向无限绵延,一个序列由最小值向大的方向无限绵延。这有如下表现:

其一,“冷空气”与“暖气流”相对而言,“冷、暖”体现绝对量值;“干辣椒”与“辣椒”相比,“干”和“辣椒”的属性常态各自占据自己的量幅区间,体现相对量值。

其二,并非所有事物都具有这两个相对独立的量级序列。如深海动植物无“热”的属性量级,对“明亮”的属性量级也不敏感,“冷”、“暗”的属性值是参照其他事物类别属性得出来的。这种属性量级序列的缺位使得事物与属性的联系单一化,失去了与其他事物类别比较的基础。因而属性只有相对量值体现。如“冷锋—＊热锋”、“冷窖—＊热窖”、“冷噤—＊热噤”等。又如：

硬茧 硬道理 软科学 紧袖 苦孩子 甜梦 歪灯泡 嫩柳 干燥剂 湿润气流

因性状一旦达成便与宿主结成恒定不变的联系，属性类本质属性词粘合式结构同样是一种典型的事物次范畴类别表达形式。

2.1.2.4 新旧类

新旧类本质属性词例如：

旧 老 晚 新 早

与属性类形容词相比，新旧类凸显事物的后天变化因素，或者说新旧类本质属性词的属性常态的时间因素前景化。“新—旧（老）”、“早—晚”也只涉及一个长度量级：

←——有多新$_2$？ 比A新$_2$，比A旧$_2$——→

新$_1$吗？ 很新$_1$，很旧$_1$

新旧量级

如果按产生时间早晚标准，“新旧量级”体现为一个两头拥有最大值和最小值的量幅区间，相应的表达环境如：

(13)我国黄土高原上的黄土地层，可分为三个时期，最早的属早更新世，称为午城黄土，分布比较局部；其次属中更新世的，称离石黄土，分布很广；最新的，属更新世晚期的，称马兰黄土，分布面积尚可，基本上是风成类型的。（夏树芳·地质旅行）

(14)那些穿着最破的衣服和最旧的鞋子诅雨谤馆、声带嘶哑的少男少女们，纷纷把自己的内裤和胸罩抛扬

到半空中去……（乔良·末日之门）

“早”与“晚”是一对相对反义词，二者只在同一意义区域对事物进行分类，着眼于时间早晚，表示事物产生时间的偏离：

早春　晚秋　早稻　晚稻

“新”与“旧”、“老”相对。“新”几乎可在任何意义领域对事物进行分类，着重于“晚出”，与这一意义相对的情形由“旧”、“老”分承共担。新事物的不断涌现，新的认识的不断产生，事物的角色转换，事物的运动发展带来的事物属性的阶段性变化等等使得“新”较之“旧”、“老”有了开放的组合空间。举例如下：

新　鞋　新　芽　新衣服　新道路　新瓦房
新款式　新品种　新产业　新工艺　新年度
新党员　新战士　新证件　新政府　新同事
新业务　新成果　新技术　新情况　新格局
新形势　新观点　新问题　新矛盾　新规定
新纪录　新突破　新发明　新挑战　新抗生素

时间因素一旦背景化，“旧”、“老”因相对义淡化而隐去，句法上会留下与“新”相应的空位。反过来，“新”也会因相对义淡化而隐去，句法上留下与“旧”、“老”相应的空位。后者的情形如“老传统、旧习惯”，新旧之间本就没有明确的界限，新的类别孕育于旧的类别之中。另外，旧事物的消失（如“旧礼教、旧官僚”）也会造成新的类别的缺位。这种形式上的不对称与事物的客观存在与人们对新旧事物的关注度密切相关。下面我们以“新”为支点来考察其量值表现。

新 ×：新芽 新儒家 新政府 新阶段 新动向 新突破 新年度
旧（偏向指物）：旧衣服 旧体制 旧观念 旧礼教 旧官僚
老（偏向指人）：老朋友 老同事 老党员 老传统 老习惯

其一，先看缺位的情形。所有的“芽”都是新的，只要是“动向、突破”都是新的，“新儒家”指后来渊承于又有别于儒家学说的学术流派，只与“儒家”而不是与“*旧儒家”相对。由此我们知道这种缺位的情形大抵因为这些事物本身只有先后发生之别而无新旧类别之分。“新”的主要用途是为这些事物打上时间的标签。

其二，在有新旧对立的事物中，客观上的新旧之别是由先后行为致使的结果。“新朋友”是刚结识不久的，“像见了老朋友一般”指与新朋友像是多年结识的一样熟悉亲切。“新衣服”是刚买的，成色自然要好，这是客观的标准；主观上的新旧之别却未必是先后行为致使的结果。如：

(15)为了标榜自己不怕苦，他枕石头睡觉，把新衣服弄脏再穿。（老鬼·血色黄昏）

(16)当时传说这的确良穿也是八年，不穿也是八年，所以洗了等着干，干了又穿上，老是一件不打皱的新衣服。（池莉·你是一条河）

刚买的“新衣服”一般是干净的，“苦”的概念与“旧衣服”的概念自然联系，弄脏点使其显旧点，所以(15)中的“新衣服”的属性值是客观值；(16)中新旧的标准是皱不皱，不是先后行为致使的结果，“新衣服”的属性值是主观值。主观值不再受时间因素的影响，但新旧之别反而因此而凸显。“新”的是先进的、好的典型，“旧、老”的是落后的、坏的代表。这时的“新旧”类别成了价值类别。

“新旧”类本质属性词粘合式结构因时间因素的前景化，

结构的粘合程度较属性类粘合式结构有所降低，结构的主观类别性相应增加。

2.1.2.5 真假类

真假类本质属性词例如：

错　对　反　假　真　正　错误①

“对—错”、“正—反”、“真—假”是反义词中的几组“相反词”。相反词所在的概念域不是连续体，没有程度的变化（参看沈家煊 1999a：148）。东西不是真的就是假的，行为不是对的就是错的。用这种对立的性质对事物进行分类，往往造成语言结构形式上的缺位。如有“错字”而无“对字”，有“真品”而无“假品”；“假阴性”相对于“阴性”而言，“反越位”相对于“越位”而存在。在下面所举的有关“假”的标准的事物类别中，能用“真”替代“假”的寥寥无几：

假币　假姓　假肢　假账　假鱼翅　假发票　假商标　假材料
假证件　假护照　假新闻　假种子　假道学　假科学　假动作

用“真”的标准区分事物类别的情况正好相反，多数可用“假”替代“真”：

真货　真事　真船　真面目　真朋友　真水平　真功夫　真姓名
真材料　真性情　真强盗　真英雄　真买主　真本领　真理由

人说的话有真假程度之分。真假类本质属性词粘合式结构的性质断定要涉及人的主观判断，因而结构的主观类别性也强。主观性潜在的证据可以从询问真假程度的问句中得到

---

① 单音节的真假类本质属性词因缺乏程度变化也有作为区别词处理的，这种特性也影响到次范畴类别表达形式的典型性。如区别词代表一种分类标准的特性使得结构的主观性有所增强。

解释。

问真假程度一般只有“偏向问”而无“中性问”(中性问与偏向问的区别见黄国营、石毓智 1993:402;沈家煊 1999a:152):

(17)—他说的话有多真?(/ *他说的话有多假?)

—非常真 / *非常假(得说:不真,非常假)。

有了程度分别的“真假”跟“大小、好坏”一样,“真”可以指称“真假”量级上的各个量。所以问“他说的话有多假?”时必须有“他说的是假话”的先设。某些事物有真假之分,但无程度之分。所以不能用“有多真?”而只能用“真吗 / 假吗?”来提问,也只有偏向问:

(18)a. —这张画真吗?

真 / *假的(得说:不真,假的)。

b. —这张画假吗?

假 / *真的(得说:不假,真的)。

在“反”与“正”的情形中,一般不用“正”的标准区分事物类别:

反方　反比例　反方向　反粒子　反命题　反季节　反导弹　反重力　反潮流　反革命　反法西斯　反进化论　反物质　反理性　反腐蚀　反分裂　反渗透　反控制　反倾销　反批判　反扫荡

在“错”与“对”的情形中,只有“错”的标准类而无“对”的标准类:

错字　错事　错号　错码　错账

用相反词相对的哪一方表示事物对立的性质着眼于语用

上的选择，而习惯以“错、反、假”为标准来区分事物类别应该有着表达经济方面的原因。因为错的、反的、假的事物类别数量终究要比对的、正的、真的事物少得多。

2.1.2.6　价值类

价值类本质属性词例如：

差　丑　臭　次　怪　好　坏　俊　美　旺　香　艳　糟

次要　好看　好听　美观　美丽　旺盛　糟糕

沈家煊(1999a:154)为“好坏量级”建立的量级图式是：

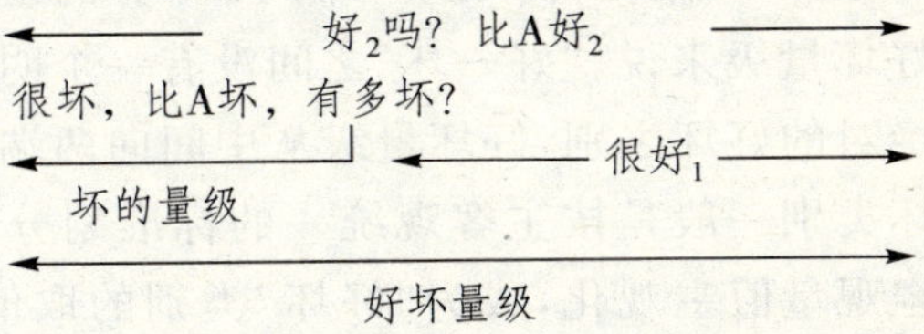

沈先生并认为“好坏类”是按一定的客观标准作出主观评价的，如按社会道德标准来评价某人的好坏。价值类形容词也都具有这样的特性，由此分出的事物的类也都带有某种主观色彩，也就是带有说话人的价值观念。就一般事物而言，人们对其本质特征的认识是客观的，带有褒贬意义的词语在语言中毕竟是少数，词语意义一般是中性的。人们的主观评价建立在客观认识的基础上，好坏美丑之分都相对于中性意义的事物，或者说，都有一个事物中间状态的中介，形成如下链条模式：

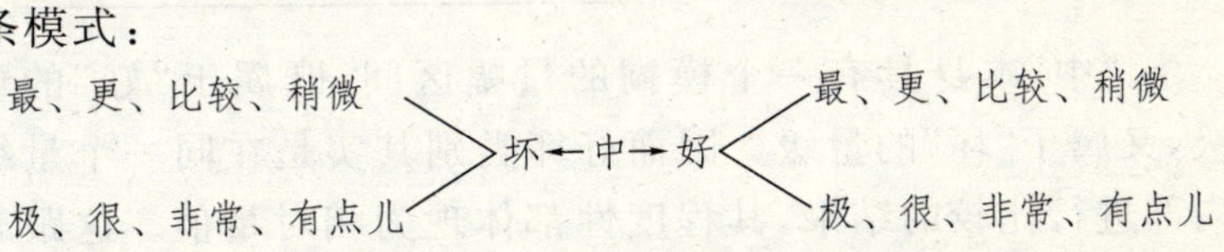

“中”代表的事物是人们主观评价形成的客观认识基础，两侧分别是“好”、“坏”的粗略等级序列，“最、更、比较、稍微”

等表客观量的程度等级，“极、很、非常、有点儿”等表主观量的程度等级。人们习惯于为事物分出好坏，在“好”与“坏”的等级序列中分出一二三来，这是客观的量化标准，如“最好成绩”假如以100分计，对一个学生来说，100分可能是他的最好成绩，90分或不及格也可能是他的最好成绩。对不同学生来说，100分可能不止一个，所以有“都是最好”的矛盾意义表达，这是主客观标准的矛盾对立。就客观的好坏量级来说，“好—坏”之间的“中”可以有确定的量值，如60分左右是“普通成绩”，高于60分的是“好成绩”，低于60分的是“坏成绩”。就主观的好坏量级来说，“好—坏”之间没有一个明确的界限，事物本无绝对的好坏之别，好坏量级从中间向两端无限绵延。事物的好坏类别一般是按主客观统一的标准划分，这一标准的“中”的客观量值主观化，成为“好坏”类别的取值标准。如“好干部—坏干部”都是相对于“普通干部”而言。“普通干部”的取值标准假如是“能力一般、无突出业绩也无大的过错”，在这一标准之上的是好的，在标准之下的就是坏的。可见，“中”表示事物好坏类别的属性常态，“好”、“坏”是变化属性，都是相对于“中”划分出来的。如图所示：

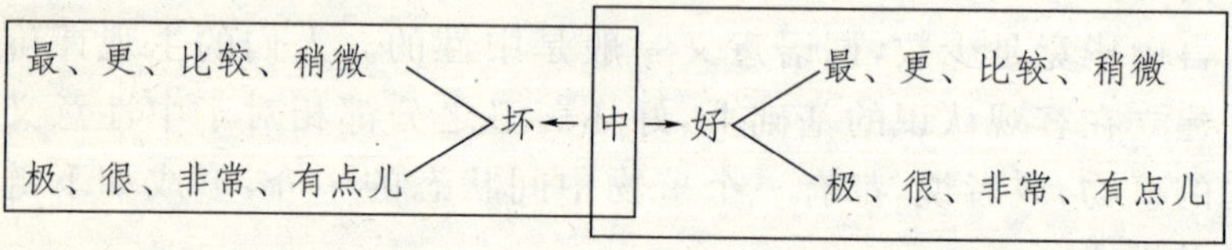

“中”本身具有一个模糊的量幅区间，既属于“好”的量级，又属于“坏”的量级。因而好坏类别其实是在同一个量级内部进行比较的结果，其程度性都体现为相对量值。这跟属性类形容词明显区分开来。后者以一个确定的界限（往往体现为量点）将事物的某种属性分为两个相对独立的量级，一个量级的出现往往以另一个量级的存在为前提条件，体现两种截然不同的心理／生理感觉。

因只有正面义的“好”有虚比，反面义的“坏”不能有虚比（参看沈家煊 1999a:151）。沈先生所谓的好坏量级是一个量级叠套在另一个之上，即是指这种不对称的情形。所以除“坏”充当羡余信息的“坏毛病、坏东西、坏影响、坏家伙”等之外，事物的好坏类别一般是有“坏”的就有“好”的，如：

坏事情—好事情　坏学生—好学生　坏习惯—好习惯

坏结果—好结果　坏脾气—好脾气　坏运气—好运气

坏典型—好典型　坏消息—好消息

实比的结果是事物属性的整齐对应。相反，“好”类有虚比有实比，事物有“好”的未必一定有“坏”的，或者说，“坏”的说起来有些牵强，宿主在“坏”的量级上有凸显状态的倾向。如说“好邻居”一般不说“坏邻居”，着眼于实比的结果倾向于说成“不好的邻居”。再如：

好顾问—*坏顾问 好关系—*坏关系 好功夫—*坏功夫

好新闻—*坏新闻 好故事—*坏故事 好途径—*坏途径

好诗—*坏诗 好药—*坏药

这是事物类别的主观性增强使得属性恒定性减弱的结果。

价值类本质属性词粘合式结构与真假类本质属性词粘合式结构一样主观性类别较强。

2.1.2.7　德性类

德性类本质属性词例如：

笨 馋 冲 蠢 刁 毒 黑 狠 横 倔 懒 精 灵 猛 勤

傻 凶 严 呆板 安分 傲慢 霸道 暴躁 残暴 诚恳 诚实

诚挚 迟钝 崇高 淳朴 慈善 聪明 粗暴 粗野 脆弱 单纯

毒辣 疯狂 刚强 高傲 公正 孤僻 古板 古怪 固执 害羞

豪爽 好胜 和气 豁达 娇气 狡猾 狡诈 精明 倔强 开朗 慷慨 刻薄 狂妄 老实 冷酷 吝啬 灵巧 马虎 蛮横 冒失 腼腆 懦弱 泼辣 朴实 谦虚 勤快 轻浮 缺德 热情 仁慈 认真 软弱 善良 深沉 爽快 死板 随和 坦率 调皮 顽固 顽皮 温柔 温顺 文静 稳当 稳重 窝囊 无耻 无聊 细心 狭隘 下流 嚣张 潇洒 辛勤 凶残 凶狠 凶猛 虚心 严厉 要强 野蛮 殷勤 阴险 真诚 真挚 正经 正派 正直 直爽 质朴 忠诚 忠厚 忠实 庄重 自私

德性可以表述为事物的一种主观属性，是人们对事物内在品质的估量。这种性质一般由行为体现出来，经过了感受者的经验认定。因此，事物的德性类别事实上是又一种价值类别。跟价值类形容词的最大的区别是，德性类形容词与时间词语的组合更为自由，因而事物德性性质的临时性更强。如：

(19)我这个人向来粗心……（国家语委语料库）

(20)嘉文失去了太多的东西，甚至于失去了他一向的仁慈。（琼瑶·船）

而价值类形容词跟时间词语组合只有实比的情形：

(21)a. 产品市场声誉一向很好。

b. * 产品市场声誉一向好。

这使得德性类形容词充任恒定性分类标准的能力大大下降，与个体事物结合的能力即述谓性大大增强。这在语言结构上有很好的表现。凡与宿主构成规约性系联的德性类形容词粘合式定语一般可以放到宿主后面做粘合式谓语：

(22)a. 高强从小就是个倔脾气的人，也不是安分孩子。

b. 他脾气倔，不会应酬人。（宗璞·红豆）

反过来，不能放到宿主后面做粘合式谓语的德性类形容词与宿主一般构成非规约性系联情形。举例如下（带 * 号的是非规约性系联的缺位情形）：

倔性子—性子倔 倔老头儿—老头儿倔 倔劲儿—* 劲儿倔

懒婆娘—婆娘懒 懒骨头—* 骨头懒 懒觉—* 觉懒

笨办法—* 办法笨 笨牛—* 牛笨 笨鸟—* 鸟笨 笨东西—* 东西笨

毒蜘蛛—蜘蛛毒 毒蘑菇—蘑菇毒 毒妇—* 妇毒

傻丫头—丫头傻 傻福气—* 福气傻 傻问题—* 问题傻

聪明孩子—孩子聪明 聪明程度—* 程度聪明 聪明办法—* 办法聪明

我们也可以从语义指向角度对这种不对称现象给予解释。张国宪(2005:17)将语义指向分为语义同指和语义异指：语义同指是句法上具有直接成分关系，语义上也发生直接联系的形义一致状况；语义异指是句法上具有直接成分关系，但直接成分之间并不发生语义联系的形义扭曲状况。凡与宿主构成非规约性系联的德性类形容词语义不指向宿主，因而非规约性系联往往是事物的临时类别，其中的宿主也成了临时宿主，我们姑且称之为伪宿主。如“猛虎、猛狮、猛禽、猛将”是规约性系联，属形义一致构造；(23)中的“猛雨、猛酒”是非规约性系联，属形义扭曲构造：

(23)a. 一阵猛雨下过，西北风吹得人们浑身发噤。

b. “我啊——我不该喝了那三杯猛酒……”他严肃地说：“尤其是汾酒我不能猛喝……”

“猛”在 a 中指向述语“下”，b 中指向述语“喝”。张国宪(2005:24)指出这种异指性定语是说话人为实现减弱主观意义、增强客观意义这一语用目的而使用的句法手段，且这种定语与中心语之间大都难以加“的”，有明显的词汇化或准词汇化倾向。至此我们可以得出如下结论：粘合式结构本就是事物的客观意义类别、恒定类别形式，事物的主观意义类别、临时类别形式一般要用组合式结构来表达。形义扭曲构造是主观意义类别的客观表达，或者说客观意义类别中糅进了主观意义因素，因而有了明显的词汇化或准词汇化倾向。伪宿主与潜在的宿主的关系往往需要借助一个隐喻过程来实现，如“毒妇”是“心如蛇蝎的女人”，“妇”是伪宿主，“蛇蝎”才是宿主。下面的例子虽说原本大都是形义一致构造，但潜在的宿主都指“人”，所以都是包含异指性定语的形义扭曲构造，其中的隐喻过程可清楚地看出：

笨熊 笨鸟 笨东西 馋猫 馋猪 懒虫 懒骨头 刁猴 倔驴

§2.1.2.6说明反面义量级有凸显状态的倾向，因此反面义德性类形容词更容易构成粘合式形义扭曲构造，词汇化或准词汇化倾向明显。上述例子本身也是很好的证明。

2.1.2.8 小结

本质属性词因与宿主事物的本质联系而得名。本质联系有内在的有外在的、有先天的有后天的、有客观的有主观认同的等，每一种联系都有相对性或程度性，因而上述大体上的属性类别结构都存在典型性之分，结构类别相互间可建立起一个粘合度大小的典型性层级序列，每一种结构都能在这一序列中找到自己的相应位置。

本质联系是成为粘合式结构的前提和基础。

即如主观认同的类别也有客观类别基础。如德性类结构“懒人、倔老头”主观认定的“懒、倔”有着宿主本性的体现；真假类和价值类结构“错事、坏习惯”也都相对于宿主另一种性质“对、好”的存在而存在，“对”与“错”、“好”与“坏”本就是事物本质属性的不同量值体现。

2.2 名名粘合式结构

2.2.1 单双音节名词句法语义语用差异

单双音节并存，所有的双音节词都比单音节词表义精确、明晰，另外，有些词在双音化的同时伴随着句法功能的增殖（参看张国宪 1994:47）。我们将这一功能增殖说具体化为如下两点：

第一，增殖反映语言的发展变化，是语言系统内部各因素合理调适的结果。增殖是一类词整体功能的增加，并非只是双音节词在单音节词原有功能基础上的范围变化。增殖假如有如下两种情形：其一是双音节词功能上完全覆盖单音节词。这事实上是不可能出现的，即如叠音词与单音节词之间也有附加意义变化因素存在。覆盖的后果是某些单音节词会因功能退化而消失，这种情形没有共时语言材料的支持，也缺乏语言事实的历时证明。其二是表达精密化的要求使得单音节词意义和功能上左右支绌，双音节词首先补足单音节词意义和功能增殖后留下的缺口。我们就张先生的例子来说，“取得”不能与表具体事物的宾语同现，“给予”要求带动词宾语，“取”与“取得”、“给”和“给予”两种类义的功能形式互补。实际的情形可能是补单音节词功能上的缺口，也可能是单音节词功能的分化，但客观上却有了单双音节形式并存功能互补的结果。这一结果受表达精密化影响，根本上是语义因素促动的结果：语音上语音简化带来的表达模糊要求形式上单双音节分工，词汇上的变化满足了意义上的精密化与功能范围的扩大需求。李泉(2001:28)考察了同义单双音节形容词句法语义语用差异,认为单音节形容词表义相对模糊,但同时语用上也就因此更加灵活自由,其分布能力也就更强;双音节形容词表义更加精确,但同时语用上也就因此更不自由,分布能力相对也就弱。这是分工精细化的结果。反过来我们可以说,增殖是着眼于语言系统的增殖,双音节词的出现完善了整个词类及词类系统的功能。就某一义场里的单双音节词语的功能而言,不是说双音节词的功能范围一定比单音节词的大,增殖是增原范围中没有的功能,是范围的扩大。假如单双音节词语将其共同的意义和功能范围分为A、B两部分,正常的情形往往是单音节词如果在A部分的意义和功能是无标记的,则B部分的意义和功能是有标记的;反过来双音节词在B部分的意义和功能是无标记的,在A部分的则是有标记的。

第二,增殖既然伴随着单双音节词语意义和功能的互补分工,也就伴随着单双音节词语功能的不同程度的去范畴化。有标记现象是去范畴化的具体表现。朱德熙先生认为由双音节形容词充任的定语是描写性的而非限制性的,沈家煊先生把双音节形容词归为偏向于状态形容词的一类,陈宁萍(1987:379)认为某些双音节动词向名词一端移动的"漂移说",都基于词类功能某种典型性的消失以及某种非典型性或另一种典型性的增长。原来只宜于陈述、描写的单音节动词、形容词双音化后除了陈述、描写的功能外虽增加了指称能力,原来只宜于指称的单音节名词双音化后除了指称功能也增加了述谓能力,但这一增加显然是以原功能的削弱来补偿的。这也是为什么绝大多数兼类词都是双音节词的原因所在,原来单音节词"一身而三任"的普遍现象现在已被囿于一个极狭小的圈子里,可以列举出来的也只有少数几个工具类的单音节名词如"锁、锄、耙、犁"等还兼有动词的用法,词典中往往用不同的义项区别开来。

张国宪(1994:48～50)从概率角度考察了词的内部构成方式与外部功能的联系,建立起一个双音节动词功能增殖量由小到大的连续统:附加式＞补充式＞陈述式＞支配式＞联合式。双音节名词功能增殖当然也可以建立起一个同样的连续统,但我们考察的重点是外部功能,因而只做如下例举式说明。

"大车、轿车、火车"都对"车"的范围进行限制,受意义范围限制,分布能力比"车"弱得多。但属种关系的存在使得它们具有特定情境下的指称同一性。如在站台上候车时说"车来了"的"车"指"火车"。而指称范围的差异也从组合功能上很好地体现了出来。以"车"为属性标准的组合如"车头、车窗、车队、车流、车主"等都有很强的词化趋向,"大车"等的词化趋向就很弱。"骨肉、价值、开关"都是联合式组合,任何一个整体的意义都不是各部分意义的简单相加,是一种整合了的意义。"大车"与"车"都能受量词短语修饰,"骨肉、价值"由原来单音节形式的能计数变成了现在的不可计数,"开关"却由原来单音节形式的不可计数变成了现在的能计数。支配式名词如"司机、管家、挂钩"指称行为关涉的事物,陈述式名词如"地震、月亮、海啸"指称行为或性状关涉的事物,由陈述来的指称会增加事物潜在的陈述功能,由指称来的陈述当然也会增加行为或性状潜在的指称功能,这种潜在的功能在组合中往往会被适时地激活而成为语言结构复杂化、语言表达趋简的重要因素。可见,不同的内部构成方式虽然与外部功能的联系不是必然的,但由于语义因素的牵动,其功能增殖量会有大小强弱的差异。郭锐(2002:266)统计出音节数对语法功能有显著影响的八种情况,可以作为这一结论的佐证:1. 双音节动词更易于做定语;2. 双音节动词易于受名词直接修饰;3. 单音节动词易于做粘合式补语;4. 单音节动词易于带粘合式补语;5. 单音节动词易于带真宾语;6. 单音节动词易于带准宾语;7. 单音节形容词易于做粘合式补语;8. 单音节形容词易于直接做定语。

既然单音节名词直接做定语有很强的词化趋向,我们讨论名名粘合式结构就以双音节名词直接做定语的情形为主。

2.2.2 本体名词和附属名词

这一对概念是姚振武(2005:2)提出来的。姚先生依照亚里士多德的范畴说把语言成分分为本体成分和附属成分两类("本体"对应于亚氏的"实体")。本体成分就是本体名词,是代表现实世界本体范畴的名词。附属成分包括所有的谓词性成分和附属名词。本体名词在语义上是独立的自足的,不依赖任何其他东西而存在。附属名词是指依附于本体名词的那些名词,是非独立的,离开了所依存的本体名词自身便无任何意义。亚里士多德(1959:12)区分了第一性实体与第二性实体。第一性实体是既不可以用来述说一个主体又不存在于一个主体里面的东西,例如某一个个别的人或某匹马。第二性实体包括那些作为属而包含着第一性实体的东西或作为属而包含着种的东西,如个别的人是被包含在"人"这个属里面,而"动物"又是这个属所隶属的种,"人"这个属和"动物"这个种便是第二性实体。亚氏(1959:13)并指出第一性实体与第二性实体的属与种之间的差异,"在第二性实体里面,属比种更真正地是实体,因为属与第一性实体更为接近"。姚振武(2005:3)用个别与一般的辩证关系很好地阐释了亚氏的两类三级(个体、种、属)实体说:第一本体是指单个的、具体的,第二本体是第一本体的抽象。三级本体(实体)之间有本体性强弱之分,越是个别的东西,本体性越强,外延越小;越是一般的东西，本体性越弱，外延越大。概括如下：

个体	种	属
本体性强	本体性次强	本体性弱
外延最小	外延次小	外延大

亚氏的两类三级实体理论为我们考察名名组合提供了理论依据。我们通过界定本体名词和附属名词来推究定中式名名粘合式结构的性质，发现这一粘合形式的构成首先要遵循如下两条规则：

规则1：两个名词表示的事物是不同类不同级的本体，且不能越级组合。

如“学生心理”，“学生”是有心理活动能力的一类人，不是某个个体，所以本体性次强，因而外延也次小；“心理”依附于“学生”而存在，语义上不自足，是非独立的，本体性虽弱，但外延却大。“学生”和“心理”是不同类不同级的本体名词，只有在不越级组合的前提下才构成合格的结构。

同类同级的组合是联合结构，如“父亲母亲、绅士淑女”。

规则2：两个名词表示的事物的组合位置依本体性强弱而定。本体性强外延小的在前，本体性弱外延大的在后，本体性强弱具有相对性。

“狗脾气”中“脾气”是非独立不自足的附属名词，依规则1，“狗”只能是外延次小的本体名词。这从“狗尾巴”中看得更为清楚。“狗尾巴”中“尾巴”同样是非独立不自足的附属名词，“尾巴”客观上存在包含着“狗”在内的生长着尾巴的所有动物，所以是本体性弱外延大的事物。因种比属更接近实体，所以“狗脾气、狗尾巴”中的“狗”本体性较“脾气、尾巴”要强，潜在的外延只指“狗”一类动物。又如“狮子狗”，单就“狮子”与“狗”来说都可以是作为属而包含着第一性实体的本体名词，客观上存在狮子形状的狗，却没有狗形状的狮子，所以有“狮子狗”而无“狗狮子”。客观存在决定了事物关系，或者说客观存在本就蕴含着事物关系，这种事物关系决定或映射的语言结构只能是：“狗”的外延要大于“狮子”，本体性要弱于“狮子”。

姚振武(2005:3)用绝对个别与相对个别的概念来区分本体性强弱的相对性。“白马”可以看做对某一匹马（个别）的抽象，因此是一般。而“马”又是对包括白马在内的各种马的抽象，这时“白马”又相当于个别了。所以第一本体永远是“个别”，称绝对个别；而第二本体相对于不同级别的对象，有时候是一般，有时候是个别。当第二本体充当个别时就是相对个别。

由于不同级的本体不能越级组合，“绝对个别＞一般”这种性质的结构事实上不存在，“绝对个别＞相对个别”序列又只出现在组合式名名结构里，如“小王的父亲”。因而名名粘合式结构两个成分的位置就只有两种可能的选择形式，用如下的序列式表示即（“＞”表示位置先后）：

a. 相对个别＞相对个别
b. 相对个别＞一般

“狗脾气、狗尾巴”都属于“相对个别＞一般”的情形，“狮子狗”属于“相对个别＞相对个别”情形（“相对个别＞相对个别”情形中的两个相对个别本体的功能差异参看§2.2.3.1的分析），因“狮子”和“狗” 都是包含着第一性实体的本体。相对个别实际上也是相对一般。着眼于“相对个别＞相对个别”格式中第二个“相对个别”的“一般”性质，也为了明晰起见，我们把a、b两个结构式改写如下：

a. 相对个别＞相对一般

b. 相对个别＞一般

a 式可归为“本体名词＞本体名词”，b 式可归为“本体名词＞附属名词”。组合式的“绝对个别＞相对个别”情形则只能归为“本体名词＞本体名词”。

如此考察名词的价，可以看出一价名词的范围要超出袁毓林（1994[1998:105]）所列出的三类：表示亲属称谓的名词、表示事物属性的名词和表示隶属于整体的一个部件的名词。第一本体的名词都是一价名词，第二本体的名词中只用于相对个别情形的名词也是一价名词，因只用抽取另外一种事物的特征义就能满足独立自足的需求。二价名词只能是第二本体的名词，但并非所有第二本体的名词都是二价名词。二价名词是第二本体名词中依附性最强的需要抽取另外两种事物的特征义才能满足独立自足需求的名词，抽取的是两种事物的关系属性，通常的抽取方式是通过一个降级述谓结构来表现。如“意见”是一个二价名词，其语义表达式用一个降级述谓结构表示则是：＜某人 对 某人／某事＞（参看袁毓林 1992[1998:80]）。

2.2.3 名名粘合式结构描述

2.2.3.1 结构特征概述

郭锐（2002:212）曾做过一个统计，27408 个名词中，能受另一个名词直接修饰的名词占 50％，68％的名词可以直接做定语。这首先说明了名词的两大功能：指称事物和表示事物属性，其次表明有相当一部分名词没有表示事物属性的功能，大多数能表示事物属性的名词可以充当事物的恒定类别分类标准。

我们把名名粘合式结构记为 N_1N_2，这一结构式的特征是：

A. N_1N_2遵循“相对个别＞相对一般”、“相对个别＞一般”序列模式，是一种具有类指意义的结构，N_1是具有相对个别性质的本体名词，N_2是具有相对个别或一般性质的附属名词，N_1N_2表示的事物类别是N_2表示的事物类别的下位类别。如“学生干部”是“干部”的下位类别。

这也可从逻辑语义上进行分析。内涵是概念的定义特征，外延是指凡符合此特征的所有对象，这个对象范围（集合）内的任何一个对象（元素）可称为一个外延值。词（字）典上标注的一个义项可以是内涵，可以是外延，也可以有内涵有外延。内涵表示对象特征，外延表示对象范围（参看陆汝占、靳光瑾 1996：36～37）。N_1N_2表示的事物类别是N_2表示的事物类别的下位类别，N_2是具有某种定义特征的所有对象的集合，N_1N_2便是这一集合内的一类对象或一个外延值，而N_1只是充当N_1N_2概念的定义特征，所以N_1N_2组合的类指义通常的表现是“N_1的对象特征＋N_2的对象范围”，可说成抽取或凸显N_1的内涵义，抽取或凸显N_2的外延义，事实上是抽取或凸显事物内涵或外延方面的语义特征。我们仍以“学生干部”为例分解如下：

【学生】在学校读书的人。

内涵：一种人的特征集合。

外延：具有这种特征的所有的人的集合。

【干部】担任一定的领导工作或管理工作的人员。

内涵：一类从业人员的特征集合。

外延：具有这种特征的所有人员的集合。

【学生干部】在学校读书的人成为担任一定的领导工作或管理工作的人员。

内涵：一类学生的特征集合。

外延：具有这种特征的所有人员的集合。

可以看出“学生干部”是“干部”集合中的一个小集合。在这一小集合中,“学生”外延义即表示对象范围的语义特征背景化(指虽不实现为个体但其表示对象范围的语义特征仍有示类或界定外延的作用),不再表示某一个学生或所有学生的集合;“学生”的对象特征义或内涵义即“什么样的学生”凸显。“干部”取外延义“哪一种干部”,不再表示对象特征,其内涵义背景化了。

B. N_1表示事物属性,N_2是该事物属性的宿主,N_1和N_2具有规约性语义联系。这种规约性语义联系可以表述为宿主在表示某种事物的同时还隐含了该事物与另一事物之间的某种依存关系,如果这种依存关系在表达中被激活,宿主需要具有这种依存关系的另一事物名词与之同现,这是N_1N_2结构形成的内在机制,宿主是语义上的支配成分。如“狮子狗”中“狗”具有“狮子”的形状,二者有形状上的相似性联系。“狗”凸显相对个别义,通过相似性联系这种依存关系激活“狮子”概念结构中的“形状”特征义,而其中的个别义背景化,“狗”这一相对一般本体成为这一形状特征的宿主。

“英语教师”的规约性强于“模范教师”,“教师”中离析出“英语”的可能明显高于“模范”,我们如果把粘合式结构的典型形式看做规约性赋值结构,则规约性强弱程度词性上的差异是显而易见的。“和形容词表示的属性相比,名词表示的属性往往是更稳固、更客观、更本质的。”(参看张敏 1998:317)也就是说,名名结构两个概念成分的概念距离通常要比形名结构的近,映现出的事物规约类别恒定性就强,相比之下形名结构映现的事物规约性类别恒定性相对减弱临时性相对增强。由于名词内部小类与小类表示出来的属性性质也不均衡,作为分类标准自然也会得出规约性程度不等的事物类别。“模范”是个兼类词,即使作为名词其概念中也能离析出描述性语义属性，描述性不限定事物范围，所以“模范教师”表现出的事物规约性类别的恒定性明显要弱于“英语教师”。“狗尾巴”恒定性强，“狗脾气、狮子狗”中作为分类标准的“狗”、“狮子”凸显比喻义，这样得出的自然不是恒定的事物类别，但这种临时性类别同样是事物类别的一种客观存在，这也是规约性存在的另一种形式。张敏(1998:320)把名词定语的功能类型限定为表属性的与表领属的两类，我们再增加一类表情状的(参看§2.0.1)。

N_1被激活的是只作为分类指标的内涵义，因不再表示对象范围，在结构中已失去指称能力；N_2被激活的语义是外延义，外延义与指称或指称能力相联系，或者说N_2在结构里被指派了指称功能角色或具有指称能力。但N_2是作为属而包含着第一性实体的东西或作为种而包含着属的东西，往往需要有一个明确的参照点才能确定其所指或使抽象所指具体化，或者说N_2指称功能角色的实现是以激活N_1这一明确的参照点为前提条件的。偏正结构中的中心语与修饰语的认知基础是“参照物”先于“目的物”(刘宁生 1995:87)。事物有形状、颜色、性质、构造、材料、用途、数量、时间、方所等方面的属性特征，如果激活了N_2语义结构中某方面的属性特征，因与N_1之间的规约性联系而触发N_1成为确定该属性特征的明确的参照点。这样，N_1充当参照物，本身事物个体意义背景化，个体受N_2激活的属性特征凸显，N_2成为目的物，是支配性语义成分。激活一个词项的意义可以触发知识网中相关的语义节点，这种情形是语义的扩散性激活(spreading activation)(参看袁毓林 1994[1998:105])。如“栗树、芒果树”是能长出栗子或芒果的树(可视为树的功能类别)，“阔叶树、针叶树、七叶树”是树的形状类别，“红叶树、黄叶树”是树的颜色类别，“成年树、幼树”是树龄类别，“檀香树、漆树”是树的用途类别，

"鬼树、圣树、和平树"是树的象征意义类别等等。至此我们可以说 N_1N_2 结构的类指义是"N_1 的对象特征 + N_2 的对象范围",粘合需要通过语义的扩散性激活来实现。

但因 N_1 表示的事物属性往往并非为 N_2 宿主所专有,N_1 表示的事物属性往往不能直接从 N_2 宿主的词义中离析出来。而概念反映客观对象的一般特征和本质特征,我们还是可以从 N_2 宿主的概念语义中离析出属性与宿主的必然联系来,当然,这一规约性联系的基础是事物间的相关性联系和相似性联系。如"桌子"的词义是"家具,上有平面,下有支柱,在上面放东西或做事情"。可离析出的语义特征是"类属"、"构造"和"用途",但桌子必然是某种材料做成的,这种必然性联系是人们的一种知识系统储备,可从概念的一般特征中离析出来,"木头桌子"同样是一种规约性粘合。反过来我们可以发现,N_1N_2 结构的类指往往是建立在由概念的一般特征中离析出来的必然性联系之上,那种反映概念外延特征的"本质特征"因可以从心理词库中轻易地提取出来,如果没有特殊的语用动机,通常连组合式结构的形式都不可能有,因为规约性成分处于低信息价值水平,表达一种常见的、可预测的、已程式化的语义信息(参看张国宪 2006b:10)。如一般没有"上有平面、下有支柱的桌子"或"在上面放东西或做事情的桌子"的组合形式。

概念的一般特征与宿主的概念距离并不见得比本质特征与宿主的概念距离远。假如把概念的一般特征与本质特征看做某一概念属性的集合,很显然,所谓本质特征通常无非是充当区别特征而已,而集合中的每一成员都具备充当区别特征的能力。概念的内涵特征与外延特征处于一个对立统一体中,外延特征凸显,内涵特征潜在;内涵特征凸显,外延特征潜在。建立在由概念的一般特征中离析出来的必然性联系之上的 N_1N_2 结构内涵特征凸显,外延特征自然成为潜在的属性,这也是这种光杆名词短语的类指意义。刘丹青(2002:412)有段话可以为我们的看法进行注解:“类指像无指一样着重内涵而不着重外延,但是类指可以通过添加指称成分凸显外延,从而区别于无指。类指仍然是一个独立的指称成分,它实际上是有外延的,其隐性的外延相当于全量。”

C. N_2往往由基本层次范畴词充当,因是认知上优选的范畴成员,不仅仅适宜于完形感知,更主要的是着眼于总是跟人的动作、性状相联系的特性以及具有异同平衡的范畴属性特质。词汇双音化影响在不同的词类里有不同的功能增殖表现,由于功能的完备性与表义的精确、明晰性等的影响,名词的基本层次范畴词多由双音节名词充任,这与动词、形容词的情形不同,所以我们的讨论以双音节名词做中心语的结构为主。由于语音方面的限制,作为分类标准的 N_1 相应地也多为双音节的情形。

2.2.3.2 名词属性:关涉性和描述性

传统上把定语分为限制性的和描写性的两种,谓词性的定语一般是描写性的。名词属性意义中有的可以离析出跟人的动作、性状相联系的语义成分(所有的名词都有跟人的动作、性状相联系的特性,但并非所有名词的语义结构中都可以离析出跟人的动作、性状相联系的语义成分),说明事物的这种属性是由动作、性状致使的结果,表现为副名组合可能性的合理存在。我们把名词定语也分为限制性的和描写性的两种,可以发现,作为下位类别的名词定语与其他定语的性质是一致的,但范围明显存在大小之分。为示区别,我们采用施春宏(2001:212)的分类法,将名词的语义成分划分为关涉性语义成分和描述性语义成分两类,相应地将名词定语分为关涉性定语和描述性定语两类。关涉性语义成分对名词的内涵有说明、限制作用,是名词语义特征中表示“要素”的部分,如领属、构造、材料、用途、数量、时间、方所等。描述性语义成分对名词内涵有描写、修饰等作用，是名词语义特征中表示性质的部分，如属性、特征、关系、特定表现等。

2.2.3.2.1　关涉性语义属性与事物的类

关涉性定语大别为两类：属性定语与领属定语。这样分类着眼于二者分布上的对立："孩子脾气"与"孩子的脾气"定语的性质不同，不加"的"的是属性定语，加"的"的是领属定语。朱德熙(1982：144)早已指出过带"的"表示属性与不带"的"表示领属关系的对立，并举例说明了不带"的"的格式有时也可以表示领属关系，带"的"的格式有时也表示性质。张敏(1998：318)由此得出结论：汉语里的名名组合原型的属性关系可不带"的"，原型的领属关系则必带"的"。属性定语从属性角度限定中心语事物的范围，整个属性构造具有类指意义，这是典型的名名粘合式结构，也就是通常意义上的事物的指称方式。张敏(1998：324)认为对表类指的通名的限定可以从两个方向进行：一是将其指类的意义缩小到指原来的类中的一个成员；一是将其意义缩小到指原来的类中的一个次类。原型的领属定语和原型的属性定语正分别是从这两个方向去限定中心语的。虽然原型的领属定语的限定作用是将其指类的意义缩小到指原来的类中的一个成员，在本质上和类指不相配，且一般来说物体很少会仅仅因其领有者不同的缘故而产生出不同的类别，故领有者很难成为物体的规约分类指标，但"从原型的领属构造到原型的属性构造可看成一个连续统"，领属构造偏离原型的程度越高，离属性结构就越近，加"的"的可能性就越小。表现在加"的"后结构意义由类指向单指的游移。我们把这种领属构造看成连续统中非典型一端的属性构造，依据是其中的领属定语的限定作用不再是将中心语的所指确定为一个例而是进一步限定了范围的一个类。为示区别，我们依旧把这种属性构造称为领属构造，处于连续统典型一端的属性构造仍称为属性构造，通过两大类属性构造结构成分的性质、结构型式语义的表达及运用环境等方面探讨下列各式次范畴类别表达形式的构成及典型性问题。

两种属性构造虽都表类指，都需通过语义的扩散性激活建立起对象特征与对象范围的恒定或准恒定性联系，但两种构造中概念距离的远近还是在结构里或表达上各自呈现出不同的差异来。

2.2.3.2.1.1　属性构造与事物的类

1）木头桌子 水泥台阶 塑料雨衣 羊毛衬衫 瓷茶壶 石头桥 鸡蛋汤

2）学生公寓 咸菜坛子 羊毛剪子 菜篮子 苍蝇拍 教学楼 金鱼缸 花车

3）学生干部 主任医师 环卫工人 电影演员 水稻专家 哲学老师

4）脊椎动物 学术著作 科研项目 语法术语 理论文章 百货商店 刑事案件 价格体制 战争故事 军事力量 工作作风 生活态度 师范大学 财会工作

5）小笼包子 沙锅豆腐 火锅宴席 硬笔书法

6）工笔画 白话小说 横拍选手 鸡尾酒

从语义关系上看，1）里 N_2 激活的是 N_1 对象的材料质地方面的特征；2）激活的是功能用途；3）激活的是职业身份；4）是一个杂合的类，大致可说成激活的是 N_2 对象的某个方面的属性；5）激活的是工具特征；6）激活的是方式特征。以上我们列出的是一般教材或论著中的常见类别，这只能是个粗略的类。如我们把"财会工作—学生工作—张三的工作"都看成一种广义的属种关系结构，"财会工作"不能带"的"构成领属关系，"学生工作"带"的"构成领属关系，前者我们归入属性构造，后者归入领属构造，“张三的工作”是原型的领属关系结构，三者体现了一个完整的由领到属或由属到领的转换过程。同样地，如果把“财会工作”看做由领到属的转换形式，原型的属性构造也就不是一个内部均衡的类。事实上属性构造两个事物之间的必然性联系也多为后天建立起来的。“脊椎动物”天生有脊椎，“桌子”虽经常却不必然是木头的，“沙锅”与“豆腐”的联系是行为致使的结果。

属性构造有如下几个突出的特点：

其一，粘合式结构不具有可扩展性，表现在扩展式的型式语义发生了变化。属性构造都是如此。但我们可以通过扩展式来考察基式的语义特征。属性构造加“的”后整个结构仍是属性而不是领属关系，如“玻璃杯子”与“玻璃的杯子”，成分距离变了，“玻璃”仍表示“杯子”的材料属性。但型式语义发生了变化，突出的表现是属性名词的本体性增强了，这样就构成了一个越级组合形式，自然要用标记性的组合式结构来表达。

其二，类的作用是区别和比较，指称都有着事物比较的前提。一个类指的光杆名词是如此，一个类指的光杆名词短语也是如此。属性构造的比较是着眼于同类异质的比较，也是作为事物属性类别的比较。如“白纸”的类建立在“纸”的[白]与[－白]的性质对立上，“脊椎动物”的类建立在“动物”的[脊椎]与[－脊椎]的性质对立上。属性构造都有着事物比较的前提，因名词表示的属性往往是更稳固、更客观、更本质。

其三，属性构造作为分类指标的 N_1 的属性凸显概念的内涵特征而非外延特征，这是由不同类不同级的次范畴类别形式规则决定的。举例来说，“财会工作”是“工作”的一种，其外延是所有财会类工作的集合，其内涵是所有财会类工作性质特征的集合。而“财会”也有内涵有外延。“财会”是财务、会计的合称。《现代汉语词典》对“财务、会计”的解释是：

【财务】机关、企业、团体等单位中，有关财产的管理或经营以及现金的出纳、保管、计算等事务。

【会计】监督和管理财务的工作，主要内容有填制各种记账凭证，处理账务，编制有关各种报表等。

可以看出，“财务、会计”的外延也是一种工作，这种工作本身又是若干类别工作的集合，其内涵可表述为这些工作各自体现出来的性质特征的集合。因此，单独说“我是干财会的”是有歧义的。人们可以就工种进行提问，这时“财会”等于“财会工作”，用的是外延特征；也可以就工作的性质提问，这时的“财会”是“财会工作”的省略，用的是内涵特征。这是由谓词语义结构中包含的选择特征决定的，“干”某种工作或“干”的工作具有某种性质，都在“干”的语义结构的规约性联系范围之内。可见，属性构造里中心语名词激活的是其语义结构内某规约性语义成分的内涵方面的某个(些)特征。

2.2.3.2.1.2　领属构造与事物的类

领属关系是名名组合语义关系中的一种根本关系，其下位类别间往往很难划出一个个清晰的界限来。沈阳(1995：85)把领属性名词短语按是否具有必然性联系分为狭义领属NP和广义领属NP两大类，并例举出10种能明确给出名称的领属短语，分别是范围领属、领有领属、亲属称谓领属、附属领属、整体部分领属、数量领属、结果领属、本体属性领属、本体特征领属、处所领属。我们参照上述类别给出狭义领属NP的如下一些粘合式结构类型，前提是粘合式结构反映事物间的必然性联系。

1)蔬菜品种 妇科疾病 思想内容 编辑工作 结构理论 结构方法

(范围领属)

2)狗尾巴 乌龟壳 芭蕉叶 西瓜皮 衣服领子 自行车链条

（整体部分领属）

3)学生家长 学生成绩 干部子女 军人家属 博士生导师

（领有领属）

4)学生身份 学生模样 衣服价格 树叶颜色

（本体属性领属）

5)学生意见 学生兴趣 学生思想 学生生活 学生成绩

（附属领属）

6)萝卜丝 苹果酱 大米粥 羊肉馅 鸡蛋饼 黄瓜烙

（结果领属）

领属构造的比较是着眼于异类同质的比较，这与属性构造的比较前提不一样。如“蔬菜品种”区别于其他非蔬菜类事物的品种，“狗尾巴”区别于其他动物的尾巴。

处所领属如“南苑操场、桌子下面”、时间领属如“今天上午、清代中叶”等我们不归入类指意义结构，因实体的空间位置、事件的时间位置都只涉及指称确认，谈不上分类（参看张敏 1998:332）。也有些领属结构如数量领属等也不涉及分类。因 N_1、N_2 都必须首先是个体事物成员的类而并非个体事物成员。个体事物成员所属作用只是确认。

领属构造里的 N_1 如记为“领”，N_2 如记为“属”，领是活动主体，属是这一活动主体的所属。所属可以是具体所属，也可以是抽象所属；可以是事物，可以是属性（指称属性本身）。无论是事物还是属性，与主体事物间必须存在规约性语义联系，这种限定的结果使得作为事物的属只能是主体事物不可分割的组成部分，如整体部分领属与结果领属情形。更多的情形则以属性的类的形式而存在。

领属构造由于领属关系的存在，中心语名词激活的往往是其语义结构内某规约性语义成分的外延方面的特征。如果说原型的属性构造大致可表述为“N_1的属性化＋N_2的事物化”，原型的领属构造是“个体事物＋个体事物”，如“张三的书包”，因事物属性也是领的所属，当领向非个体化发展时，属也越来越属性化，“N_1的事物化＋N_2的属性化”应该是边缘的领属构造形式。原型的领属关系是领有关系，领有者为有生物，通常是人，是主动的；被领有者是可感知的、看得见的事物，是被动的（参看张敏 1998:323）。领属构造中领可以不再是有生物，属也往往不再是具体事物。领属构造越典型，越趋近指称确认。越趋近于属性构造，N_2越属性化，因N_2本就是N_1的所属。事物属性也有类的分别，同样也有类别范围大小。因领通常是有生物，结构上要求凸显事物性，属的所属性质更易属性化，通常表现为领的属性范围。可以说属性构造一般以属性为标准划分主体事物的范围，领属构造则一般通过主体事物的类别特征划分其属性范围，这是个体事物类别与个体事物属性类别表达的差异，也是两种属性构造的根本区别。领属构造是一种表达事物属性类别的结构，原型的事物类别是个体事物类别。

如果把名词分为表示存在意义的事物名词和表示附属性质的属性名词两大类，可以发现属性构造结构模式是“属性名词＋事物名词”，而领属构造结构模式是“事物名词＋属性名词”或“事物名词$_1$＋事物名词$_2$”。两个事物名词相连，事物名词$_2$属性意味强于事物名词$_1$，如“狗尾巴”中“尾巴”附属物的性质决定其属性值的客观存在。这样，领属构造实际上有“相对个别＞相对一般”、“相对个别＞一般”两种概念组合模式，而属性构造只有“相对个别＞一般”一种。

也不能就此认为“事物名词＋属性名词”或“事物名词$_1$＋事物名词$_2$”模式违背了类指结构通常的结构意义。事物的空间义背景化了，表现在这种模式中的事物名词前不能再受个体量词修饰。不能把领属构造的“事物＋属性”结构看成是从属性构造的“属性＋事物”结构转换来的。通过事物分别为属性分类与通过属性为事物分类运用的标准尺度是不一样的。人们往往用单一属性标准为不同的事物分类，用事物的整体特征作为综合性指标为不同的属性分类，前者着眼于一类事物的个性，后者着眼于一类事物的共性。这显然有着事物名词潜在的空间义的影响。个性和共性的区别可以表述为名词语义结构中的不同的语义特征：与同类其他事物互相区别开来的语义特征和有赖于融入同类事物范围的语义特征。

一个光杆名词都有潜在的类指能力，都可以对应类元映像；一个光杆名词短语对应一个范围相对较小的类元映像。因 N_1N_2 对应的类元映像是 N_2 对应的类元映像的一个子类，N_1 可体现为 N_2 类元映像里的典型映像或者全集映像。由此我们把上面列出的六种领属构造归入典型映像领属构造和全集映像领属构造两种情形，因属性构造里不可能出现典型映像或全集映像情形，只有“领”具备表达典型映像或全集映像的可能，所以典型映像领属构造和全集映像领属构造也可以称为典型映像属性构造和全集映像属性构造。

我们首先来看典型映像属性构造。

这种属性构造里的 N_1 是指这一类活动主体里的任何一个个体，就是通常意义上的任指用法。人们可以通过一个个体表示一类事物的共性，如张三是学生，张三便具有学生身份。也可以通过一个类元映像反映一类事物的共性，但这个类元映像并非“整个一类事物”。如“学生身份”，只要是学生，自然就有了学生身份；“衣服价格”，只要衣服是一种商品，便一定有价格存在。“学生身份”不是指所有的学生这样一个集合具有学生身份的性质，而是指集合里的任何一个学生都具有学生身份；“衣服价格”也不是指所有衣服的价格。这种特

性使得 N_1 在成为 N_2 属性成员时与 N_1N_2 的概念属性具有同一性，形式上表现为在与特定的动词、形容词组配时，N_2 往往也可以略去不说。如："是学生（身份）。""学生身份"相对于"非学生身份"而存在。我们把两个概念的内涵和外延分解如下：

【身份】指自身所处的地位。
内涵：（某类人）自身处于什么样的地位。
外延：所有种类地位的集合。
【学生身份】在校读书的人自身所处的地位。
内涵：在校读书的人处于什么样的地位。
外延：在校读书的人处于哪一种地位。

"学生"在社会结构中一定有自身所处的地位，有自身所处地位的一定是有某种身份的人。"学生身份"把有社会地位的各色人等限定为"学生"，"学生"这里是一种"身份"标志，或者说"学生"本身就是一种身份。如此，"学生身份"遵循定名结构通常的取值形式，即"任指义＋类指义"。再如：

像学生（模样） 衣服（价格）贵 树叶（颜色）黄

在与特定的动词、形容词组配时，N_2 往往可以略去不说：

做编辑（工作） 学习政治（理论） 公关（礼仪）好 家庭（环境）条件差

略去不说的名词都是表示事物主体的某种属性的属性名词，省略的前提条件应该是主体名词与谓词共同激活这一属性的结果，这一属性还应该是特定环境下明确的或唯一的选择结果。

其次再看全集映像属性构造。

人们可以通过一类事物的任何一个个体为事物分出属性

的类，也可以通过“整个一类事物”来表示事物属性的类，后者便是全集映像属性构造。与典型映像属性构造不同的是，用任何一个个体表示事物属性，是把个体事物的个性作为整个一类事物的共性作为分类指标，前提是个体事物的个性中包含整个一类事物的共性，如“麻雀”与所有其他鸟类成员一样都“五脏俱全”。用整个一类事物表示事物属性，是把整个一类事物不同个体之间的共性作为分类指标。

N_1如果对应类元映像里的全集映像，N_2便是N_1全集成员共性中的一种，因全集成员外延的差异，N_2的外延极不清晰（“尾巴”须有依附的对象才有确定的外延），表现在N_1N_2类指意义凸显的内涵属性与典型映像属性构造明显不同。如果把一个名词表示的一类事物意义粗略表示为区别特征与一般特征的相加（当然，区别特征与一般特征视区别对象的不同会有变化，这里取通常与［－N］相对待的N的事物意义），可以发现，典型映像属性构造凸显事物的区别特征，全集映像属性构造凸显事物的一般特征，一般特征反映一类事物的共性，因而全集映像属性构造的事物类别意义表达反倒成为标记性的。如“学生心理”通常并非相对于“非学生心理”而存在，或者说“学生心理”的存在并非以“其他人的心理”的存在为前提。我们把“心理”分解如下：

【心理】①人的头脑反映客观现实的过程，如感觉、知觉、思维、情绪等。②泛指人的思想、感情等内心活动。

内涵：过程或内心活动特征的集合。

外延：具有这种特征的过程或内心活动的类的集合。

通常不说“你这是学生心理（在作怪）”，经常有“要揣摩学生心理”之类的表达。“揣摩学生心理”自然着重于“心理”的共性内涵而并非类的集合，除非有类比前提出现，如“学生心理与一般人的心理有这样那样的不同”，这时的类别意义表达明显是有标记的。再比如：

(24)题海战术是不能从根本上提高学生能力的。

(25)学生能力相对下降，特别是口头表达能力、实验操作能力严重下降。

(24)中“提高学生能力”自然不是增加学生能力的类别，(25)中的“口头表达能力、实验操作能力”是“学生能力”的下位类别，对一个术语本身进行分类，恰是对该术语内涵的说明解释。全集映像属性构造凸显类的存在，并不像典型映像属性构造那样凸显类的分别，因这种“非任指义＋类指义”取值形式使得 N_1N_2 概念缺乏一个明晰的外延。如人们不好量化有多少种“心理”的存在，但不同的人由于认识水平、认识对象、认识目的等的差异确实会产生不同的心理。人们可以用不同的标准为同一事物分类，正如可以用相同的标准为不同的事物分类一样。学生的想法与老师的想法有学与教等出发点的不同，学生于学不需要考虑老师的心理变化，老师于教却要经常揣摩学生的心理。因而“学生心理”的存在虽有着老师的心理、家长的心理等的类别基础，却难有与之并立的“老师心理、家长心理”等的有明确外延分别的类。“学生心理”这一恒定事物类别的建立很大程度上取决于“学生”这一群体在“心理”方面的共性特点。清晰的分类往往是有着明确外延的事物的类，反过来，有着明确外延的事物往往有着确定的类别基础。人们的表达离不开对事物的分类，具体事物的类别一般有着确定的可量化的外延，抽象事物类别的外延则往往是模糊的、难以量化的。具体事物的类别本身就是一种客观存在，抽象事物的类别只是一种主观存在。客观存在的类别与主观存在的类别都是为了说明，但有着客观存在基础的类别人们倾向于利用事物确定的外延来认识和把握事物的特征，缺乏客观存在基础的类别则倾向于利用对事物特征的认识来界定事物的活动范围。“生活”有多少类根本就无法界定。就“我向往的一种生活”而言，不同的人可能会有不同的量化标准，自然也会得出不同的结论。人们对事物内涵和外延及其特征的认识作为一种知识体系存在于心理知识库中，易提取的事物属性总是先于不易提取的作为进一步认识或分类的前提或标准，因此事物的内涵属性或外延属性都有可能作为事物分类标准的身份出现。当然，人们一般通过事物的内涵属性的认识来把握事物的外延，即使以外延属性作为事物分类的前提标准，这一外延的内涵属性也已作为一种潜移默化的知识被优先提取出来了。

全集映像属性构造是一种易提取的事物属性类别，客观上有着其他同类事物类别存在的前提基础，是语言模糊性表达的一种手段。

典型映像属性构造表现同类事物成员的个性，所以比较是其典型意义；全集映像属性构造表现同类事物成员的共性，虽也有比较的基础，但比较的意义却不是其典型意义。主语位置上的名词的全集映像特征最为典型。如“学生都必须好好学习”中的“学生”指的是全集映像，“‘都’在这里的作用是把一个整体离析为一个个成员，表述它们的共性”（参看杨成凯 2003：7）。值得注意的是，全集映像属性构造里的 N_2 做定语的能力极弱，也就是说，作为事物分类标准的能力极弱。一旦放在定语位置上，其中心语的外延是依托性更强的一种虚范畴。如“生活态度、生活方式、生活能力、生活作风”等，也最接近全集映像属性构造的原型。

领属构造与属性构造在“相对个别>一般”概念模式上趋同，二者也就有了共同的表达特点。如：

(26)问:a. 你读的是什么样的大学?

b. 你读的是哪个专业?

答:我读的是师范。①

回答 a 时"师范"是"师范大学"的省略,与非师范大学相对而言,表示性质。性质是一事物区别于其他事物的基础,是事物个性的体现;回答 b 时"师范"与非师范专业相对而言,是"师范专业"的省略,表示有明确外延的事物的类。a 答式激活"师范"的性质特征或个性特征,b 答式激活"师范"的类的特征,而类的特征是该类任何一个个体都会有的共性特征。a 的情形与典型映像属性构造相同,b 的情形与全集映像属性构造相同。

最后再看属性构造的典型性与概念距离。

上述结论可以让我们得出属性构造的典型性程度序列("＞"表示"强于"):

属性构造＞典型映像属性构造＞全集映像属性构造

事物属性有天然的和非天然的或固有的和非固有的之分,天然的和非天然的都可以作为事物的分类指标,但并非天然的分类指标就一定能得出事物稳定的常规的类,即衡量事物类别恒定性的强弱不能以天然或非天然为标准,如"六指人"不见得比"沙锅豆腐"恒定性强。就材料属性而言,我们很容易例举出如下一些恒定性强弱不等的事物类别:

木头桌子—石桌—铁桌

木头椅子—塑料椅子—石椅—铁椅子

---

① "师范"在次范畴类别表达结构中似乎已经区别词化了。但区别词结构上的粘着性(粘事物名词或粘"的")还是让我们把"师范大学、师范专业"归入名名粘合式结构。

木床—铁床—石床

“木头”并非“桌子、椅子、床”的固有属性，但却可以构成事物常规的类，我们称之为常规属性。“脊椎”是“脊椎动物”的固有属性，也是“脊椎动物”类别的常规属性。固有属性与非固有属性体现事物的必然性联系与或然性联系，常规属性与事物的联系紧密，非固有性质的常规属性体现由或然性联系转化而来的必然性联系，一般被视为事物的区别性特征。非常规属性表现事物的非常规类别，与事物的联系是一种或然性的联系。常规属性与非常规属性都可以从概念的语义特征中离析出来。粘合式结构是表达事物常规类别的常规方式。

属性构造两个概念成分的组合途径大致可以归为两种：一是基于两个概念共同属性的激活；一是基于两个概念相关属性的激活。前者我们称为属性共现，后者称为属性互现。

属性共现结构中 N_1 与 N_2 拥有共同的语义特征，N_1 与 N_2 是具有属种关系的两个概念，结构激活的是与属相协的种的语义特征。如把“财会”当成一种“工作”来看待，把“家庭”作为一种“环境”来看待，表达上如果谓词的选择特征包含了这一共现属性，则往往可以用 N_1 替代 N_1N_2。如：

家庭（环境）对于孩子来说很重要

她去妇科（门诊）看病了

科举（制度）害人匪浅

这是沙漠的边缘（地带）

属性互现结构基于两个概念相关属性的交互共现，或者说是不同属性的共现。我们把“属性＋事物”构造看成具体事物类别形式，把“事物＋属性”构造看成抽象事物类别形式。“木头桌子”、“狗尾巴”属于前者，“木头”通常用做“桌子”的制造材料，“桌子”是由某种材料做成的；“狗”有“尾巴”，有“尾巴”的动物类别包含“狗”。无论是“木头”的内涵属性还是“狗”的外延属性，都是“桌子”、“尾巴”类别的限定属性。后者如“结构理论”，“理论”要有依托的事物对象，“结构”之成为结构也会有理论的支持。总之，N_1表示的属性都与N_2表示的事物类别相关，与N_2语义结构中的某个语义特征属性相同。

上述的属性互现都是在同一义场中的直接交互情形。直接交互情形是两个概念相互的语义特征你中有我，我中有你。属性互现还有涉及不同义场的间接交互情形。如“学生家长”，“学生”与“同学、老师”同一义场，“家长”与“孩子”同一义场，但“家长”与“家庭”联系，“家庭”与“学校”联系，“学校”与“老师”联系，共“具有教育义务”义场。图示如下：

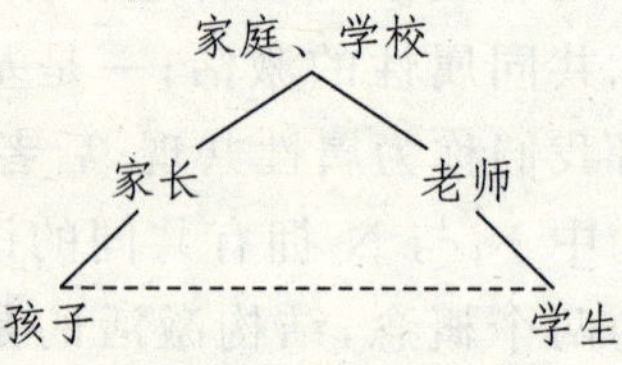

“学生”的概念中如果说可以离析出“家长”来，“家长”的概念中如果说可以离析出“学生”来，则需要首先激活“学生”作为“孩子”的属性特征，这一特征我们视为潜在的，表达这种潜在的属性显然经过了一个义场的转换过程，转换的条件是不同义场的两个概念的外延具有同一关系。事实上语言表达中不乏潜在属性义的词语，如：

(27)a. 我们家还有个学生。

b. 我们家还有个上学的孩子。

(27)a 与(27)b 同义。a 的表达更为简洁，符合修辞表达经济的要求。因潜在属性显化需要经过转换，且原义场效应也有潜在的影响，所以 a 式歧义表达的可能比 b 式要大得多。

再比如“报刊思想”,“报刊”是报纸和杂志的总称,“思想”是客观存在反映在人的意识中经过思维活动而产生的结果。“报刊”是“思想”的载体,是人表达思想的方式或工具。人有思想,报刊有内容,“思想”和“内容”便有了外延上的同一关系。这种义场转换过程往往就是一种转喻过程或隐喻过程。

用必然与或然的关系来看两种事物之间的概念距离似乎更容易些。上述的直接交互情形和间接交互情形都可以看做事物间必然性联系的体现,两个概念的语义结构中都有相同的语义特征存在。如果两个概念的语义结构各自都没有共同的语义特征存在,或只有一方的语义结构中能离析出另一方的某个语义特征,两个概念间的联系便是一种或然性的联系。前者的情形如“沙锅豆腐”,“沙锅”是煮饭的器皿,“豆腐”是煮饭的材料,器皿与材料的直接结合便是一种或然性的联系。后者的情形如“学生组织”。“组织”的外延是具有“按照一定的宗旨和系统建立起来的”性质的所有集体的集合,“学生”有集体和个人之分,但只是可能构成具有一定宗旨和系统的集体,这种或然性语义联系使得“组织”可以将其固有属性“有一定宗旨和系统的集体的特征”浸染到“学生”身上,使“学生”临时具有这种属性,而这种临时属性是“学生”概念中可能生发出来的。离开“组织”的组合情境,这种临时属性便不复存在。

必然与或然是具有对立统一关系的一对矛盾,在一定的条件下可以互相转化。这与人的思维方式、行为方式等密切相关。“沙锅豆腐”与“铁板豆腐”相比,前者更接近必然,“沙锅”比“铁板”更简便因而成为普通常用的工具。“组织”会让人想到“党、团、群众”,“党组织、团组织、群众组织”实际上已成为两个具有必然性联系的概念的组合。“学生组织”的情形不大一样,有学生不一定有组织,有组织也不一定有学生,有学生也不一定有学生组织,有学生组织一定有学生,可以说

“学生组织”概念组合的性质还没有发展到具有必然性联系的程度。

具有必然性联系的两个概念间的距离比或然性的近。

2.2.3.2.2 描述性语义属性与事物的类

凭描述性(或述谓性)语义属性同样可以为事物分类,只不过事物的描述性意义类别不再是事物本质的类。人们可以从不同角度描述事物的某一特征,也可以从不同特征描述同一事物,因而事物的描述性意义类别只限于事物的特征分类。如“布谷鸟”从声音特征方面给鸟分类,“棒槌鸟、蜂鸟、巨嘴鸟、画眉鸟”等从形状角度给鸟分类,着眼点都是这些显在特征信息的易提取的性质。

人们同样可以对事物的本质属性进行描述,但得出的结果不再是事物的客观恒定的类,只能看成事物本质类别的变体,因修饰语的作用不再限定事物的范围。如“强盗逻辑”描述“逻辑”的不合理性质,“热血男儿”描述男子性格中热情的程度,都只能看成事物的一种临时类别。再如词典对“泡沫”的解释是“聚在一起的许多小泡”,在“泡沫玻璃、泡沫海绵、泡沫橡胶、泡沫板、泡沫材料”中是事物的内在品质形状意义的具体体现,因而是关涉性的;但在“泡沫经济、泡沫文艺、泡沫品牌、泡沫名人、泡沫市场、泡沫学问”中“泡沫”并非“聚在一起的许多小泡”,而取其“虚空、极易消失”的比喻意义,或者说取概念意义的象征义,因而是描述性的。

事物的描述性意义类别最大的特点是临时性,表现为事物的非本质属性特征。前面我们说过,临时的分类只以其他同类事物的存在为前提,只突出属性特征,不提供异类分拣,带有一定程度的描述性。如“军阀作风”并不以是否有相对待的非军阀作风的存在而存在,只是描述“作风”的某方面的特征。因而事物的描述性意义类别并非原型范畴意义的事物类别。这种临时类别的N_1的作用由特征限制改为特征描述，特征描述会因人而异，也会因时地等条件变化因素而异，因而通常不能作为事物恒定类别的界定标准。但如某一特征为该类事物所特有，或者因特征显豁极易提取，往往形成特异性结构并且进一步词汇化。如“布谷鸟、棒槌鸟、蜂鸟、巨嘴鸟、画眉鸟”都可视为词汇化了的结构，拆开后的两个成分往往失去结构的整合意义。

我们把特征描述粗分为如下两类：隐喻性特征描述与非隐喻性特征描述，例举式地说明各自的特点及表达差异。N_2依旧是拥有某一属性或状态的事物，我们仍称之为该属性或状态的宿主。

2.2.3.2.2.1　隐喻性特征描述

宿主或宿主的某一语义特征具有与N_1表示的事物相似的特征，用N_1的这一特征来描述宿主，称为隐喻性特征描述。这又有两种情形。

第一，N_1有比喻义。N_1有比喻义项，这一义项作为N_1与宿主N_2两种不同事物的相似点，构成宿主做本体、N_1做喻体的隐喻性特征描述。如“冰”有两个义项：①水在0℃或0℃以下凝结成的固体。②像冰的东西。“冰粥”用的是义项①，属属性构造属性共现情形；“冰糖”用的是义项②，“冰”和“糖”属不同类不同质的物体，因“糖”的质地形状像“冰”，“冰”和“糖”便通过一个隐喻过程联结在一起，“冰”是喻体，“糖”是描述的对象本体。再如“高峰”有两个义项：①高的山峰。②比喻事物发展的最高点。“高峰期”用的是义项②，指最忙碌的时刻，两种事物也是通过一个隐喻过程联结在一起。N_1具有比喻义。比喻义揭示的是本体和喻体之间共同的描述性语义特征，是一种典型的关系特征，能形象地表达两种不同事物之间的相似性联系。许多名词本身都有比喻义项，最适宜构成隐喻性特征描述结构。

第二，N_1无比喻义。N_1无比喻义项，N_1与宿主N_2之间的相似性联系是通过对概念组合的进一步分析得出的。如“狗”的义项中不包含比喻义，但因狗的奴性很典型，人们描述人的奴性时常用“狗”来作喻，从而构成隐喻性特征描述结构，如“狗官、狗奴才、狗脾气”等。“狗官、狗奴才”是宿主做本体，“狗脾气”可看做宿主的某一特征做本体。又如“棒槌鸟”，“鸟”的形状像“棒槌”，“棒槌”本身无比喻义，却构成以“鸟”为本体“棒槌”为喻体的隐喻性特征描述结构。

比喻义项是词语的比喻用法固定下来的结果，所以上面两种类别事实上无法截然分开。有比喻义项的是隐喻性特征描述的常规化方式，相对地，无比喻义项的是隐喻性特征描述的非常规化方式。但在N_1、N_2两种事物的相似性程度上却并不见得前者比后者高，两种方式的区别在于事物联系的广度性而非强度性上面。两种形式的N_1都凸显比喻义。

隐喻性特征描述结构又如：

玉手 蜂腰 猪脸 牛劲 狼性 桃花运 驴脾气 女人味
学生气 泼妇心性 绅士风度 军阀作风 雷锋精神
泡沫经济 强盗逻辑

2.2.3.2.2.2 非隐喻性特征描述

宿主或宿主的某一语义特征具有与N_1表示的事物相关的特征，用N_1的这一特征来描述宿主，称为非隐喻性特征描述。这一特征描述模式的形成源于N_1概念中的描述性语义成分。在概念组合中，N_1概念中的关涉性语义成分背景化，描述性语义成分凸显，成为宿主N_2的激活特征或浸染特征。

如“经典”的释义是“指传统的具有权威性的著作”，“具有权威性的”是描述性语义成分，这一语义特征可以是人或著作

等可能体现出来的性质特征，因此“经典”做修饰语常用于凸显事物的这一性质特征。“经典版本”并非以“一经典版本”的存在为前提，尽管有“一经典版本”的存在，或者说事物类别意义在特征描述模式中背景化了，但“经典”并不凸显事物的分类，只是凸显事物“具有权威性”的特征。描述性特征比关涉性特征跟相关事物的组合范围要广泛得多，因关涉性特征与事物的类别相联系，描述性特征却没有类别限制，还可以与个体事物成员相联系。下面是“经典”描述的一些事物范围：

经典时刻 经典理论 经典著作 经典剧目 经典模式
经典定义 经典场面 经典作品 经典论断 经典文献
经典画面 经典爱情 经典作家 经典图片

“理论”有经典非经典之分，“经典理论”中“经典”的描述性语义特征成为“理论”的激活特征；“时刻”本无经典非经典之分，“经典时刻”中“经典”的描述性语义特征成为“时刻”的浸染特征。

又如“权威人士”，“权威人士”并非与“一权威人士”相对待而存在，不凸显事物的分类，“权威”词义中关涉性语义成分的背景化，描述性语义成分凸显，成为“人物”的激活特征。下面是“权威”描述的一些事物范围：

权威部门 权威机构 权威著作 权威刊物 权威报纸
权威组织 权威单位 权威地位 权威理论 权威网站
权威论坛 权威形象 权威资料 权威意见

隐喻性特征描述着眼于事物的相似性，N_1与N_2可以有形状、声音、颜色、构造、用途、习惯、禀赋等方面的相似，相互的词义之间却没有共同的语义特征。非隐喻性特征描述着眼于事物的相关性，相互的词义之间都可以分离出共同的语义特征来。一个显著的表现是，N_1本身的事物性使得表达中往往用N_1替代N_1N_2：

(28)这两部书共记载6000多个药方，成为中医学的经典。

(29)《奥林匹克宪章》规定，“国际奥委会是奥林匹克运动的最高权威”。

(28)中“经典”后省略“著作”，(29)中“权威”后省略“机构”。我们再列举出一些非隐喻性特征描述结构，其中的“精华、模范、喜剧、名牌、理性、专业、传统”都是可以分离出描述性语义特征的概念：

精华成分 精华部分 精华版本 精华系列 精华因素
精华分子 精华成员
模范党员 模范职工 模范支部 模范村 模范班级
模范事迹 模范作用
喜剧风格 喜剧色彩 喜剧效果 喜剧结尾 喜剧气氛
喜剧题材 喜剧演员
名牌产品 名牌意识 名牌效应 名牌大学 名牌电脑
名牌栏目 名牌货
理性意义 理性意识 理性活动 理性思维 理性色彩
理性光辉 理性魅力
专业老师 专业演员 专业学校 专业作家 专业棋手
专业人才 专业服务
传统文化 传统产业 传统势力 传统食品 传统农业
传统风格 传统美德

2.2.3.2.2.3 小结

我们把带“的”的领属结构隐去“的”的条件归纳为领有者

可为被领有者分出规约的类，并指出 $N_1 N_2$ 结构的决定性因素是具有规约的别类性，N_1 为规约性的分类指标。

凭描述性（或述谓性）语义属性为事物分出的临时类别是一种主观性类别，同样有着客观性事物类别的基础，主观性联系成为结构表达凸显的侧面，而与之相对待的客观性事物类别背景化，成为一种潜在的比较前提。朱德熙（1956[1980：8]）指出描写性定语往往带有潜在的指称作用，一类事物经过描写之后就不再是普遍的概念，而是特殊的概念了。当可佐证。

2.3 动名粘合式结构

2.3.1 结构格式与结构特征

形名结构是着眼于事物的本质属性的类，名名结构是着眼于事物的相关性或相似性联系的类，动名结构则应是基于事物的动态属性的类。动名粘合式结构（记为 VN）有如下四种格式：

$V_{单}+N_{单}$：存款 护膝 烧鸡 雇工 切面 用料 吃相 跑道 病猪 烂杏

$V_{单}+N_{双}$：烤羊腿 炒鸡蛋 腌萝卜 拌黄瓜 死疙瘩 睡美人 冻豆腐

$V_{双}+N_{单}$：复写纸 装卸工 辅导员 参照物 冲积面 勾兑酒

$V_{双}+N_{双}$：救援物品 打击力度 检验结果 发行规模 保护组织

这四种格式有如下几个突出的特点：

其一，能直接做定语的动词都已经不同程度地去范畴化了,由具体的动作义转指动作的方式、功用、致使等属性义。能受动词直接修饰的名词都有动态属性的类。事物的发生与发展变化的每个阶段都有自己的特点,呈现出不同的形态,都可能得出不同形态的类。所谓不同程度,是就这些形态的类的典型性程度而言。尹世超把动词分为可定动词和不可定动词两大类,可定动词里又有专定动词、强定动词和弱定动词(2002:52～57),实际上已经证明了事物形态的类的典型性程度的存在。

其二,VN中和了动作各种论旨角色(thematic role)的分别。邵敬敏(1995:219、229)因N无法理解为V这一动作支配的对象而把VN直接称为非价组合,并认为VN结构组合实际上潜藏着两种可能的句法关系,配价组合构成的是"动作—对象"的支配关系,非价组合构成的是"属性—实体"的分类关系。而要判断VN是否为非价组合,可以看其语义上能否进入以下的框架:用于V的N、进行V的N、作为V的N(我们称这些框架为动态属性框架)。我们的基本看法是,VN中的N并非只是单一性质的语义成分,VN仍是一个论元结构,只是V和N的性质都有了变化。"读书"与"读的书",前者是配价组合,后者相当于邵先生说的非价组合。"读的书"大致可以表述为由动作属性分出的受事的类,因"读的"后面还可能出现"人、时间、场所"等语义成分。我们还是从邵先生举的例子(邵敬敏1995:221)说起。

	配价词组	非价名词	配价词组	非价名词	
唱词	+	+	刨冰	+	+
唱歌	+	—	刨床	+	+
唱戏	+	—	刨板	+	—
唱针	—	+	刨刀	—	+

上述VN组合与加"的"的扩展式"V的N"都毫无例外地表示事物的动态属性的类：

?唱的词、唱的歌、唱的戏、?唱的针

刨的冰、?刨的床、刨的板、?刨的刀

根据朱德熙(1983[1999：§5.1])，在"VP+的+NP"中，当"VP+的"属于VP里的动词的一个格("VP+的"与中心语NP同格)时，"VP+的"可以独立指代中心语；当"VP+的"不属于VP里的动词相关的任何一个格(即"VP+的"跟中心语NP不同格)时，"VP+的"不能独立，后头总是带着中心语。如：

A	B
( )开车的(人)	(他)开车的技术
他开( )的(车)	火车进站的时间

A组的"VP的"是转指(记为"VP的t")，B组的"VP的"是自指(记为"VP的s")；"VP的t+N"中，VP的中心词V跟N之间有潜在的主谓关系或述宾关系，而在"VP的s+N"中却没有这种潜在的主谓关系或述宾关系(参看朱德熙1978[1999：§3])。张国宪(1997：184)用"狭义共现约束"与"广义共现约束"来区分这两种情形。狭义共现约束指建立在支配与被支配框架中的语义选择限制，广义共现约束指动词的语义搭配范围远远超过支配与被支配框架中的语义选择限制。"VP的t+N"中的V与N之间的语义选择限制是狭义共现约束，"VP的s+N"中的V与N之间的语义选择限制属广义共现约束。狭义共现约束激活动宾关系，广义共现约束可激活偏正关系。A、B都是可以用来为事物分类的格式，B组格式中的V与N受广义共现约束限制虽不能直接组合构成及

物性关系结构(如“*开技术、*进时间”)从而激活动宾关系,但V的及物性关系结构可直接与N组合表示事物类别从而激活偏正关系,如“开车技术、进站时间”。A组格式如果是“VP+N”同样能激活偏正关系,如“开车人、看家狗”。这样似乎可以归纳出激活偏正关系表示事物类别的一条规则:如要表示N的事物的类,N必须处于一个及物性关系结构的外层(“开”与“车”先组合才能修饰“技术”)。A组格式因受狭义共现约束限制,N要处于一个及物性关系结构的外层,V必须是这个及物性关系结构的代体,也就是说,V实际是一个“V+句法空位”的及物性关系结构。我们把A组格式再分为C、D两类:

C	D
唱(　)的词	唱(歌、戏)的词
唱(　)的歌/唱(　)的戏	唱(歌、戏)的针
刨(　)的冰	刨(X)的冰
刨(　)的床	刨(冰、板)的床
刨(　)的板	刨(冰、板)的刀

可以发现,C组的句法空位只是中心语名词的语迹,属空语类范畴。D组的句法空位可明确补出动作直接支配的对象,与中心语表示的事物相关但不属同一事物。由于“的”既有转指功能,又有自指功能,所以C又可分为两种:表转指的C′和表自指的C″:

C′:(他)所唱的歌　　C″:(他)正在唱的歌

而D只有转指功能:唱(歌、戏)用的针/刨(冰、板)用的刀。

VN格式与C、D两种格式都同型,与C′、D同构(这里指广义同构)(同构与同型的概念见朱德熙 1962[1999:§4、§5、§7])。如果把VN看做连同句法空位和“的”一起紧缩掉的格式，则只能是D组格式的紧缩形式，或者说D组格式的紧缩形式与VN狭义同构。因C组的句法空位与中心语属同一事物，紧缩后动词只有自指功能，故只能构成动宾关系的配价组合。进一步分析可以发现，D组表示的事物类别并不必然表现为紧缩的VN格式，也可以表现为紧缩的N_1N_2格式，N_1是V的直接支配对象。用VN表示事物类别，N_1必须能被动词激活或者说能够从动词的概念结构中离析出来。用N_1N_2表示事物类别，N_1也必须能够激活动词或者说动词能够从其概念结构中离析出来（参看§2.3.2）。如：

唱（歌、戏）的词→唱词／歌词／戏词

唱（歌、戏）的针→唱针／*歌针／*戏针

刨（X）的冰→刨冰／*X冰

刨（冰、板）的床→刨床／？冰床／？板床

刨（冰、板）的刀→刨刀／冰刀／*板刀

这也就是说，具有“属性—实体”分类关系的VN结构是隐含了一个配价组合的“非价组合”（下文中我们称这种非价组合是域外论元组合，隐含的配价组合是域内论元组合），隐含的配价组合与这一显在的“非价组合”不在同一个层次上。V同样是动词类别中的典型成员，只不过功能上有了变化：V是从一个转指的“VP＋的”中紧缩来的，VP是V加上句法空位构成的配价组合。

C组格式不具有这种可能的选择关系，即使有转指的C′，紧缩成的VN与“VP的”中的VP或“V＋空位”同形，或者说实际就是“VP的”中的VP或“V＋空位”。在汉语这种孤立语里，具有支配关系的“V＋N”首先是一种狭义共现约束结构。凭V分出的N的类别V和N不处于同一个层次上，只有符合这一条件，由C组格式紧缩来的VN才可能指称事物。如果把D组格式的紧缩形式看做无标记的指称形式，那么由C组格式紧缩来的VN则是有标记的指称形式，因狭义共现约束客观上也是广义共现约束的一个部分。通常两种语义选择限制形式的交叉可以从诸如“学习文件、出租汽车”等同形结构约略得到体现。如果缺乏句法语义语用条件的限制，C组格式紧缩来的VN一般被优先识解为动宾关系的配价组合。

这样，VN的形成实际上有两个途径：一是由具有狭义共现约束限制的及物性关系结构“VP的t＋N”而来，因句法空位的存在，N可以描述为提取出的及物性关系成分；一是由具有广义共现约束限制的及物性关系结构而来，因缺乏句法空位，N不能描述为提取，可以视为紧缩而来的及物性关系成分。提取的源结构是转指的“VP的t＋N”，紧缩的源结构是自指的“VP的s＋N”（提取和紧缩的区别下文有进一步的说明）。

用转指的和自指的“VP＋的”都可以分出与动作相关的及物性关系成分表达出来的事物类别。

受事具有［＋承受者］语义特征，具有［＋承受者］语义特征的事物名词自然成为一个语义类聚，凸显［＋承受者］语义特征的句法形式是动词带的宾语，动宾关系的配价组合中的动词有时、体、态等的意义变化，而动词做定语的偏正结构中动词因去范畴化了（或者说属性化了）的性质已不再表示具体的动作，动词不再有时、体、态等的意义变化，结构中的名词自然也不会是受事。但由于受事受动性语义类聚特征的携带，使得属性化了的定语动词带上了受动意义。这可以从V定语扩展为“VP＋的”定语格式中明显地看出来：

1）保护动物——受到保护的动物 怀疑对象——受到怀疑的对象

特邀代表——受到特邀的代表 攻击目标——遭到攻击的目标

移植器官——用于移植的器官 出口物资——用于出口的物资

补充教材——作为补充的教材 测验结果——进行测验的结果

带有受动意义的定语动词与动态属性框架里的定语动词明显趋于中和,[1]我们把这种属性化了的定语动词与可以作为动作支配对象的中心语名词组合而成的偏正结构的语法意义定性为表现动作受事的类,同样,我们可以求得其他论旨角色的类。如通常认为N是施事的VN结构,N事实上是通常作为动作施事的语义类聚成员,原本可能的施事特征成为潜在的,凸现的是类别特征。我们补出隐含了的配价组合,可以明显看出与带施事宾语的动宾结构(如"来客人了")的区别:

2) 主讲教师——主讲(汉语史的)教师 辩护律师——(为案件)辩护的律师

访问学者——访问(学校的)学者 出版单位——(书籍的)出版单位

同样,我们可以据此分出动作的客体、处所、时间、工具、方式、程度、原因、数量等语义成分的事物类别:

① "中和"的概念见李英哲(1983:33)一文。陆俭明先生作了如下解释:"假设甲、乙两个动词,由于意义上有重要区别,所以它们跟某些名词的排列次序各不相同,反映在句式上,甲动词只能用于(A)句式不能用于(B)句式,乙动词只能用于(B)句式不能用于(A)句式。然而甲、乙两个动词又都能用于(C)句式。这样,就可以说(C)句式中和了甲、乙动词之间,也中和了(A)、(B)句式之间的重要区别。"

3) 保护组织——保护(野生动物的)组织 救援物品——救援(失踪人员的)物品
打击力度——打击(犯罪的)力度 发行规模——发行(图书的)规模
培训基地——培训(财会人员的)基地 直播现场——直播(比赛的)现场
销售旺季——销售(健身器材的)旺季 采访时机——采访(新闻的)时机
承包方法——承包(土地的)方法 选拔程序——选拔(骨干教师的)程序
测量仪器——用于测量的仪器 洗澡毛巾——洗澡用的毛巾
重视程度——重视(问题的)程度 审查结果——进行审查的结果
批发价格——作为批发的价格 参观人数——参观(展览的)人数

可以说,作为偏正结构的 VN 中和了动作各种论旨角色的分别,整个 VN 结构是用 V 的动态属性标准来为 N 这一实体进行分类,V 实际上代表了一个转指的"VP+的"结构。

这一结论可以从词汇层面结构变化中得到证明。顾阳、沈阳(2001:125～126)研究了"VP－N 偏正(定中)式"合成复合词的构造过程,认为 N 从论元位置上说绝大多数跟施事一样都是域外论元(域外论元通常带有施事者的论旨角色。域外论元是在中心语动词所属的动词短语之外,通过主述的关系与动词和其他的论元联系在一起,在简单句中总是担任主语。而域内论元则在中心语动词所属的动词短语内,与深层结构中动词的宾语相应。见顾阳 1994:3),从论元意义上说绝大多数都可能体现施事作用,因有施事的论元结构才会有工具、材料、手段或方法等论元，这些论元都间接表示施事。也就是说，所有VN结构中的N都成为间接表示施事的域外论元。为清楚起见，我们把顾、沈文用于分析的例子录于下面：

4) a_1. 这种(蛔)虫寄生在肠道 a_2. 这种(火箭)弹能穿透装甲

(主体义施事主语)

b_1. 这种(仪)器可遥控电视 b_2. 这种(信号)灯能指挥交通

(工具义施事主语)

c_1. 这种(油)霜可滋润皮肤 c_2. 这种(喷雾)剂能清新空气

(材料义施事主语)

d_1. 这种(方)法可输入汉字 d_2. 这种(按摩)操能保健眼睛

(方法义施事主语)

e_1. 这个(工)厂正加工食品 e_2. 这个(会议)厅在放映电影

(场所义施事主语)

以上分别是"(肠道)寄生虫、(装甲)穿透弹、(电视)遥控器、(交通)指挥灯、(皮肤)滋润霜、(空气)清新剂、(汉字)输入法、(眼睛)保健操、(食品)加工厂、(电影)放映厅"的变化结构。顾、沈文(2001:126～127)又指出，受事和客体名词也不总是做宾语，在特定结构如被动句式中，受事和客体论元就是典型主语，或者说成了域外论元，所以与上述情形便具有构造上的某种一致特性。但这些通过论元结构的变化跑到动词右侧的中心语位置上的域外论元因跟动作行为能力无关，似乎不能归入广义施事,因本来的位置都是做宾语,似乎也不能说它们是广义主语。但有一点是肯定的,VN这一类指格式中和了动作各种论旨角色的分别,N从论元意义上说都成为直接或间接表示施事的域外论元,从论元位置上域外论元跑到动词右侧,域内论元跑到动词左侧,二者同时移位并且改变了整个结构的性质。

我们可以清楚地看出上面1)、2)、3)各式VN中的N都具有这种直接或间接表示施事的域外论元的性质。VN中如补出隐含的域内论元,可以发现与"汉字输入法、眼睛保健操"等的语序是一致的:

5) 汉语史主讲教师 案件辩护律师
野生动物保护组织 骨干教师选拔程序

域外论元名词决定整个结构性质,其他成分的功能相对弱化,域内论元(如有)则可能是次要成分,在能被动词激活的情况下就可以隐含。顾、沈文(2001:130)还举了复合词中动词的隐含情形来说明动词功能的相对弱化,"动词也不一定非说不可,在能被名词激活的情况下同样可以隐含",如"水暖(维修)工、文件(存放)柜"。VN实际是一种隐含域内论元的结构,这是一种为域外论元或提升了的域外论元进行认定或分类的结构,结构性质由中心语位置上的域外论元名词决定,伴随着动词及其配价组合成分域内论元的功能弱化。V的由动作弱化来的分类属性使得我们可以用分类的"是……的"格式来还原它们的原始论元结构,只不过N越抽象越不易放在主语的位置上:

6) 这些动物是受到保护的 这些物资是用于出口的
这位教师是主讲汉语史的 这位律师是为案件辩护的
这个组织是保护野生动物的 这些物品是救援失踪人

员的

这种仪器是测量土地用的 这块毛巾是洗澡用的

如此可以把邵先生说的非价组合解释为，在动词加名词不产生动词性结构而仍然保持名词性结构性质的论元结构里，论元具有域外论元性质而并非是动词的某个域内论元。

其三，VN中的N具有[+类别]语义特征，即只能是作为属或种或代表相对个别或一般的第二性实体。§2.2.2中我们已经列举出了事物本体性强弱的连续统。事物的本体性越强越易构成动宾关系的配价组合，本体性越弱越易构成偏正关系的域外论元组合。通常认为VN结构的中心语总是表示抽象概念的名词(见朱德熙1982:145;邵敬敏1995:228;张国宪1997:179;李晋霞2003:156、2004:114)，这与我们本体性强弱的连续统概念并行不悖。本体性强弱与名词的单双音节有着直接的联系。如"读书"与"阅读书籍"，"书"比"书籍"本体性强，尽管光杆名词都有类指能力，但单音节的"书"似乎只能是有标记的类指，"书籍"是无标记的类指。"读书"只能理解为动宾关系的配价组合，如果表示类别，即作为属的一个种，则必须用有标记的"读的书"；如果限定为个体，则没有"*读的一本书"的类别表达形式而只有"读一本书"的域内论元组合形式。"书籍"本体性弱，与动词只能构成偏正关系的域外论元组合。古川裕(1989:12～13)把"VP的t+N"中V和N的关系视为及物关系，把"VP的s+N"中VP与N的关系视为补充关系。并认为补充关系短语成立的关键不是N的抽象性，而是N类名词所具备的内容补充的吸引力。根据主要是补充关系短语中N可以是一些个别的表示具体事物的名词，如"他推车送信的照片、'茶钱先付'的纸条"。从上面例句中可以看出，"VP的s"是个及物性关系结构，N不是V的论元，"VP的s+N"结构成立的条件是V的配价必须在VP

中得到满足。“VP 的 t+N”同样如此。“开大卡车的司机”可以是“开车司机”而不能是“*开司机”，“永远不能解决的问题”不等于“解决问题”。很显然，无论是单音节还是双音节动词直接做定语，都必须是一个自足的及物性关系结构的代体，中心语名词不再是动词的及物性关系成分，而是抽象的及物性关系成分的类（下文我们称为非价论元，参看§2.3.2.2.1）。

张国宪（1989:186）指出，在动—名结构中只有双音节动词才能充当定语，单音节动词只能形成动宾结构。尹世超（2002:58）认为音节、及物性和构造等因素在这里对动词能否直接做定语并无实质性的影响。如果加进事物本体性强弱的参数限制，两种论断无疑都是正确的。事物本体性强，只有双音节动词才能充当定语，单音节的只能形成动宾结构；事物本体性弱，单双音节动词直接做定语并无实质性的区别。但即使如此，我们也似乎找不出多少单音节的情形与双音节的情形如“阅读材料、阅读书籍”等相对。究其根本还是在于双音节动词直接做定语体现了动词功能的增殖过程，是功能范围的扩大。缺乏这一功能增殖过程的单音节动词的定语位置便成为一种标记性存在，体现为整个结构的词化趋向也是自然而然的了。这种分别可图示如下：

本体性强　　本体性次强　　本体性弱

动宾关系域内论元组合←——　——→偏正关系域外论元组合

“$V_{单}$+$N_{单}$”与“$V_{双}$+$V_{单}$”有很强的词化趋向（参看张国宪 1989:188、石定栩 2003:494），“$V_{单}$+$N_{双}$”是介于词组与词之间的一种中间状态结构，主要是一些菜肴名称（邵敬敏 1995:218）。以上三种结构都允许不成词语素进入，这也是词化或惯用语趋向的一个旁证。因此我们着重讨论“$V_{双}$+$N_{双}$”，首先把双音节动词易于做定语（参看§2.2.1）看做动词功能增殖的结果，与 $V_{单}$ 正好形成功能互补。VN 是对中心语名词表示的事物进行分类限定，描写性的则一般要加“的”，但加“的”的未必一定是描写性的。

2.3.2 中心语名词与定语动词的类

我们把中心语名词分为域外论元和提升的域外论元两类，通过中心语名词的性质考察与之共现的动词的类别特征。

论旨角色是由动词概念结构规定的。我们把论旨角色都视为动词的规约性成分，动词的必用论元属强规约性成分，非必用论元属弱规约性成分。能确定下来的强规约性成分首先是动作的发出者施事与动作的对象受事，因都是动词概念结构的直接组成成分。伯纳德·科姆里(1989:65)把施事、动力、工具、受事等论旨角色之间的关系看做一个自控度的连续体，这些论旨角色都代表这个连续体上的一个点。自控度与生命度联系紧密，“生命度是名词短语固有的特性，而自控度是名词短语跟其谓语之间保持的一种联系”(科姆里 1989:233)。总的来说，施事是自控度最高的，一般是生命度也高的人；受事是自控度最低的，一般是生命度也低的物。“工具格或者不管什么格，只要是用来表示被动施事的，则经常用来表示自控度较高的实体”。伯纳德·科姆里(1989:226)并且建立了一个自控度的大小等级：工具格＞与格＞宾格。这样，我们把工具格表述为 4)中各种间接表示施事的域外论元的替代物，加上直接表示施事的域外论元主格，这一较完整的自控度大小等级则是：主格＞工具格＞与格＞宾格。一个显见的事实是，自控度越高的事物个体性越强，越不易分出动态属性的类。能从动态属性分出的事物的类又不能是域内论元的类，否则动词表示具体动作而并非动态属性。很显然，VN 中的 N 是有一定自控度的且自控度越低越易构成偏正结构的实体。

动宾结构"读书"与偏正结构"阅读书籍"加"的"后都只能用表示分类的"是……的"格式或使成结构的变换式，语义功能趋于同一：

读的书→书是用来读的／书让人读

阅读的书籍→书籍是用来阅读的／书籍让人阅读

朱德熙(1983[1999：22])在分析了"I saw the diamond [that she stole( )]"一例后指出，提取是谓词性结构名词化的一种语法手段，that+VP可以看成从一个比VP略长的谓词性结构VP′里提取出来的，如that she stole是从VP′"She stole the diamond(money,document)……"一类格式里提取出来的宾语部分，或者说它是这种格式的宾语表达式。that的作用就是把VP′里提出宾语以后剩余的部分(VP)拿来表达宾语。that提取宾语后，VP里宾语必须缺位；提取主语后，VP里主语必须缺位。"读的书"可以看成从"VP的"结构中提取出来的受事。而提取后的受事可以充当使成结构的主语，自控度明显不再处于最低位置。从提取语义成分的角度看，"VP的"所表示的转指意义的范围很广，除了受事外，还可以指动作的施事、与事、工具、方式等。转指的"VP的"与中心语名词具有同指关系，我们把"VP的"首先看成VP′中提取出来的语义成分宾语、主语、工具、处所等，因这些语义成分与N同指，定语"VP的"里一定有跟N同格的缺位，所以N可以理解为从VP′中提取出来的潜主语、潜宾语等(参看朱德熙1983[1999：§2])。又由于VN格式的中和作用，我们把潜主语称为直接表示施事的域外论元，把潜宾语、与事、工具、处所、方式等间接表示施事的语义成分称为提升了的域外论元。自指的"VP的"与中心语名词不具有同指关系，定语"VP

的”里不一定有跟 N 同格的缺位，但由于广义共现约束结构的限制，中心语名词都属于提升了的域外论元。归纳起来，域外论元是由“VP 的 t＋N”提取出来的潜主语，提升的域外论元可以是由“VP 的 t＋N”提取出来的及物性关系成分，也可以是由“VP 的 s＋N”结构紧缩而来的及物性关系成分。这样，提升就有了两种方式：提取和非提取的紧缩。即：

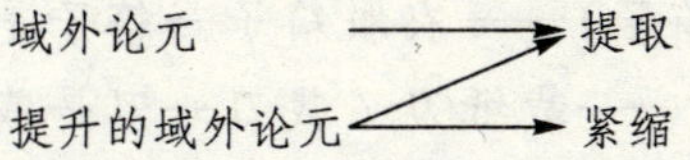

提取着眼于“VP 的”具有转指性质的及物性关系结构，紧缩着眼于“VP 的”具有自指性质的及物性关系结构。“VP 的”中的单个动词或单个名词与同指的域外论元 N 构成类指格式，如工具类指格式：

吃饭的(碗)——饭碗／＊吃碗 装衣服的(箱子)——衣服箱子／＊装箱子

裁纸的(刀)——裁纸刀／裁刀／？纸刀

一般来说，“VP 的”中能够把 V 单独提取出来，其域内论元必须能被动词激活，或者说能够从动词的概念结构中离析出来。相对地，“VP 的”中能够把域内论元单独提取出来与中心语名词构成类指格式，这一域内论元也必须能够激活动词或者说动词能够从其概念结构中离析出来。这是语义成分隐含的先决条件。如此可以证明前面我们提到过的一个观点：VN 中的 V 同样是动词类别中的典型成员，只是功能由自指变为转指罢了，或者说是由转指的“VP 的”中紧缩而来的。凭转指的 V 我们可以为所有与 V 关涉的事物对象分出动态属性的类来。

无论代替“VP 的”与中心语名词构成类指格式的是 V 还是 V 的一个域内论元，VN 的语义功能趋于同一。朱德熙

(1983[1999:19])指出表示转指的“的”有两方面的功能:一是语法功能的转化,就是名词化;二是语义功能的转化。“谓词+的”名词化,语义功能自然也有了变化;“名词+的”语法功能没有变化,语义功能从一个名词性成分变成了另一个名词性成分:

吃饭的(碗)——饭碗→碗是吃饭用的

装衣服的(箱子)——衣服箱子→箱子是装衣服用的

裁纸的(刀)——裁纸刀/裁刀→刀是裁纸用的

4)、6)各例的情形莫不如此。

无论是隐含了动词还是隐含了名词的情形,隐含了名词的动词不表自指已见上述,隐含了动词的名词也不能是绝对个别情形。“装了那件上衣的箱子”不能叫“上衣箱子”,只能是“衣服箱子”,“吃米饭的碗”不能叫“米碗”,还得叫“饭碗”,“衣服”包括“上衣”,“饭”包括“米饭”。同样,“裁”的概念结构中能离析出“纸、布”等,裁衣服、裁纸等的刀都是“裁刀”,为跟裁衣服的刀区别又有“裁纸刀”,裁衣服的刀因有“剪”的性质又叫“裁剪”。而“纸”的概念结构中离析出的动词较多,如“撕、折叠、割、揉、裁、装订、包装、写、画”等。假如有一种折叠纸的刀,“纸刀”便不能将“裁”与“折叠”的功能合二为一。由此可见,VN中的V表示一种抽象的动作类别意义,这种动作类别意义同样还要涵盖动词概念结构中离析出的所有动作对象的关系意义。

2.3.2.1 域外论元与定语动词的类

直接表示施事的域外论元的N都是转指的“VP的”提取出来的潜主语,一般由高生命度的指人名词充任。大体有如下三种情形(下列例子许多选自齐沪扬等2004:76~84):

7A)a. 参赛选手 游行队伍 冒牌医生 执法人员 旅游团体

下岗工人

b. 访问学者 主讲教师 辩护律师 出版单位 调解委员 学习标兵

7B)退伍军人 毕业学生 下台干部 中毒民工 流亡政府 旋转木马 住院患者

7C)游泳教练 摄影记者 评论专家 指导教师 代理厂长 监督干部 译制人员

从自控度高低参数来考察,7A)中的N自控度最高,V一般由自主动词充当。其中7A)a中的V是不及物动词,7A)b中的V是及物动词,因功能弱化而隐含的受事位置已见5)。受事移到动词的左侧同时施事移到动词的右侧构成4)类结构模式的变式,N决定整个结构的性质从而形成与合成词词序一致的类指模式。7B)中的V多为非自主动词,N的自控度明显低于7A),表现在动词带有了一定的被动意义。7C)中的V也包括及物和不及物动词,N的自控度较7A)、7B)更低,表现在V前都可以添加另一个动词"负责、从事"等,V实际表现为宾语的性质。

从动词的语义搭配范围上看,7)都属于狭义共现约束结构,因潜主语N是从"VP"的主语位置上直接提取出来的:

五个选手参赛——参赛选手 这位教师主讲汉语史——主讲教师

这一届学生6月份毕业——毕业学生 这几位教练负责游泳——游泳教练

提取出来的N从有指成分变成了无指成分,从单指成分变成了通指成分。与此相适应,V的时间性消失,由[+动作]义变成了[+动态属性]义,"用于V的N、进行V的N、作为V的N"恰是这种意义变化的验证框架。

2.3.2.2 提升的域外论元与定语动词的类

提升的域外论元包括“VP的”中提取出来的除潜主语之外的其他所有语义成分的类。其中由自指的“VP的”紧缩而来的V做定语的VN是典型的类指格式，因属于广义共现约束结构。由转指的“VP的”紧缩而来的V做定语的VN分为狭义共现约束结构与广义共现约束结构两种情形，狭义共现约束结构的典型性弱于广义共现约束结构。受事即使提升为域外论元，动词仍带有明显的被动意味，因此从人的施事能力延伸的程度上说，受事体现施事作用的能力最弱，最大限度地表现在借用施事的外力作用证明自己的受事身份这一类指意义上。而工具、材料、方式、处所、时间、原因、目的等论元都可以视为人的施事能力的延伸。如施事要借助工具、材料等完成动作，施事完成动作要采取一定的方式，要在一定的处所、一定的时间范围里进行，要有特定的原因和目的等。这些间接表示施事的语义成分与施事的作用的区别主要体现在两个方面：动词的[±时间性]与名词的[±有生]，前者具有[－时间性、－有生]语义特征，后者具有[＋时间性、＋有生]语义特征。但即使这些具有[－时间性、－有生]语义特征的域外论元比同样提升为域外论元的受事体现施事作用的能力强，如果建立一个施事作用能力强弱的连续统，施事与受事应该处于连续统的两端，中间的工具、材料、方式等依然能够再分。从提升前的动词结构也可以看出，工具、材料、方式等语义成分通常占据介词的宾语位置，与动词中心语不在同一层次上。受事却是动词的直接支配成分。概念距离的大小正好与施事作用的强弱成反比例关系。

科姆里(1989:231)给出一个生命度的基本等级序列：人类＞动物＞无生命物，张国宪(1997:178)将这一序列转化为语言学概念的生命度序列：指人名词＞其他有生名词＞无生名词，并指出高生命度名词首先激活动宾关系而抑制偏正关系，低生命度名词首先激活偏正关系而抑制动宾关系。我们把提升的域外论元类指格式大体列出如下一些情形，除提取的受事外，N都由无生名词充当：

8A)保护动物 检查内容 补充教材 移植器官 特邀代表 怀疑对象 攻击目标

8B)测量仪器 洗澡毛巾 奖励基金 照相器材 防毒面具 宣传标语 驾驶执照

8C)批发市场 学习园地 旅游路线 直播现场 指挥中心 传染病房 活动地点

8D)休息时间 放假日期 采访时机 承包期限 收获季节 写作过程 活动间隙

8E)生活方式 走路姿势 表现手法 游戏规则 选拔程序 结婚手续 观察角度

8F)研究目的 检查结果 作案动机 服务宗旨 居住条件 创作意图 弃权理由

8G)往返次数 参观人数 运动频率 种植面积 学习进度 奔跑速度 飞行高度

8H)喜欢程度 熟悉程度 稳定程度 重视程度 迷信程度 信任程度 下降程度

8I)报复行为 应变能力 翻译工作 租借业务 射门动作 生活问题 服务项目

8A)中的V代表了一个转指的“VP的”，N是从“VP的”受事位置提取出来的及物性关系成分。其余各类都可以变换为“VP的s＋N”，V代表了一个自指的“VP的”，N是由“VP的s＋N”结构紧缩而来的及物性关系成分。8B)中的N是动作的工具或材料，8C)中的N是动作的场所，8D)中的N是动作的时间，8E）中的N是动作的方式，8F）中的N是动作的目的、因果，8G）中的N表示动作的数量或度量，8H）中的N表示动作的程度，8I）是种比较开放的类，V和N可大致表述为具有“V是一种N”的属种关系，N大致表示动作的类属（参看齐沪扬等2004:82）。

2.3.2.2.1 提取与空位

提取的源结构具有转指性质，且源结构中一定有句法空位。动词的价是动词概念结构中能够出现的必有论元的数目，据我们观察，三价动词不能构成VN类指格式。源结构“VP的”只允许一个句法空位存在（因只能提取一个），可允许一个必有论元隐含，如“（ ）保护（野生动物的）组织”从空位中提取出施事成分，隐含受事成分；“（这个组织）保护（ ）动物”受事成分缺位，隐含施事成分。如要提取出与事成分，除非“VP的”中同时能补出隐含的动作者和动作对象。同理，要在三价动词结构中提取施事，源结构中必须同时隐含受事和与事；提取受事也必须同时隐含施事和与事。理论上只有在确定两个必有论元的前提下才能得出第三个必有论元的值，这在VN类指结构中事实上是不可能出现的。施事的提取有两种源结构位置：一价动词的施事位置与二价动词的受事位置。一价动词结构中只能提取施事的值，二价动词结构中有受事隐含，自然也会得出确定的施事的值。受事的值只能通过二价动词结构隐含确定的施事求得。

用这种方法来考察工具、方式、因果等语义成分，从句法结构上说，这些成分有些像是从介词宾语的位置上提取出来的。如：

用这种仪器测量土地→测量仪器 用这条毛巾洗澡→洗澡毛巾

通过这一手法表现主题→表现手法 从这一角度观察事物→观察角度

“仪器、毛巾、手法、角度”当然可以理解为从介词宾语的位置上提取出来的，提取后有指成分同样变成了无指成分，单指成分也变成了通指成分。但这一语义成分处于“VP的”的外层，跟我们定义的提取是有出入的。受事、施事也可以放在介词宾语的位置上，但必有论元与非必有论元与动词中心语的概念距离不一样，动词的概念结构容纳必有论元的值是确定的，而容纳非必有论元的值是不确定的。在一个二价动词构成的结构中，凭隐含的一个必有论元可以确定另一个空位的值，但非必有论元的空位却可以有n个，凭隐含的一个必有论元施事或受事自然得不出工具、方式、因果等语义成分的值，即使施事与受事同时隐含也不会求得明确的工具、方式、因果等语义成分的值，因为这些语义成分在明确了施事和受事的动词结构中可能同时出现而并行不悖。动作者与动作对象不同，动作的工具、方式、因果等语义成分的值也不同。这也许正是8B)、8I)中“VP的”表自指的原因所在。

除了必有论元，我们现在还无法说明同现的非必有论元中哪一个非必有论元离动词更近一些，或者说在动词概念结构中的位置更重要些，虽然客观上存在着这种排序的可能性。能够依赖的可靠点的证据首推句法结构的层次，成分距离的远近一定程度上标志了概念距离的远近，但这并不成为必然，因为每一种结构都有着概括的类的意义，都中和了不同的具体情形。VN结构把与动词概念距离远近不同的必有论元和非必有论元都放在与动词中心语等距离的成分位置上，使得这些语义成分都脱离了源及物性关系结构的作用限制或者说游离于源及物性关系结构之外，意义由具体的所指成为抽象的所指，原来自控度高低的不同趋于适中。VN结构中和了

“VP 的 t+N”和“VP 的 s+N”的区别，V 代表了一个转指的“VP 的 t”或一个自指的“VP 的 s”，这也是求得 N 的非及物关系成分的值的前提条件。

这时我们可以引入一个“非价论元”术语。通常论元都是及物性关系成分，在及物性关系结构中都有具体的所指。提取出来的施事、受事只有抽象的所指——类的意义，具体的所指交由句法空位实现，“VP 的 t+N”和“VP 的 s+N”实际上都是被“VP 的”消蚀掉及物性的非价组合，其语法意义可以概括为表示源及物性关系结构中某一论元的动态属性的类，“潜主语、潜宾语”也就成了非价论元。非必有论元工具、方式、因果等在源及物性关系结构中缺乏自己的位置，也就没有具体的所指，其及物性被占位的施事或受事成分消蚀掉了，在 VN 结构中只体现为抽象所指的非价论元。

我们之所以还用论元的名称指称 N 是因为 N 在 V 的概念结构中潜在的及物性关系成分的性质，类是具体的抽象，即使抽象所指也还是有所指。另外也有分析上的便利，凭动态属性我们可以分出每一种及物性关系成分的类来。非价论元是指与通常的论元性质有别的语义成分。

2.3.2.2.2　基于中和的动态属性框架

古川裕(1989:13)认为补充关系短语成立的关键不是 N 的抽象性，而是 N 类名词所具备的内容补充的吸引力的观点正好从另一个角度证明了从句法空位上提取出来的施事、受事与非必有论元工具、方式、因果等中和的可能性，即都可以用抽象所指作为共同的概括意义，成为被消蚀掉及物性的非价论元。我们以为 VN 的两种源结构不具有及物关系和补充关系的分别，两种源结构的共同性是做定语的 VP 都是自足的及物性关系结构，以此为标准可以分出与动作相关的每一种及物性关系成分的类来。两种源结构的区别是定语“VP

的”的转指与自指、提取与紧缩方式、必有论元与非必有论元的类别。

由两种源结构提取或紧缩而来的VN类指格式的概括意义可以用邵敬敏先生提出的“属性—实体”关系及“用于V的N、进行V的N、作为V的N”的动态属性框架来表示。这些属性框架都可以转换成“N是用于V的(进行V的、作为V的)”,只不过N需要由无指成分变成有指成分,通指成分变成单指成分。由此可见N的域外论元的类的性质:不同的及物性关系成分的类被中和成一种。前面我们举过例子,不赘述。

2.3.2.2.3　V和N的特征及类别限制

VN已知由两种源结构“VP的t+N”和“VP的s+N”演化而来,V是一个转指的“VP的”或一个自指的“VP的”的代体,应该同时满足:1. 动词的概念结构必须是个自足的及物性关系结构;2. 由动作义转为动态属性义,也就是由具体的动作转化为相关的行为内容。古川裕(1989:12)只认为“VP的s+N”中的VP与N之间具有补充关系,我们认为补充关系对于“VP的t+N”结构来说同样适用。N由一个转指的“VP的”结构中提取出来或一个自指的“VP的”紧缩而来,应该同时满足:1. N必须是动词的潜在的及物性关系成分,即能够从动词的概念结构中离析出来;2. N必须游离于源及物性关系结构之外,即由表示具体事物到表示该事物的类,从论元转化为非价论元。或者说从有指成分变成无指成分,由单指成分变成通指成分。

不符合上述特征的动词短语不具备VN的源结构性质。如:

游泳的孩子→*游泳孩子

喝了酒的晚上→那个喝了酒的晚上→喝了酒的那个晚上→*喝酒晚上

“游泳孩子”不合格是因“游泳”的动作义并没有消失。比较“游泳教练”，应该是“游泳的教练→负责游泳的教练”紧缩来的，“游泳”只是行为内容。“喝酒晚上”不合格是因为“晚上”的具体指称义依然存在，没有从论元转化为非价论元。

VN 类指格式同样表述为 N 的特征分类，VN 结构的形成从根本上说受 N 的概念结构限制。如“孩子”指儿童或子女，语义特征要求不能以行为内容为标准进行分类；“教练”指训练别人掌握某种技术或动作的人员，语义特征允许以行为内容为标准进行分类。袁毓林（1994[1998:8]）认为“VP 的 s＋N”中 N 所蕴含的结构化语义特征可用一个降级述谓结构来表示：

技术：经验＜某人 干 某事＞ 姿势：样子＜某人 干 某事＞
时候：时点＜某人 干 某事＞ 原因：条件＜某人 干 某事＞

具有这种结构化语义特征的 N 便要求以一个谓词性结构作为它的从属成分。但这只是 VN 结构成立的必要条件，即具备了这一条件未必一定能得出结论来。尹世超（2002：60～61）把能直接修饰“姿势”的可定动词称为姿势动词，姿势动词表示的具体动作的姿势是凸显的或可被凸显的，这些姿势是相对确定的或可成为被凸显的图景或目标，如“举手姿势、走路姿势”。如果动词表示的具体动作的姿势是相对模糊的、不太确定的、未被凸显或凸显不出来的背景，便不会进入姿势动词的类。如“＊振臂姿势、＊散步姿势”。如此我们可得出 V 和 N 的类别原则：

规则 1：N 是作为事物的种或属出现的事物名词，N 的概念结构中蕴含有结构化语义特征，往往体现为一个动作致使过程。

规则 2：V 的概念结构中能够离析出及物性关系成分 N，

且具有使N成为动作致使过程凸显或可被凸显的目标物的语义特征。

这样，我们可以通过名词的这一结构化语义特征分出相应的动词的类别。例如域外论元具有动作主体的语义特征，主体具有自主或非自主施加某种动作的能力，能凸显主体施加动作能力的动词可以进入域外论元类指格式：

参赛选手→选手具有参赛能力 辩护律师→律师是能够辩护的人

退伍军人→只有军人可以退伍 游泳教练→教练能够教授游泳技术

“教练”是训练别人掌握某种技术或动作的人员，讲究技术或动作特征的动作动词如“游泳、长跑、举重、射击、防守、进攻、扣篮、相扑、摔跤”等在这一结构化语义特征限制下自然聚合成类。反过来，动词的概念结构中能够离析出多种及物性关系成分，如果这些及物性关系成分能够成为这一动作过程凸显或可被凸显的目标物，同样聚合成相关目标物的类。如“游泳”的及物性关系成分能够成为这一动作过程凸显或可被凸显的目标物有“队、池、选手、协会、活动、能力、速度、本领、比赛、姿势”等。

同理，8A)中V作为代体的及物性关系结构可补出隐含的动作的施事成分和受事成分空位，V的及物性已经在这一及物性关系结构中消蚀掉了，提取出的受事成分不再表示具体所指，仅作为动作过程凸显或可被凸显的目标物存在。如“保护动物”——动物有被保护的必要；“移植器官”——器官可被移植；“攻击目标”——目标是实施攻击的对象。当然，“动物、器官、目标”首先都是动作的及物性关系成分，才会成为一个及物性关系结构求取的确定的值。

词类是词的语法功能的类，功能不仅仅是词所能占据的语法位置，共同的语义特征是类别成员联结的纽带。语法位置的类是大类，语义特征的类是大类中的次类或小类。语法分析和语法解释仅分出大类是远远不够的，每一个大类都不是一个内部均衡的类，只有次类或小类描写清楚了，大类语法位置的异同才能得到合理的解释，大类间的联系也才能被很好地揭示出来。尹世超(2002:61～63)把能直接修饰“程度”的 8H)组动词称为程度动词。程度动词的主体是心理动词，但不具有[＋程度]义的心理动词“同意、赞成”等因无程度可言不是程度动词，本身已有确定程度标记的心理动词“轻信、艳羡、溺爱、痴迷”等因程度不再具有可比性也不是程度动词。程度动词内部也不均衡，积极意义的动词多于消极意义的动词(“喜欢程度”高于“厌恶程度”)。形容词都有程度性，双音节形容词更容易和“程度”直接搭配(“困难程度、干净程度”)。语法的聚合系统实际上是语法位置类别为经、语义特征类别为纬交织在一起的一个网络系统。在这一系统中，每一个类别成员都因共同的语义特征而聚合，因不同的语义特征而分化。

2.3.2.2.4 个案之一:工具动词与工具名词

“工具”指进行生产劳动时所使用的器具，也比喻用以达到目的的事物。工具名词指称这些事物，能直接修饰工具名词的可定动词称为工具动词。工具名词蕴含一个结构化语义特征:器具(某人 干 某事 使用 某物)。这一语义特征蕴含了工具动词构成的及物性关系结构，这一及物性关系结构同时也是工具动词进入 VN 结构的允准条件。我们把 8B)再分为两类:

8B) a. 测量仪器 宣传标语 驾驶执照 运输车辆 探测火箭 演奏乐器

b. 通信电缆 绘图圆规 照相器材 防毒面具 攻城云

梯载人飞船

a中的V都是二价的，施事均为泛指的动作主体——“人”，受事都是确定的事物类别成员。b中的V都是动宾式合成词，受事是确定的，施事也是泛指的动作主体——“人”。相反，“走路、散步”施事也是泛指的动作主体——“人”，也同样需要工具——“脚”，但动词是一价动词，没有明确的受事与之共现，因而不是工具动词。语义特征差异是词类再划分的先决条件。

2.3.2.2.5　个案之二：场所动词和场所名词

场所指活动的处所，因而场所名词具有一个结构化语义特征：处所(活动事件 活动场地)。能直接修饰“场所”的动词是场所动词。我们列出如下一些场所动词：

办公 保健 赌博 锻炼 服务 购物 观摩 会面 活动
羁押 交易 经营 建筑 教学 加工 居住 就读 劳教
培训 栖息 倾倒 谈话 谈判 投资 讨论 屠宰 施工
试验 社交 饲养 销售 休闲 训练 演出 隐匿 营业
游乐 展览 作业

“场所”的语义特征要求动词是能代表一个活动事件的及物性关系结构，动词表示的事件往往需要一个公众的、较为固定的活动场所来进行，就是说，这些动词表示的活动的场地是凸显或可被凸显的。就凸显程度来说，凸显度高的场所可以称为“中心”，“中心”可以描述为能作为机构的“场所”，或更为正式的活动场所。凸显度低的场所可以称为“地点”，如一个人的办公处称为办公地点，一般不能称为办公场所。“地点—场所—中心”构成一个场地大小的连续体序列，场地大的“中心”凸显“大”，场地小的“地点”凸显小的“位置”义，如“降落地点、考试地点、隐蔽地点、观察地点、集合地点”等。“场所”

本就有大小之分，上面举的场所动词大多可以跟“地点”和“中心”结合。如小的“营业场所”可称为“营业地点”，大的可称为“营业中心”。也有的趋大，有的趋小。如：

购物地点—购物场所—购物中心 加工地点—加工场所—加工中心

＊建筑地点—建筑场所—建筑中心 ＊游乐地点—游乐场所—游乐中心

讨论地点—讨论场所—＊讨论中心 隐匿地点—隐匿场所—＊隐匿中心

朱德熙(1982:42～43)把处所名词分为三类：地名、可看成地方的机构和合成方位词，只有第二类“可看成地方的机构”中包含有场所名词。

8C)各例中的名词都是可以列入“地点—场所—中心”序列的场所名词。

2.4 区名结构

结构成分的性质与结构的性质及典型性直接相关。这一节里，我们把区别词的意义类别大别为两类三种：只有事物属性义的自源类区别词、既有指称义又有属性义的他源类区别词及只有指称义的非典型的他源类区别词。通过不同意义类别的区别词与所依附事物间的联系来考察区名结构的事物次范畴类别表达。

2.4.1 自源性和他源性

我们可以把语言中的词从语言符号生成角度分为自源词和他源词两大类。从符号学角度来说，自源词与客观事物现象直接对应，表述为能够直接记录客观世界的事物现象，他源词是从自源词中分化或派生出来的，表述为间接记录客观世界的事物现象。即自源词和他源词是由符号与客观事物现象的依存性程度划分出来的。自源和他源有程度上的区别，词类系统成员按自源性和他源性程度的不同形成一个连续统，名词、动词、形容词应该处于自源的一端，功能词应该处于他源的一端，副词、区别词处于连续统的中段，可描述为“自源/他源”。这只是各词类系统成员与客观事物现象联系疏密程度的大致情形。就名词、动词、形容词一端来说，名词语义上具有自足性，动词、形容词因表示事物主体的动作行为和性质状态变化语义上有了一定的依存性。就名词而言，具体名词与抽象名词自足性也不一样。谭景春(1998:368～370)把名词词义分为概念义和性质义，性质义从强到弱的序列是：抽象名词＞指人名词＞指物名词＞专有名词。性质义的强弱是语义自足性强弱的具体体现，抽象名词因性质义强一些语义的自足性自然会弱一些。功能词一般由自源词虚化而来，虚化流程可概括为语义自足性的范畴向语义依存性范畴的演化。如动态助词“着、了、过”都由动词演化而来，演化成功能词后语义依存于动词，表示动作的情态变化。介词也都由动词演化而来，至今有好多介词演化得并不彻底，依然兼有动词的用法。作为功能词的介词介引动作的各种相关的及物性语义成分。连词的情况比介词更为典型。如并列连词，上古主要有“与、及”，中古产生了“共、将”，近代产生了“同、和、跟”，汉语史上这些词都有介词和连词两种性质。王力(1989:156)认为“连词‘和’字应是由形容词‘和’字虚化而来的。最初虚化为介词。大约在唐代，‘和’字就被用作介词了。……由介词发展为连词，是很自然的事。宋代已经有了连词‘和’字”。刘坚和贝罗贝通过对“与、及、共、和、同、跟”等虚词语法化过程的分析，指出汉语并列连词是经过“动词→介词→连词”这样一条语法化链(grammaticalization chains)而形成的(转引自蒋绍愚、曹广顺主编 2005:189)。这就意味着连词比介词语义依存性的程度更高。

副词是只能做状语的词。我们将其描述为“自源/他源”词主要依据仍然是语义自足性的强弱程度和由此衍生出的合理推理，因为许多副词的来源描述并不充分，有些甚至无法作出进一步的证明，许多新兴的副词一开初就只是修饰词。但位置义本身自源性就处于弱化的过程中，前贤们对部分副词来源的描述可以很好地证明这一点。我们仅举太田辰夫(1958[2003: 254～255])中的几个例子加以解释。太田辰夫在谈到时间副词“已经、曾经、刚”时认为，“已经”和“曾经”是由动词短语演化来的，“已经”原来是两个词，是“已经过……”的意思；“曾经”在语源上大约是“曾经过”。“刚”在现代汉语中表示很近的过去，但原意是表坚强的形容词。它用做副词，就成了强、勉强、硬要、到底、偏偏等表示情态的意思，又由此而具有只、仅等表示强调指定范围的意思。以上那样的用法在中古、近古比较多。可能它变为表时间、表示“恰好”之意，然后具有现代汉语那样的意思。如下几个副词可以看做分别是由名词、动词、形容词演化来的：“顶”原来是头的最上部的意思，又指其他东西的最上部。它作为副词就用于“最”的意思(太田辰夫 1958[2003:250])。“很”原来是“违背”、“违逆”的意思，但宋金时用做“忿怒”、“凶恶”、“狠毒”的意思(太田辰夫 1958[2003:251])。“究竟”的原意是“究其极”，到达极点的意思(太田辰夫 1958[2003:257])。“居然”在现代汉语中是表示当初所预想不到的结果的副词，最早是“安然”之意。在中古也多用做“显然”之意(太田辰夫 1958[2003:267])。

区别词是只能做定语的词，我们同样描述为“自源/他源”

词。区别词曾经被视为非谓形容词，即大致源自形容词或是形容词的一个特殊的次类。事实上，名词和动词也是区别词的两个重要来源。吕叔湘、饶长溶(1981[1984:350～352])列举出的467个非谓形容词中，以名词、动词、形容词成分为基础的占了绝大多数。郭锐(2002:228)指出很多区别词来源于名词或动词的功能衰减。尹世超(2002:56)同样认为有些专定动词如“官办、国营、特约、特制、祖传、军用”等已向非谓形容词靠拢，或逐渐变为非谓形容词。我们能够很容易地举出名词成为专定名词进而变为区别词的例证。如“男、女”在语源上是典型的名词：

(30)女正位乎内，男正位乎外。男女正，天地之大义也。(周易·下经)

(31)男乐其畴，女修其业，事各有序。(三家注史记·卷六)

我们把副词、区别词描述为“自源/他源”词的另外一个依据是二者都不属于封闭的类或都不是完全封闭的类，这与功能词明显区别开来。区别词的能产性远高于副词，自源性自然也高于副词。

值得注意的是，历时的材料是自源性和他源性程度的最为可靠的证明。缺乏历时材料的证明很可能让我们在一些问题的处理上作出保守的估计，甚至得出与事实相悖的结论。例如与自源性或他源性相关的一个重要问题是同音词的范围。同音词中应该有一个是自源的，另一个是他源的，哪一个是自源的不好界定；兼类词和同音词的区别在于是否以相同的意义用于不同的位置，既是用于不同的位置，意义就不可能完全一样。那么意义的分别究竟大到何种程度便成为同音词，这都是些悬而未决的问题。吕、饶(1981[1984:355])因意义上的差别把“意外、国际、专业、高度”等分析为同音词，在定语位置上的是非谓形容词，在中心语位置上的是名词。朱德熙(1982:192)把以不同的意义和功能用于定语和状语位置上的“好、光、硬、老、白、直、怪”等处理为“应该说已经分化成不同的词了”，可见在朱先生看来，这些同音词原本应该是一个词。有分化就有他源词的产生，他源词也极有可能成为另一个他源词的源词。事实上，副词和区别词的“自源/他源”性质也注定了副词和区别词具有充当另一个他源词的源词的能力。吕、饶(1981[1984:356])指出，非谓形容词很容易转变成一般形容词，如“主观、客观、具体、抽象”等；郭锐(2002:229)对吕、饶列举出的344个较通用的非谓形容词进行统计后发现，有7.8%的词已经形容词化了。如果把名词或谓词的区别词化认为是名词或谓词的功能衰减，那么区别词的名词化或谓词化则应该是区别词功能的增殖或重行增殖。增殖着眼于区别词的自源性，重行增殖着眼于区别词的他源性，结果是相同的。名词化、谓词化、区别词化结果都是范畴发生漂移，表现为去范畴化。

如此我们把自源词与他源词的分别标准大略描述为：[±自足性]、[±中心语位置]、[±封闭类]。语义上自足性强弱与结构上是否占据中心语位置成正比例关系。副词、区别词不能占据结构的中心语位置，反过来也证明了不具有语义的强自足性；相对封闭的或相对开放的类，也凸显出了副词、区别词在自源性和他源性程度连续统中所处的地位。

2.4.2 事物的根本类别

我们把名词、动词、形容词的词义都分为概念义和性质义两部分，概念义表示具体的实体、动作、性状，分别具有空间性、时间性和程度性。李宇明(1996:6)指出非谓形容词处于名词、动词、形容词三大词类的临接点上，在空间性、时间性和程度性这三个维度上的值几近于零，因而可以较为灵便地从临接词类中直接吸纳自己的成员。这种从临接词类中吸纳过来的成员可以称为他源类区别词。李先生还列出了非谓形容词的另外两个来源：一是对临接词类的成员稍加改造变来的，如通过加上“色、性、型、形、级、等、号、单、双、多、非、不、有、无”之类的语素或通过动词短语紧缩而来的，这种成员带有半他源半自源的性质。这种成员实际是一种短语词，短语都有削弱空间性、时间性或程度性乃至使之消失的作用，如“走路”凸显行为本身，“走好”凸显动作结果，时间性相对“走”而言大大降低甚至消失。另一种是仿照临接词类的构词方式生殖出大量的新成员，如“空心、长途；银白、最后；临界、函授”等，这种成员带有自源性质。半他源半自源性质成员与自源性质成员都可以类推，成为区别词增殖的两种方式或途径。

事实上，他源类、半他源半自源的类、自源类只是一种粗略的划分。半他源半自源的类从根本上说也是一种自源的类，因为其已成为有固定形式的专职属性词。着眼于区别词实际上是概念义隐含性质义凸显的名词、动词、形容词，所以都可以叫做他源词或都可以叫做自源词。这样区分在一定程度上是为了叙述的方便。

性质义的凸显或激活似乎使得区别词更倾向于向形容词游移。但游移为形容词的区别词却是诞生出或激活隐含的性状概念义的结果，决定这种倾向的是区别词在词类连续统中的地位。张伯江(1994:342)以空间性和时间性为两极建立起“名词＞非谓形容词＞形容词＞不及物动词＞及物动词”的连续统恰能证明这一点，“相邻项目之间功能游移较为自然”。区别词同样会向名词、动词等其他词类游移。李宇明(1996:8)认为，“人们首先造出大量的非谓形容词，然后再依照这些词语的各自特点和一定的规则，逐渐把它们分派到不同的词类中”。[①] 分派的过程实际是性质义隐含概念义凸显的过程。游移方向根本上取决于区别词的功能增殖：诞生出或激活隐含的概念义的结果。

区别词意义上表示一种分类标准（参看朱德熙 1982：53），因而属事物的一种根本类别。不同意义类别的区别词构成的粘合式结构是事物性质的不同程度的次范畴类别形式。

2.4.3 他源类区别词结构与自源类区别词结构

区别词表示的事物性质是事物固有而并非临时赋值的属性。有些区别词只有属性义，这是专职的区别词，因意义的限制一般不会向其他词类游移。如“野生”的词义是“生物在自然环境里生长而不是由人饲养或栽培”，“临界”的词义是“由一种状态或物理量转变为另一种状态或物理量的”。有些区别词除了属性义之外还有指称义，属于多义词。如“专业”可指称学科门类，还有一个义项是属性义：“专门从事某种工作或职业的”；“直属”一个义项是“直接隶属”，另一个义项是属性义“直接统属的”。这种区别词才是我们所说的他源类区别词，其意义实际是因经常作为事物的属性标准而从名词、动词、形容词等源词词义中衍生出来的。

这样，从意义的参数出发可以很清楚地划出他源类区别词和自源类区别词的界限。如果一个词只有事物属性义，这是自源类区别词；如果一个词既有指称义又有属性义，这是他源类区别词；如果一个词只有指称义，应该属于非典型的他源类区别词。从这一标准出发，张伯江、方梅（1996：212）举出的

---

① 李宇明先生关于区别词来源的“临接点”说与分化的“分派”说和张伯江先生的连续统说虽不谐和，但方向并不相悖。向动词“分派”不需要形容词的中介，连续统说却并不如此。

“名词用做非谓形容词”的五个例子便是他源类区别词的两个小类：“义务劳动、专业水平”中的“义务、专业”属他源类区别词，其中“义务”从“公民应尽的责任”中衍生出属性义“不要报酬的”，“专业”也有指称义和属性义。而“学院风格、嘉宾主持、友情出演”中的“学院、嘉宾、友情”并未衍生出相应的属性义，应该是非典型的他源类区别词。

需要注意的是，他源类和自源类区别词是由区别词本身的自源性或他源性程度区分出来的。与事物对应的符号是自源性的，与事物属性对应的符号的自源性自然不能与前者相提并论。放在整个词类系统中进行考察与个体本身的“自源性/他源性”程度考察结果虽并不相同但却相辅相成。

我们把俞士汶等(1998:344～347)所载“区别词表”中的198个词按上述标准作一分拣，主要依据《现代汉语词典(修订本)》释义。

a. 只有事物属性义的(83)：

半自动 边远 编外 便民 便携式 长期 常务 超级 次要 大型 电动 独资 短途 多边 恶性 高能 高射 高效 公共 公有 固有 国产 后备 后起 活期 甲等 甲级 加急 巨型 绝密 军用 空心 立式 良性 临界 民事 内向型 亲生 轻型 全天候 日常 实心 上等 特等 天然 同步 同等 外来 外向型 微型 唯物 唯心 无轨 无机 无名 无期 无线 无烟 下等 现行 小型 随身 新兴 袖珍 野生 业余 一贯 异步 隐形 硬性 优质 有机 有色 有生 有线 远程 真正 直辖 中档 中等 中级 重型 自动

b. 只有指称义的(85)：

彩色 草绿 次等 程控 初级 大红 单轨 单面 单色 单向 淡红 低频 短期 鹅黄 额外 反面 仿生 仿宋 粉白 粉红 高寒 高频 盥洗 光电 国营 候补 混纺 机电 酱紫 旧式

巨额 巨幅 科普 老式 离心 历次 劣等 劣质 烈性 临床 孪生 裸体 麻纺 毛纺 棉纺 民办 母系 男 男式 嫩绿 女 女式 前任 青绿 轻量级 全盛 日杂 深灰 深蓝 深色 适龄 首任 双面 双重 私营 特级 特种 微量 伪劣 卫戍 五金 西式 消防 杏红 杏黄 雄性 医务 银白 银灰 优等 原版 远洋 枣红 中式 专项

c.既有指称义又有属性义的(30):

长篇 长途 初等 从业 定期 定向 短篇 高等 古典 黑白 急性 金 精装 立体 慢性 平装 切身 人工 首要 特定 头等 头号 五彩 现任 现役 新型 信托 银 应届 中篇

区别词当然远不止这些,所有的区别词都可以归入上述三类。分拣更多地迁就词典释义。如“中式”词典释义是“中国式样”,便归入b类,这样能更好地说明词源。分拣的另一个参照标准是是否能够占据结构的中心语位置。我们可以作出合理的推测,许多名词、动词、形容词都可以表示事物属性,分别可以称为可定名词、可定动词、可定形容词,其中的一部分由于去范畴化的作用变成了专定名词、专定动词、专定形容词,这便是b类区别词的由来;b类词由于属性侧面的凸显继而引申出固定的属性义义项来,前提是源词在其他情况下还可以恢复其空间性、时间性或程度性,这就是有人称之为兼类的c类词;a类词可以视为专用的属性词,语言系统中缺乏合适的表示事物属性的源词,客观上是为了填补空缺而继起的。三类区别词都有向临接词类游移的可能。区别词可以分为不能带“的”、必须带“的”与两可的情形三个小类(参看齐沪扬1998:238~249)。一般说来,带“的”的成分距离远,相应的概念距离也大,这些区别词最容易向临接词类游移。如“心爱、赤贫、绝妙、无限、正当”实际已经形容词化了。也有的从区别事物属性游移到与事物属性相关的动作行为,如“共同、长期、局部、自动、一贯、空前、硬性、正式、多边、单方面”等，也就是朱德熙（1982：53）称兼区别词和副词的一小部分。这种游移方向的一个间接的证明是中心语动词一般是动性较弱的动名兼类词，如“共同协商、长期合作、自动进行、局部解决、一贯表现、空前团结、硬性规定、正式谈判、多边贸易、单方面处理”，实际是区别不同的行为类型，因这种“区动”结构带宾语的能力已处于一个极低的水平。区别词向临接词类游移的可能性程度大小序列大致可描述为：必须带“的”的＞可带可不带的＞不能带“的”的。据齐沪扬（1998：246）统计，大部分区别词属于可带可不带“的”的情形，这也说明区别词内部成员具有两个相对性特征：性质及数量的相对稳定和游移的相对活跃。

2.4.3.1 自源类区别词结构

只有事物属性义的a类区别词是描述事物属性的专职成员，做定语没有必须带“的”的情形，能够带“的”的是已经具有游移倾向或处于游移状态的区别词。

自源类区别词具有很高的能产性。一个显著的特征是结构的定型化。吕、饶（1981［1984：350］）列举出的［X式］、［X型］、［X性］、［X色］、［X等］、［X级］、［X号］、［（数）X］、［单、双、多X］、［有、无X］、［不、非X］等都属于这种情形。这种定型化的结构双音节的带“的”不带“的”比较自由：

大型设备——大型的设备 烈性炸药——烈性的炸药
上等中药——上等的中药 新式衣服——新式的衣服

三音节或多音节的一般不带“的”：

喷气式飞机 建设性意见 瘦肉型猪 SⅢ型细菌 R突变型品系
出口导向型经济 后轮驱动型车辆 技术资本密集型产业

两个多音节区别词修饰同一名词时前一个带不带“的”比

较自由：

“V”字型白色斑带 广谱型的杂食性动物

名词带不带“的”做定语的偏正结构有两点不同：其一是在意念上是否是一个整体；其二是有些偏正结构有属性关系和领属关系的区别，如“中国历史”与“中国的历史”（朱德熙1982：143～144）。李宇明（1996：2）进一步描写为属性关系与非属性关系的区别，非属性关系除领属关系外，还包括方所关系（“房子的外面”）、衡量关系（“电杆的高度”）等等。非属性关系的定语名词依然具有空间性特征。区别词带不带“的”做定语都表示属性关系，空间性、时间性或程度性的值几近于零，不同的只是在意念上是否是一个整体而已。不能带“的”的虽然有音节等其他方面的限制，关键的因素是人们将其视为意念上的一个不可分割的整体，如果用临时组合的形式表达出来不符合人们的认知习惯，所以只用与词长相应的结构形式表达出来。区名结构只表示属性关系，通常有采用粘合式结构表达的强烈倾向。如：

男医生 副科长 本校 逆（方）向 必修课 勘误表 次生林 五金（商）店 临界点 T型台 无机物 常务市长 有期徒刑 恶性肿瘤 绝缘材料 非婚生子女

自源类区别词另一个显著的特征是仿词性，即仿照临接词类的构词方式生殖出大量的新成员。往往是以一个反映事物共同特征的语素为中心辅以另一反映事物区别性特征的语素构成的结构，所以一般是成对或成组的。如“专职—兼职、空心—实心、长期—短期、活期—定期、突发—偶发、唯物—唯心、手动—电动、外在—内在—潜在、铁制—铝制—木制、野生—水生—胎生—孪生—亲生”等等。仿词性也体现了自源类区别词的继起性。

自源类区别词中有些成组的似乎带有某种程度意义，如“上等—中等—下等、大号—中号—小号、高级—中级—初级—低级”，但都表示相对的固定程度区间或程度区间上的固定参照点，并不体现程度变化，与形容词做属性定语体现出来的程度值有着本质的不同。

自源类区别词可以描述为事物的专有属性词，尤适宜事物次范畴类别表达。“金镯子”与“木头桌子”虽都是事物的材料类别，但名词“木头”潜在的概念义或相对个别性总能唤起人们关于事物关系的联系，即使“木头”的性质义是“桌子”的属性常态。他源类区别词结构也是如此。如“裸体照片”中“裸体”仍会使人产生事物形体联想。自源类区别词结构并不如此。同样是事物的本质属性，我们仍然可以设定“外在性—外在/内在性—内在性”这样一个连续统来描述不同意义类别的区别词与所依附事物间的概念距离的远近。名词、动词、形容词等充任的粘合定语具有外在性，他源类区别词定语具有外在/内在性，自源类区别词定语具有内在性。这种性质同样可以表述为名词性粘合式结构的性质，依此也能建立起次范畴类别表达形式的典型性层级序列。

加“的”与不加“的”的区名结构表达形式与说话人的主观认定有关。说话人用粘合式结构表达形式，主观上已经有了事物次范畴类别的认定前提。如果没有这一前提，则自然采用加“的”的组合式结构表达形式。需要说明的是，组合式结构中的区别词同样具有区别作用或分类性，但属性义的临时分类性更为凸显。

2.4.3.2 他源类区别词结构

b、c类区别词我们称为他源类区别词。他源类区别词是临接词类去范畴化或游移的结果，与做属性定语的名词、动词、形容词的区别在于空间性、时间性或程度性的存在与否。

他源类区别词也有两个显著特征。其一是去范畴化的结果夯实了他源类区别词的词类地位。源词的概念义消失性质义凸显,这一表义形态常态化使得源词的位置渐趋固定化,逐渐成为了专职的属性词。如"孪生"原为动词,现已区别词化了:

(32) 神武尝将西讨出师,后夜孪生一男一女,左右以危急,请追告神武。(唐·北齐书)

(33) 至南济王奂妻殷氏,孪生二子,曰融曰琛。(明·万历野获编)

(34) 公主很害怕,托病住进王宫,一次生下一对孪生女。(民国·古今情海)

可以表示事物属性的名词、动词、形容词虽然做定语时同样不再具有空间性、时间性或程度性特征,但并非如区别词只有做定语的单一功能,其他位置依然是其典型分布情形。检验是否区别词化了的标准只能是分布,不能以定语位置上的名词、动词、形容词的空间性、时间性或程度性特征的是否存在作为区别词化的依据。李宇明(1996:3)已经证明了名词做属性定语不再具有空间性。空间性检验的通常方式是看名词前能否加上量词短语。"这所学院的风格、那个儿童的服装"加上量词短语后修饰关系不再是属性关系而成了领属关系,"这个木头茶几、那座水泥建筑、那位问题少女、这种拳头产品"量词短语修饰的是中心语而不是定语名词,从量词的选用上也可以直接显示出来。可见,区别词化了的临接词类不仅失去了空间性、时间性或程度性特征,也失去了除定语外的所有句法位置。

另一个显著特征是,一部分区别词由于潜在的概念义的作用会重行向临接词类游移。游移的方向大体是向源词回溯，即：

名词→区别词→名词：彩色 单色 短篇 活期 名牌 优等 甲等 局部 原版

动词→区别词→动词：特制 特邀 超龄 上行 心爱 有关 无益 专用 祖传

形容词→区别词→形容词：独特 绝妙 天然 金黄 赤贫 主要 永久 真正

但并不成为必然。如“裸体”原为动词：

(35)乃出门，即见前鬼，髡头裸体，背尽疮烂。（太平广记）

(36)衡当面脱下旧破衣服，裸体而立，浑身尽露。（三国演义）

经区别词化的“裸体画、裸体模特、裸体镜头、裸体照片、裸体浴场”后，固定化了的属性义竟成为名词化的基础，或者说填补了名词性质义的空白：

(37)天成生平第一次目睹女人的裸体是在那天夜里。（曾明了·生死界）

(38)我们用床单裹着裸体抽烟，烟雾适时地填补了眼前的空白。（卫慧·上海宝贝）

而源词表示动作概念义的潜在作用也成为“裸体”副词化的语义基础，如“裸体出镜、裸体游行、裸体修炼、裸体登场”。由动作而方式是一种去范畴化过程，中间经过一个属性化了的去范畴化阶段是自然而然的。再如“兼职”：

(39)立颖为皇太弟，都督中外诸军事，兼职丞相。（两晋演义）

经区别词化了的“兼职教授、兼职人员、兼职工作”又开始向名词（“作兼职”）、动词（“到基层去兼职”）游移。

“正宗”原指佛教各派的创建者所传下来的嫡派，后来泛指正统派。衍生出另一个义项是“正统的、真正的”，区别词化为“正宗货、正宗品牌、正宗画系、正宗火锅”后，因属性义的固化开始向形容词游移（“不正宗、很正宗”），同时保留了名词的弱空间性特征（“标榜为正宗、谁是正宗”）。c类区别词因属性义的固化往往极易形容词化。

由此看来，他源类区别词游移的方向主要有两个：因属性义固化的形容词化[①]和因指称义显化的源词化。源词化经过了一个区别词化的中介，表现在属性特征成为源词化词的词义的有机组成部分，这使得源词化词在词类连续统中的位置有些飘忽，也成为兼类词形成的重要机制。

他源类区别词潜在的游移特性也证明了与所依附事物的“外在/内在性”联系。“外在性”的存在使得他源类区别词粘合式结构表达的次范畴事物类别附着上区别词源词的某些抽象的概念义特征。如“卫戍部队”是以某种专职行为为职责的部队，“孪生兄弟”有行为方式的背景，“劣质酒”质量低下，“黑白电视”有颜色的客观认知基础，“专项资金”有特定项目存在的背景等。

他源类区别词粘合式结构又如：

急性病 消防队 首要问题 五彩广场 私营企业 混纺产品 切身利益

---

① 张国宪（2006d：51）认为区别词形容词化的表征表现为：1）语义上获得了程度性，其形式表征是可以受程度词的修饰；2）句法上获得了谓词性，具有充当谓语的资格。

2.4.4 区名结构典型性描述

自源类区别词是区别词家族里的典型成员，指称事物特征而并非指称事物现象的意义限制使得自源类区别词功能游移发生的概率大大降低，从而成为区别词的核心部分以及区别词的类别基础。他源类区别词潜在的指称事物现象的能力是其功能游移以及词类典型性程度弱化的根本原因。

自源类区别词一旦发生功能游移，只有属性义固化这一单一的游移方向，游移结果要视词的事物特征义向什么样的事物现象义转移而定。

区别词的典型性与区名结构的典型性直接相关。自源类区别词与所依附事物间的“内在性”意义联系、他源类区别词与所依附事物的“外在/内在性”意义联系，使得自源类区别词粘合式结构较之他源类区别词粘合式结构在表达事物次范畴类别形式上更为典型。二者同属于事物的根本次范畴类别表达形式或专职化了的次范畴事物类别表达形式。不同的是，自源类区别词是先天性“专职”的粘合式结构组成成分，他源类区别词是后天性“专职”的粘合式结构的组成成分。

第三章

动词性粘合式结构

动词性粘合式结构是行为的次范畴类别表达形式。行为依附于事物，事物的行为有不同的语义次范畴类别，如行为方式类别、行为原因类别、行为结果类别、行为方向类别、行为工具类别、行为目的类别等，可统称为行为情状的次范畴类别表达形式。如"电话联系、悲情出演、凉水洗、吃劳保"是行为方式类别，"义释、观光旅游"是行为原因或目的类别等。我们只就朱德熙(1982：§8.3、§9.2)界定的粘合式述宾结构与粘合式述补结构进行讨论，前者因行为与关涉对象的联系称为行为对象类别或现象结构，后者因行为与致使结果的联系称为行为结果类别或事件结构。结构的范畴化与动词的情状类别、结构组成成分的性质及组配形式的句法语义特征都密切相关。结构范畴化的结果可以通过结构的识解与结构的出现环境等进行规则化验证。

3.0 动词的情状分类与动作的性质描述

3.0.1 动词的情状分类

动作的主要特征是占据时间。人们很早就注意根据动作发生的时间与说话时间的关系来考察动词的状态和方式等的情状意义，由此得出动词的情状意义类别和相应的动词句式类别。尽管类似的研究仍在继续，但人们毕竟还是在一些基本问题上取得了可喜的共识。我们把泽诺·万德勒(1967)著名的情状类型四分与沈家煊(1995)的分类对比如下：

泽诺·万德勒(1967[2002:173～174、181])：

活动词项：跑步、推车　不要求一个独特或确定的时间段

目标词项：跑一英里、画一个圆圈　要求一个独特或确定的时间段

成就词项：到达、赢得、发现、认出　要求独特、确定的时刻

状态词项：知道、相信、爱　不要求独特、确定的时刻

沈家煊(1995:375)：

延续动作：架着、吃着、盛着　没有终止点 排斥数量词

活动：架、吃、盛、飞　任意终止点 可带数量词

事件：架好、吃了、飞进来、盛碗里　自然终止点 要求数量词

定时动作：吃吃、架一架、盛一下　固定终止点 排斥数量词

两种分类用的标准大体上都可以归结为不同动词的时间性特征差异。不同的时间性特征构成了动作的有界和无界或个体和非个体的对立。“有界动作在时间轴上有一个起始点

和一个终止点，无界动作则没有起始点和终止点，或只有起始点没有终止点。”（参看沈家煊 1995:370）上述两种分类中，成就词项与定时动作相当，沈先生指出静态的存在（表示“有炮”意思的“架着炮”）跟动作在时间上的有界无界没有什么关系（沈家煊 1995:375），状态词项如“知道、相信、具备、拥有、欲望、要某种东西、喜欢、爱或恨一个人、统治”等，沈先生没有列入四类之中，万德勒也指出状态动词和一部分成就动词根本不意指行为和行动（参看万德勒 2002:181）。跟动作在时间上的有界无界有关的动作行为的性质类别，沈先生分为活动和事件，活动是没有内在终止点的无界动作，事件是有内在终止点的有界动作（参看沈家煊 1995:372）；万德勒分别称为活动词项和目标词项。需进一步加以解释的是延续动作与定时动作的性质。我们首先界定如下两个概念。

3.0.2 认知域和识解

所谓认知域是指人在确立一个概念时要凭借的涵盖这一概念的一个较宽泛的概念领域（沈家煊 2004a[2006:178]）。“识解”指人根据自己的视角和注意强度在一定的概念域内对客观事物和情状的认识和解释（Langacker，1987/1991vol. 1:128）。在不同的认知域中，同一个语言单位可以被识解为具有不同的性质。如在“动作”的认知域内，或在词组这个层面上，“吃了苹果”相对“吃苹果”是有界动作；在“事件”的认知域内，“吃了苹果”相对“吃了苹果了”或“吃了一个苹果”是无界的事件。（参看沈家煊 2004a[2006:182]）沈先生所谓的无界的事件事实上也可以说成有界的活动。沈先生进一步论证了“有界/无界的匹配原则”：动作有界，受动作支配的事物相应地也按有界识解；动作无界，受动作支配的事物相应地也按无界识解。反之亦然（沈家煊 2004a[2006:188]）。根据匹配原则，无界动作与无界事物构成的一个单位是无界的活动，有界动作与有界事物构成的一个单位是有界的事件。无界动作与有界事物或有界动作与无界事物构成的一个单位则是带有活动性质的事件或带有事件性质的活动，表现为一个粘着的句法结构，其中的有界动作或有界事物形式上带有有界性成分（能使谓语有界化的成分称为有界性成分。所谓有界性成分就是从结果、程度、状态、时间、空间、次数等方面对谓语中心词进行限制（石毓智 2000a:152）。除体标记外，石毓智还例举了其他一些有界性成分如结果补语、数量词语、介词短语、重叠式、时间词、动量词等（石毓智 2000a:153）。如：

吃	苹果	吃了	苹果	吃	一个苹果	吃了	一个苹果
无界	无界	有界	无界	无界	有界	有界	有界

粘着的结构式“吃了苹果”与“吃一个苹果”因动作和事物有界无界性质的不匹配而成为有界的活动或无界的事件，动作虽有一个内在的终止点但还没有实现为实际的终止点，这种粘着的结构式也就不能实现为一个完整的事件。胡建华、石定栩（2005:45）从形式语法的角度来解释完句条件，认为无界动作和无界事物都还没有受到约束，即都含有没受约束的自由变量（free variable）。名词词组在没有受到约束之前只能表特性，不能指称个体；动词词组在没有受到约束之前也只能表特性，不能指称事件或状态。所谓句子不自足，从语义上讲，就是句子中含有没受约束的自由变量；从句法方面讲，就是句子含有没被允准的指称特征。“了$_1$”可以约束动词中的事件/状态变量，但却无法约束其辖域之外的其他变量；“了$_2$”才以整个结构为其辖域，可以约束辖域之内的所有变量。如“吃了苹果”与“吃一个苹果”乃至于“吃苹果、吃”加上“了$_2$”后都成为自足的句子，因“了$_2$”辖域内的自由变量都得到了约

束。"了$_2$"有决定全句语气(性质)的作用,与"了$_2$"完句作用相同的因素如(1)中的假设条件、(2)中的对举格式与(3)中的助动词等:

(1)当行军在荒僻不毛之地,士兵不喝足水,他自己就不走近水源;士兵不吃饱饭,他自己就不吃饭。

(2)指战员饿了吃野菜,渴了喝凉水。

(3)通过电脑网络,人们足不出门就可以看电影、听音乐、订机票、读报刊。

接下来的另一个问题是确定完句的性质。我们首先将否定的性质作为一个重要的参数。石毓智(2001:27)在论述"语言的否定不是完全否定,而是差等否定"时区别了定量词和非定量词、连续量词和离散量词两组概念。差等否定的含义"要求所否定的概念在量上必须具有一定的伸缩性,即能够表达在一定的数量幅度上变化的义项,以便能够容下被否定后的义项'少于、不及'"。石毓智把这种在量上具有一定伸缩幅度的词称为非定量词,该类词都可以用"不"或"没"否定,从而将其肯定式变为否定式。那些在语义上只表示一个点的词,没有空间容下否定后的含义"少于、不及",就称为定量词,它们都不能用"不"或"没"将其肯定式变为否定式。石毓智(2001:32)进一步给非定量词定性,离析出离散量和连续量两种基本特性。"凡是具有明确的个体,或者其成员具有明确的边界,可以用自然数自由称数的对象,称作具有离散量的语义特征。""没有明确的个体,其构成部分之间边界交叉,只能被模糊量的程度词修饰,称作连续量。"(参看石毓智 2006:292)定量词在语义上只表示一点,没有量变,也就无所谓连续性或者离散性;非定量词在量上具有一定的伸缩性,有量变的意义,才谈得上连续性和离散性。用定量和非定量的概念来鉴别哪些词可以自由地用于肯定结构和否定结构;哪些词只能用于肯定结构,不能用于否定结构。然后用离散量和连续量的概念来考察“不”和“没”在否定非定量词时的具体分工:“不”只能否定连续量词,“没”只能否定离散量词。或者说,“不”专门否定无界成分,“没”专门否定有界成分(沈家煊 1995:375)。我们把都具有离散量语义特征的动作和事物组合而成的句子称为事件句,否则就是非事件句(参看沈家煊 1995:374)。(1)、(2)、(3)只能在非事件句中得到识解,因变换为否定形式都用“不”而不用“没”。(1)本身就是否定表达,(2)、(3)否定变换式为:

(2′)指战员饿了也不吃野菜,渴了也不喝凉水。

(3′)不通过电脑网络,人们就不可以足不出门看电影、听音乐、订机票、读报刊。

(1)还有另一种否定形式(1′):

(1′)当行军在荒僻不毛之地,士兵没喝足水,他自己就不走近水源;士兵没吃饱饭,他自己就不吃饭。

这固然因为“喝足水、吃饱饭”是无界事件结构或有界动作结构。由于“视角”(perspective)的原因,用“不”时观察者的注意力集中在无界事物“水、饭”上,相应地,有界动作“喝足、吃饱”都被识解为具有连续性质的一个完整的动作过程;用“没”时观察者的注意力集中在有界动作“喝足、吃饱”上,相应地,无界事物“水、饭”也都被识解为具有离散性质的个体事物。但同是无界事件结构“走近水源”却只能被识解为具有连续量语义特征的结构。“喝足水、吃饱饭”处于偏句,“走近水源、吃饭”处于正句,很显然这是整个非事件句的性质左右了观察者的视角的结果。这说明假设条件以及对举格式、助动词等跟“了$_2$”的性质一样,都是以整个句子为其辖域的高层次的完句成分。

“了$_2$”作为完句成分的另一个证据是“了$_2$”并不能决定整个辖域结构的性质。“吃了饭了”通常被识解为事件，“吃了一碗饭了”只能被识解为事件，后者的离散性更强，决定这一性质的显然是动作和事物的有界还是无界以及识解的视角。“吃饭了”只能识解为非事件句中的祈使句，也是由于无界动作与无界事物共同作用的结果。

3.0.3 动作的性质描述

有界无界只是非定量词的分别，活动动词、事件动词是典型的非定量词。延续动作动词、定时动作动词以及状态动词也都在定量词的范围之内，因上述动作或状态都不排斥否定的可能。

差等否定是一种相对否定，可以是对动作起始点的否定，这可称为根本否定，因根本没做某个动作；可以是对动作终结点的否定，可称为非根本否定，因不是根本没做某个动作，而是停止做某个动作；可以是对整个过程的否定，可称为完全否定；可以是对整个过程中的部分进行否定，可称为过程否定。我们可以在时轴上标出这些分别：

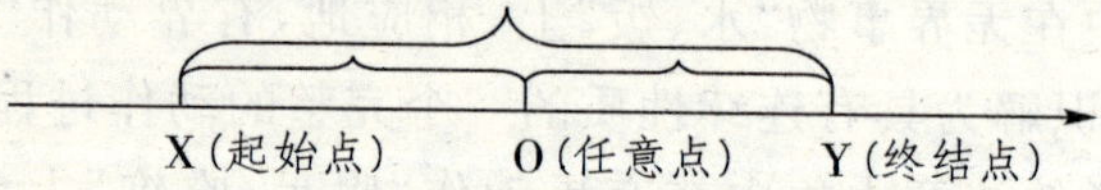

根本否定：不喝（对“X”的否定）

非根本否定：不喝了/没喝（对“XO”的否定）

完全否定：不喝足三碗不能坐下（对“XY”的否定）

过程否定：没喝足三碗（对“OY”的否定）

活动动词表示的动作在时间上有一个任意的终止点，不排斥数量：

架炮n天/n次，终于架好了

活动动词和事件动词都不排斥动量表达形式，但有界动作可在一次动作过程中重复计量，如“打了四圈牌”少一圈都不能算构成了这一次“打”的完整过程。活动动词不能在一次动作过程中重复计量，只能表述为n个一次动作过程。“想回家（1次）、常想回家（n次）、想家想了好几次（每一次都是想家）”。由此可知“打了几圈牌”与“打牌打了几圈”是不同性质的动量表达，前者属事件，后者属活动。由于无界动作不具备可重复性，其原型的动量表达形式可表述为n＝1，即在一次动作的时间上任意分割，得到的都是一个同质的动作。有界动作具备可重复性，在一次动作时间上可分出若干个异质的动作过程来。区别如下：

无界（活动）：1×1×1×……n（连续性、同质性）（n＝1，任何一次都具有n次活动的特质）

有界（事件）：1＋1＋1＋……n（离散性、异质性）（少任何一次都不能叫n次）

就否定的性质而言，无界动作的否定是根本否定，有界动作的否定包括非根本否定、完全否定和过程否定，因都蕴含终结点Y。

延续动作在时间上没有一个内在的自然终止点，句法标记形式是“在”或“着”，如“在想、想着、想着想着”，可与时量宾语同现，表示动作持续的时间。宾语可以是无界形式，也可以是有界形式，因而可有无界、有界两种识解结果。如：

在想事情呢/吃着饭呢/正想着今天发生的一切/正吃着一块红薯

“着”有两种语法意义：表示动作进行的“$着_1$”与表示状态持续的“$着_2$”。“$着_1$”能跟“在”共现，不能跟“已经”共现；“$着_2$”能跟“已经”共现，不能跟“在”共现。木村英树（1983：25）比较了这一互补对立情形，认为“着$_1$”与“了”一样都是指“已然”的时态标志（跟“相对时现在”同时发生的动作或变化和在“相对时现在”之前发生的动作或变化都属于已然），而“没(有)”表示事情在“已然”时没有发生，所以“着$_1$”和“了”也不与“没(有)”共现，“着$_1$”和“了”是肯定已然标志，“没(有)”是否定已然标志。“着$_1$”与“没(有)”这种处于同一对立统一范畴中的性质让我们有理由相信含有“着$_1$”结构的事件性质，但这种事件性质与含有“着$_2$”结构的事件性质又有程度上的区别。“着$_2$”表示动作完成后的状态的持续，木村(1983:25～28)把它看成时态词尾和结果补语之间的过渡成分，把“着$_1$”与“着$_2$”的区别看成未完成体与完成体的对立。① 如果把“着$_1$”结构看成不完整的事件结构或无界的事件结构（因延续动作的连续性质），“着$_2$”结构则应是较完整的事件结构。“着$_2$”可与“没(有)”共现，“山上没有架着$_2$炮”的否定形式属于一种非根本否定。但典型的非根本否定是对动作开始到说话时刻的动作过程XO的否定，这种非根本否定是对动作过程中的任意点O的否定。着眼于“着$_1$”结构与“着$_2$”结构的内部同质性和外部异质性，可分别视为n=1的不完整事件结构和较完整事件结构。杨成凯(2002:6～11)指出一个占据时间段的事件把时间轴分割为事前、事间、事后三个阶段，动词加上“在/着”表示处于事间阶段。并指出存在占据一个时间点的事件，只不过只有事前和事后两个阶段，二者之间有一个变化过程。这支持我们的看法。

如果据动作的性质建立一个连续统的话，“着$_1$”结构与“着$_2$”结构应该处于活动和事件连续统靠近事件的一侧：

---

① Li和Thompson(1981)把未完成体与完成体的对立看成体标记“在、着”和“了”的对立（参看Timothy Light1991:18）。

活动　　“着$_1$”结构　“着$_2$”结构　事件

有固定终止点的定时动作“VV”、“V 一 V”和“V 一下”均表动量小，均可在事件句和非事件句中得到识解，排斥泛指的“一、两”外的其他数量成分。表示未然动作时都要求出现或隐含有界事物宾语，如：

(4) 到了珀斯，别忘了去看看黑天鹅。

(5) 这一两天，你抽个时间陪我到机车厂看一看专列。（杜卫东·开国第一反敌特行动）

(6)我不相信这种法令有什么好处，请你们商议一下改变的办法。

(7)你到厨房里去看一看。（曹禺·雷雨）

宾语的有界性也证明了“VV”、“V 一 V”和“V 一下”的有界性。在表示未然动作时这三种表达形式都只是表示具有动量小的语法意义的 V 的离散性质，或凸显的是 V 作为一个离散性质动作的共性，不凸显时量大小区别，句法表现为三种表达形式可以互换。而在惯常句和表示已然动作的句子里时量大小的区别会被凸显出来。“V 一下”—“VV”—“V 一 V”在时量上构成一个由小到大的序列，三种表达形式一般不能互换。如：

(8)此猖獗肆行，是因为它们能够不断地发生变异，每一至两年就会改变一下，令人防不胜防。

(9)除了会客，念念经，打打坐，在家里一句话也不说。（曹禺·雷雨）

(10)方太太独自在屋中，拿起茶壶倒倒，没有茶！（老舍·方珍珠）

(11)二贵跺跺脚,喷出唾沫星子说。(梁斌·红旗谱)

(8)、(9)是惯常句,(10)、(11)是表示已然动作的句子。惯常行为排斥有界事物宾语,如(9)中的"念念经,打打坐"不能说成"*念念一段经,打打一会儿坐",(10)中的"倒倒"不能说成"*倒倒一杯茶"。这跟未然动作的情形不一样。如果把惯常行为、已然动作和未然动作都看成以整个句子为其辖域的高层次的完句成分,可以看出未然动作、已然动作能够容纳定指性质的宾语,如(4)可说成"别忘了去看看那些黑天鹅",(5)可说成"看一看那趟专列",(11)中的"跺跺脚"宾语是规约性的,如换成非规约宾语组合形式"跺跺地、跺跺门"会清楚地看出宾语的定指性质。而惯常行为只能容纳无指性质的宾语。原因可能是凸显时量的大小已经让动作的赋量(量的赋值)得到满足,而未然动作、已然动作赋量不能在动作内部得到约束,只能通过有界宾语的形式得到满足。一般来说,在动作内部得到满足的赋量形式因时间的凸显动词的离散性质强,反之,动作往往被视为一个整体,动词的连续性质就强。惯常行为属于可能世界领域,未然和已然动作属于现实世界领域,可能世界领域的量是一种虚拟的量,或者说动作需要以什么样的量形式实现;现实世界领域的量是一种实际的量,或者说动作会或已经以什么样的量形式实现。萧国政、李汛(1988:119)认为表示经常的"VV"实质上是时间的间隔反复,不表示经常的"VV"是连续反复,这说明惯常行为更多地赋予动词活动的性质,未然和已然动作更多地赋予动词事件的性质。如在未然动作句中,定时动作还可以被识解为一个动作过程,句法表现为动词前有"长时"意义的词语修饰:"好好考虑一下、仔细看看"。

但这两种赋量形式与事件动词的赋量形式存在着根本区别。事件动词的赋量形式可以在动作内部得到约束,也可以通过与定指、不定指宾语自由组合的外部形式上得到约束，上述两种赋量形式实际上也就是事件动词赋量形式的变体。事件动词的赋量形式是无标记的，“VV”、“V 一 V”和“V 一下”的赋量形式是有标记的。朱景松(1998:382～383)把动词重叠式的语法意义归结为三个方面:减弱动作、行为、变化的量，延续动作、行为、变化的过程，强化动作、行为、变化主体的能动性，可以看做对这一赋量形式标记性的最好的解释。

从否定的性质来看，定时动作不排斥否定，疑问句中是离散性质还是连续性质依人的认识为准:“不看看了? /没看看?”回答式都是就起始点到任意点的动作过程 XO 进行否定:“不看了/没看”而并非“*不看看了/*没看看”。相应地，陈述句中动作的否定性质也有两种识解，虽都属于非根本否定，但用“不”时强调应该做某事而没做，用“没”时强调根本就没做某事:

(12)a. 事前没有商量一下或者通知一声，好像根本不屑于交涉似的。(董良·忆我的爸爸董必武)

b. 事前也不商量一下或者通知一声，好像根本不屑于交涉似的。

因用“没”时表达一种增强的否定意味，动作的过程性强，“没”一般不能用“不”替换，“V 一 V”、“V 一下”一般也不能替换为“VV”:

(13)跪上铁索，刘四并没皱一皱眉，没说一个饶命。(老舍·骆驼祥子)

从时间性特征上看，“倒倒”涉及独特的、确定的时刻，“倒了杯茶”涉及一个独特而确定的时间段;“倒茶”如果描述为有一个非独特或不确定的时间段，“倒倒茶”倒可以描述为有一个非独特或不确定的时刻。它们之间的区别可以用动性的隐显或强弱体现出来：

(14)什么时候洋人敢再动兵，我姓常的还准备跟他们打打呢！（老舍·茶馆）

(15)紧着递烟、倒茶、打洗脸水。（张石山·镢柄韩宝山）

(14)中的“打打”表示未然动作，涉及的确定时刻是“洋人敢再动兵”的时候。(5)中动作发生的时间是“这一两天”中的某一时刻。(15)涉及一个非独特或不确定的时间段可由对举格式证实，“紧着递烟、倒茶、打洗脸水”就是“紧着招呼客人”。与确定时间挂钩的动作动性强，与不确定时间挂钩的动作动性弱。杉村博文(2006:60)指出通过并列两个典型事例来表示某一种抽象概念，这是汉语这种语言根深蒂固的一种思维方式。动宾粘合式结构常常对举表示某种抽象概念，VVN同样也拥有这样一个环境，如(9)中的“念念经，打打坐”与“会客”并列，说明与“会客”具有相同的性质。再比如：

(16)每逢润之来我家作客，我的妹妹开慧倒茶给他喝，烧菜给他吃，也跟着参加一些问题的讨论。（朱仲丽·当毛泽东的“特使”）

(17)我到厨房去打打下手，做个样子。（莫怀戚·透支时代）

(16)中的对举项被动作的目的项隔开，(17)中的“打打下手，做个样子”也可以说成“打个下手，做做样子”，量词只是泛指性的“(一)个”，实际是VVN的一种变式。

“V了V”是定时动作的有界化，或者说是定时动作在事件句中的识解形式，可以是“V了一V”、“V了一下”，也可以是“V了几V”。这在跟“常”的搭配上呈现出不同性质：

常回家看看/常回家看一看/ *常回家看了看

从否定的性质来看，离散性质的定时动作带有短时、随意、匆忙等意味，“坐了坐”相当于“没坐够”，“唱了一唱就下来了”很可能“没唱完”，“推了一下”是“没好好推”。也可以说离散性质的定时动作本身就带有过程否定的意味。

综上所述，定时动作的性质大致可描述如下：具有连续性质的定时动作$_1$是可能世界领域的赋量形式，具有离散性质的定时动作$_2$是现实世界领域的赋量形式，前者可称为有界的活动，后者可称为无界的事件，都是基于定时动作既连续又离散的特质，实质上是两种不同的识解结果。

图示如下：

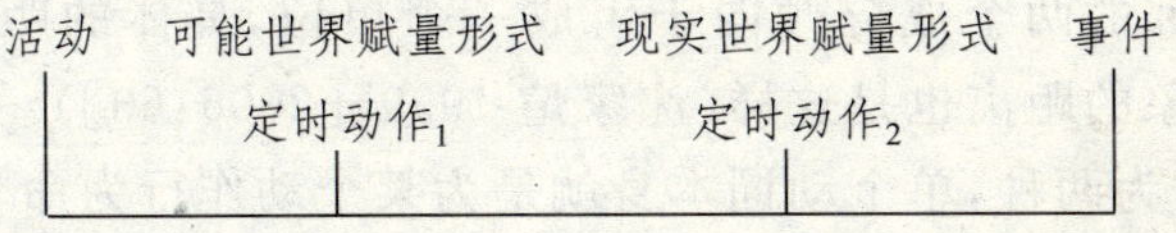

把“着$_1$”结构与“着$_2$”结构加进来，则得出一个粗略的动作性质连续统：

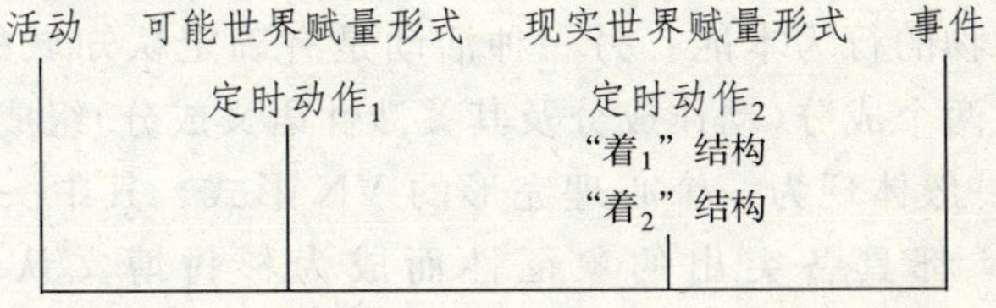

3.0.4 活动和现象

3.0.4.1 现象是一种常规化活动

客观事物需要命名或分类，与事物有关的现象同样需要命名或分类。我们把现象的范围定义为人们改造自然的各种行为的和，每一种行为都可以算作一种现象。杉村博文(2006:59)敏锐地观察到，与别的语言相比，现代汉语语法更倾向于采用 VN 形式给现象取名。因而在讨论汉语述宾结构时，应该分别对待“现象”和“事例”。如“洗衣服”在代表一种高度概括的抽象行为时是现象，在“洗了一件衣服”或“把衣服都洗了”中则代表现象的一个事例。可见现象首先是一种活动，事例体现为离散性的事件。从发生学上说，活动源于事例。活动的内部是同质的，具有伸缩性，没有可重复性；事件的内部是异质的，没有伸缩性，具有可重复性(沈家煊 1995：370～372)。正是由于事例或事件的重复性才形成一种特定的或习见的行为。能用 VN 形式命名的活动都是这种特定的或习见的行为。VN 是一种心理上的完形，受相邻原则的影响，相邻的两个成分倾向于组成一个单位，具体的距离是这样，抽象的距离也是这样(沈家煊 1999b[2006：60])。活动因此可分为两种，单个动词本身就是为某个动作行为命名，这是一种宽泛意义上的活动。因词的多义性的作用，单个动词可视为一种由不同认知域复合而成的活动，或者说是一种缺省了所有动作的关涉性语义成分的抽象的现象，这种现象的基础是生物的行为本能。另一种活动是有确定认知域的活动，这是由两个成分(动作成分及其关涉性语义成分)组成的一个单位，一般体现为一个心理完形的 VN 形式。其中一部分因 V 和 N 都具备突出的象征性而成为杉村博文认定的现象——由两个成分组成的一个概念，我们称为具体的现象。如“洗衣服”是“洗”这一行为的复合的认知域(如“洗脸、洗菜、洗澡”等)中确定的一种，“衣服”的突出的象征性在于它还概括了一类[＋可用于洗涤]的事物，如“床单、袜子”等。“洗衣服”可以包括“洗床单、洗袜子”，而“洗床单、洗袜子”都不能代替“洗衣服”。再比如“吃饭、吃药”可以是惯常行为，“吃红薯、吃果冻”就不大经常。“饭、药”都是基本层次范畴成员，表示类别；“红薯、果冻”是个体事物。这是很重要的一点。现象代表一种高度概括的抽象行为，宾语的类别意义或类属性是构成现象的必要条件。如果把“洗衣服、吃饭、吃药”与“洗床单、洗袜子、吃红薯、吃果冻”即动宾粘合式结构形式一并视为现象，则与人们的认知习惯不符。我们把具有概括一类行为能力的 VN 称为现象，前提为宾语是表示类别的基本层次范畴成员；把宾语表示个体事物的 VN 称为现象表达，因其还是与组合式结构表达或事件表达有别：都只能出现在惯常句、祈使句、疑问句等非事件句中。“这些天恐怕只能吃红薯了。/吃红薯还是面包干？/吃红薯吧。”都只能是未然的动作行为。VN 成立的条件是动作具有实施的可能。在具体的现象中，作为现象表达的 VN 也都有指称这种具体现象的能力，这也是活动的共性使然。

换个角度思考问题，现象可以看成事例的常规化，而事例常规化的途径是动宾粘合式结构。具体的距离反映抽象的距离，VN 表达式首先就具备了常规化的可能。

我们把上述讨论简单概括如下：

VN 表达式可以是两个成分构成的一个概念——现象，前提是 V 和 N 都具有突出的象征性，客观上为一类行为进行分类或命名；VN 也可以是两个成分构成的一个单位——现象表达，只能是一种个体行为的命名方式。现象和现象表达都首先是一种活动，现象是一种常规化活动。

如果只有典型的活动才可以为事物现象进行命名或分类，定时动作充其量只是一种临时的命名或分类。如“念念经、打打坐”之类。

3.0.4.2 现象的原型

动宾语义关系的多样性正是现象多样化的具体表现，赵元任(1968[1979:157])曾指出动宾语义关系列举不尽，杉村博文(2006:60)认为从语义角色的角度对 VN 进行分类是很难成功的，这也正是现象列举不尽的反映。弗雷格组合原则指明句子的整体意义是它的部分意义以及它们组成方式的函数(参看方立 2000:4),汉语选择 V 和 N 的唯一标准是“现象”具备突出的象征性,这种突出的象征性便是现象或事件的部分意义,现象或事件的另一必要参数是结构,这一结构句法上总是以极简省的形式表现出来,语义上信息价值低的总要让位于信息价值高的。如“抽烟”是人的一种行为,作为一种现象语义上至少缺省一个泛指的施事“人”。事件可以表述为作为事例的现象,事件表达缺省的语义成分更多,如工具、处所、时间、与事等。一个句子往往是缺省成分多于句法结构成分的组合形式,句法结构成分都具备突出的象征性,不单单 VN 结构如此。缺省了的语义成分有的可以显化为句法成分,有的根本无法找到相应的句法位置。而这些缺省成分却都处于一个特定的概念结构之中,或者说都能在一个概念的特定的认知域中找到自己的位置。

结构越复杂,缺省成分越少,具备突出象征性的句法语义成分就越清晰;结构越简单,缺省成分越多,具备突出象征性的句法语义成分就越模糊。这就好比一个已知锐角和钝角的直角三角形,求得的只能是直角的值;如只有一个已知的锐角,可有两个可供选择的缺省值。活动动词命名的现象可视为缺省成分最多的结构,我们可以通过对概念结构的分析来把握其认知域。如符淮青(1996b:4)对“吃”的“词义成分—模式”的分析:

B	d_1	D_1	D_2	E
人或动物	用嘴	咀嚼	吞咽	食物

符先生区分了词义的固有特征、选择性特征和孳生特征。如上面确定的词义成分都是“吃”的固有特征,其中 B 和 E 都还具有选择性特征,另外还有由上下文或非语言的环境产生

的词义的孳生特征，如“吃奶”中“吃”的词义内容是“吸吮”。而上述词义的固有特征也只是“吃”这种行为的突出的象征性语义成分，在“吃饭、吃苹果、吃药、吃奶”的具体现象中词义特征会发生这样那样的变化，动作方式、目的、原因、伴随者等会因具体的认知域的不同而成为突出的象征性语义成分。单个动词通常认知域中的这些具有突出象征性语义成分具体的表达中不可能都成为结构凸显的侧面，而每一个语义成分与动词的结合都有可能构成一个具体的现象。现象本质上是一种活动，但活动并不就是现象，活动升格为现象需要的条件就是杉村博文(2006:60)认定的动宾结构里的 V 和 N 都应该具备突出的象征性。

我们下面要证明的是动宾粘合式结构是某个具体现象的原型，或者说是某个具体现象的最简形式。类型学的研究表明，SVO 语言中动词和宾语之间是很难插入其他成分的(参看董秀芳 2007:43)，这实际就为现象表达提供了物质准备：具备了最佳载体条件、最简形式和可容纳最大值缺省的能力。其一，现象结构不可或缺的两个成分是行为动作和关涉事物，所有类型的语义成分都可以填补宾语的位置。每个提取出来的 VN 都具有代表某种具体现象的能力。下面我们设定几个具体现象(限定为人类行为，行为主体“人”缺省)，通过结构式的分解可以很清楚地观察到动宾结构的现象意义表现(例见王纯清 2000:35～38，有改动)：

现象	可说成	$V+N_1$	$V+N_2$	$V+N_3$
把骨头上的肉剔下来	→	剔骨头	剔肉	
用纱布裹伤口	→	裹纱布	裹伤口	
用上衣改裤子	→	改上衣	改裤子	
用黄瓜腌咸菜	→	腌黄瓜	腌咸菜	

撬锁以打开门 → 撬锁 撬门
大碗吃面条 → 吃面条 吃大碗
为增强耐力练长跑 → 练长跑 练耐力
刮脸上的胡子 → 刮胡子 刮脸
用丝线在头发上扎蝴蝶结 → 扎丝线 扎头发 扎蝴蝶结

"扎丝线、扎头发、扎蝴蝶结"都可以成为"用丝线在头发上扎蝴蝶结"的简式,可以说在这种具体的现象中都具有突出的象征性。具体的表达中说话人可以选用任何一个 VN 形式作为凸显的侧面来表达这种现象。从理论上说,作为某种现象的几个凸显的不同的侧面具有互相代替的性质,如"扎丝线＝扎头发＝扎蝴蝶结＝用丝线在头发上扎蝴蝶结"。侧面是基体的某一部分成为注意的焦点,基体是一个语义结构在相关认知域中的覆盖范围。一个词语的语义不光取决于基体,也不光取决于侧面,而是取决于基体和侧面的结合(参看沈家煊 1994:14)。如果把现象"用丝线在头发上扎蝴蝶结"看成一个大的复合的认知域,是"扎丝线、扎头发、扎蝴蝶结"这几个侧面或小的认知域的基体,可以发现每一侧面能够代替基体的基础正是由于这一侧面的语义是由基体和侧面结合而成的。"扎丝线、扎头发、扎蝴蝶结"分别从动作的工具、对象、结果角度表达同一基体现象。这正是人们往往从事物的典型性特征入手来认识事物的认知方式的具体体现。侧面是认识基体的切入点。

其二,以动宾粘合式结构为基体也可以求得任何一个语义成分的值。如杉村博文(2006:59)举出的几个例子:"洗衣机、扩胸器、卷笔刀"都是由 VN 现象求得的工具的值,"购物中心"是现象的处所或机构的值,"击球员"是现象的施动者的值。从现象入手求得的语义成分的值是确定的,如由"刮胡子”或“刮脸”都可以求得工具“刀”，这种刀与“卷笔”、“切菜”用的刀显然是不一样的。这也是与单个动词命名的现象的不同之处。

动宾粘合式结构可以表示活动继而表示现象，动宾组合式结构只表示事件。

3.0.5 活动和事件

活动或现象用于表达时需要被赋予具体的或确定的值，这样就构成了事件。事件是具有一个独特而确定的时间段限制的活动或现象。

杨成凯(2002:3)把可能世界中的事物呈现的一个事态叫做一个事件，所有的事件都发生在现实世界或想象世界之中，而且持续一定的时间。一个事件的概念结构都是由四个概念要素组成：动作者（凸体 Figure）、动作参照物（衬体 Ground）、动作者的空间运动（Motion）和凸体相对衬体而运动的路径(Path)（参看沈家煊 2004b[2006:205～206]）。汉语里容纳这四个要素的结构通常是动补句式。动补句式主要有动结式和动趋式两种（有人认为动趋式也是动结式的一种，可以视为动作位移的结果。参看蒋绍愚、曹广顺 2005:336）。沈家煊(2003:17)循 Talmy(2000)的分析把两种动补句式都视为由一个主事件和一个副事件复合而成的复杂事件或宏事件：

复杂事件＝[凸体 运动 路径 衬体]$_{主事件}$＋[运动事件]$_{副事件}$

这正好与动补句式的句式意义一致。一度有人认为动补结构的补语是核心语（李临定 1984:4～9；马希文 1987:424），在事件的概念结构里这种看法的成因得到了很好的解释。动词表示的动作被识解为事件的方式或原因等。即使在缺省了补语的事件句中也是如此。我们把自动事件（标为“MOVE”）“衣

服都洗了"和致动事件(标为"AMOVE")(参看沈家煊2004b[2006:205])"她把衣服都洗了"分解如下:

[衣服 MOVE INTO[干净/完](状态)]$_{主事件}$ +[衣服被洗]$_{副事件}$

[她 AMOVE 衣服 INTO[干净/完](状态)]$_{主事件}$ +[她洗衣服]$_{副事件}$

沈先生(2004b[2006:207～209])将概念结构中的凸体、衬体和动作致使者使事称为事件角色,指出概念结构成立的唯一条件是主事件和副事件之间必须有足够的概念上的联系,自动和致动的区分主要是主观认识上而不是客观物理上的区分。并列出句法结构和概念结构中论元和事件角色各自构成的凸显度等级序列以及概念结构成立前提下的事件角色指派给论元的规则。宋文辉(2006:118)进一步阐释了自动事件与致动事件的内在联系:"客观世界中任何事件都不是凭空自发发生的,都有其使因,只是由于某些原因这些使因在认知上不凸显,事件才被概念化为自动事件。""使动化就是一个将自动事件重新概念化为使动事件的过程。重新概念化的基础是事件的概念结构的构成成分的凸显程度发生了变化。"自动事件由此可见是由使事的不凸显造成的。事件不可或缺的结构要素是凸体、衬体、运动和路径,自动和致动的区分是由事件角色的凸显程度变化造成的。

动补结构也是由两个成分构成的一个单位。朱德熙(1982:126～127)指出由结果补语组成的述补结构是一种粘合式结构,功能上相当于一个动词,有的述补结构语义上也相当于一个动词,甚至可以说述补结构是一种临时创造新动词的语法手段。符淮青(1993:1)区别了"看"和"看见","看"的对象可以是具体的事物,也可以是方向,"看见"只用于感受具体的事物。述补合成词如此,粘合式述补结构与组合式述补结构更应该如此。无论认为述补结构源于使成式(王力 1943:123;1958:403),或认为述补结构是使成复合动词与结果复合动词(太田辰夫 1958:192;志村良治 1984:212;梅祖麟 1991:230),还是认为源于双核心的连动式和并动式后核心的弱化(梅祖麟 1991:126～129,沈家煊 2003:21),或认为"动补结构都是从连动式或连谓结构发展而来的"(石毓智、李讷 2001:54),一个共同的特征是,作为事件述补结构已经与具体的事物挂钩,且具有独特而确定的时间段观念。感受具体事物与具有独特而确定的时间段观念实际是同一问题的两个不同的角度,一方总是另一方的伴随条件或以另一方的存在为前提。现象是抽象的,事件是具体的。粘合式述补结构和组合式述补结构中的补语都表示动作的结果。

3.0.6 动量和时量与结构的性质

动量是动作量,表现为动作单位时间里的重复量;时量是时间量,表现为动作时间的长短。动作重复次数多,动作时间相应就长;次数少则时间短。动量无穷大,时量也无穷大。但一次性动作可以是瞬时动作,也可以是没有终止点的延续动作。由动作转化而来的状态,动量消失(存在于预设中),时量却可以无穷大。

动作的有界和无界与时量必然联系,并不必然与动量联系。"看两天文章"动作有一个独特而确定的时间段限制,"看两遍文章"没有这种限制。所以有界成分如动态助词"着、了、过"、补语等首先跟时量有对应关系。然而动量必然存在于时量之中,动作的时量有界,动量也必然有界。如"看两天文章"是有界动作,动量不会是无穷大。动作的时量无界,动量却不必然无界。如延续动作在时量上是无界的,但在动量上却是有界的。赵微(2005:154)在考察状态持续与动作持续否定祈使时指出了两种动作的性质差异:对一个均质的状态持续事件人们可以将其作为一个整体来把握,在否定这一状态的时候,也可以将其作为一个整体来否定;而内部异质的动作持续事件只可以作为一个整体来把握,但在否定的时候,却不能也没有必要进行整体否定,人们只要"截取"其中一点进行否定,也就否定了这种动作持续下去的可能。我们下文把有界动作的离散性解释为连续反复正是基于有界动作的内部是异质的,动作的n次反复在一次动作过程中连续完成,每一次反复都具有同一动作不同发展阶段的特点。如果"截取"延续动作的其中一点,也就把延续动作当成具有一个内在终止点的有界动作,由此我们知道延续动作内部动作异质性的存在。"看两天文章"中"看"具有同一动作不同发展阶段的特点,"一直在看"中的"看"也应该具有这种相同的特征。只不过延续动作的动量表达并不凸显这种异质性——反复,凸显的却是同质性——延续。"打了四圈牌"凸显动作反复,凸显的是动量的加合关系,少一圈都跟原动量不符;"打牌打了四圈"凸显动作延续,凸显的是动量的乘积关系,每一圈都是同一动作的反复。时量的无穷大正是凸显动作延续或状态持续的决定性因素。

3.0.7 事件句和非事件句的构成

事件句是叙述一个独立的、完整的事件的句子,动作有了实际的终止点,相应的句子才成为事件句,反之就是非事件句。非事件句与事件句的对立是人类语言的普遍现象(参看沈家煊 1995:374)。沈先生把从属句、惯常句、祈使句、疑问句、标题句等统归为非事件句。石毓智(2001:47)有过类似的区分,认为客观存在的现实和虚拟现象的矛盾对立在语言中投影为现实句和虚拟句的句法对立,现实句表达客观存在的事物、行为、性质、变化、关系、量等情况，语言中多用陈述句的方式来表示；虚拟句表达不符合事实的、假设的、主观幻想的、不真实的事物、行为、性质等情况，语言中用条件句、假设句、意愿句、祈使句、疑问句等加以表示。沈与石的出发点不同，范围自然有出入。如果着眼于有界与无界的对立，虚拟句都可以归入非事件句。

石毓智（2000b：24）明确指出了动词的双重数量特征：（1）从一个行为动作的外部看，它们是时轴上具有起讫点的、边界明确的单位，此时的特征是离散性的；（2）从一个行为动作的内部看，是一个连续的发展过程，此时的特征是连续性的。同一数量特征在不同词类中的表现形式可能不同，名词的离散性是自主的，动词的离散性是非自主的，表现为要确立一个有起讫点的行为，必须借助于一个静止的物质空间的参照系。如此看来，事件句是动词离散性质的体现，非事件句是动词连续性质的体现。两种性质不同的句子分别是以外部联系和内部发展为视点的建构。包括补语在内的有界成分是动词离散性表达的客观要求。

从"活动—事件"的连续统来解释，由活动动词做谓语构成的句子是非事件句，由事件动词做谓语构成的句子是事件句；由定时动作动词$_1$做谓语构成的句子是非典型的非事件句，由定时动作动词$_2$、"着$_1$"结构、"着$_2$"结构做谓语构成的句子是非典型的事件句。这是从句型上来解释。具备了事件结构的句子并非一定在事件句中才能得到识解，如从属句"她吃了苹果就吐。"从句类的角度解释，句子语气是以全句为辖域的高层次完句成分，不同的完句成分容纳的成分性质或范围都有所不同。疑问句可以容纳所有的事件结构和非事件结构，因人们可以就不同性质的动作进行提问。只要把相应的陈述句的语调换成疑问语调，就变成了一个是非问句（参看朱德熙 1982:202)。也就是说,所有性质的结构都可以在疑问句中得到识解。祈使句只表示未然动作,也就是说,出现在祈使句中的结构都只能识解为未然动作情形。我们可以说"不出去",也可以说"没出去",从根本否定和非根本否定的差异可以推知预设中的动作性质。可以说"都出去走走?(活动)/都出去走走!(活动)/都出去走了走?(活动)/都出去走了走。(事件)",但不能说"*不出去走走",也不能说"*没出去走走",不同特征的结构有着不同的识解环境。

我们可以从两个先后动作中进一步证明事件结构和非事件结构与识解环境的关系。从属结构的前项是从句,因不与具体的时间挂钩我们首先视为活动性质的非事件结构,这样不同性质的动作相连而成的结构便有了一个整齐划一的定性规律:活动可以出现在活动或事件之前,事件只能出现在事件之前,整个结构的性质由后一动作的性质决定。后一动作是活动,整个结构是非事件结构,只在非事件句中得到识解;后一动作是事件,整个结构是事件结构,可以在事件句中得到识解:

活动+活动	活动+事件	事件+事件	*事件+活动
出去走(一)走	出去走了走	吃完站了起来	*走了走过去
走走再说	看电影入了迷	呆着发愣(呢)	*呆着过去

这也可以解释多个动词性成分连用的有序性。

"知道、相信、爱"都可以用"不"来否定,通常称之为心理活动动词。

3.1 动宾粘合式结构

3.1.1 规约宾语与非规约宾语

任何句法成分都是意义的载体。规约宾语是动词概念结构中离析出来的组成成分，凸显的是动词认知域的常规性意义。非规约宾语不是动词概念结构中离析出来的组成成分，凸显的是动词认知域的非常规意义。郭继懋（1998：74～77）区分了规定宾语与非规定宾语，规定宾语是受动词词汇意义规定要与动词一起给出的宾语，非规定宾语是未受动词词汇意义规定、可以但并非必须与动词一起给出的宾语。规定宾语的语义角色性质是动词词义规定的，指定宾语具有某种语义角色性质，动词词汇意义中一定包含一个相应角色的空位。这些也都是我们区别规约宾语与非规约宾语的前提条件，从上述界定上说规定宾语和非规定宾语分别对应于规约宾语和非规约宾语。但我们不大赞同作者关于同质宾语和异质宾语的分别（郭继懋 1998：76）。没有不与动作行为、性状、变化联系的事物，只不过有的联系是内在的必然的，如一棵树苗慢慢长大或被移植到别处（“树苗”有“被移植”的特性），一块砖被烧制出来或被垒进墙壁；有的联系是外在的非必然的，如一棵树苗被做成锄柄，一块砖被作为凶器。内在联系是规约性系联，外在联系是非规约性系联。规约宾语是能够构成现象或事件的成分，非规约宾语是构成事件的成分。非规约宾语如果与动词形成特异性结构，也可以构成现象，如“吃大碗、存活期”。

以上叙述可用下列简表归纳出来：

	粘合		组合
	加合性粘合	特异性粘合	
规约宾语	现象		事件
非规约宾语		现象	事件

3.1.2 现象和现象表达

活动概念要求一个时间段，但这个时间段不是独特或确定的，或者说不与确定时间挂钩的。汉语的体标记"了、着、过"分别表示实现体、持续体、终结体，三个助词虽不直接表示动作行为发生的时间位置，但与时间特性密切相关。可加三个助词的词语所指必须是发生在时轴上某一位置的情况（石毓智 2000a:42）。我们把体标记看成事例或事件的标记，因包含了体标记的结构每个结构成分都被赋予了特定的值：动作有了特定的时间限制，动作的支配成分都有了具体的指称。

3.1.2.1 受事性强弱与现象等级

某种现象具有互相代替的性质的几个凸显的不同的侧面事实上是从不同的角度来彰显或替代同一基体现象，这不仅仅是语言简约性的要求，从根本上是由语言表达需要决定了的。表达同一基体现象的几个不同的侧面属于同一个大的认知域里面的几个小的认知域，它们的关系是同一动作行为与不同的语义角色之间的关系，这些关系并不同等程度地替代同一基体现象，能够作为代体的侧面语义上必须能够覆盖其他可能的侧面，或者说能够容许其他可能的侧面在特定的情境中缺省为背景。理论上动词与任一语义角色的组合都有可能充当代体侧面，但充当代体侧面与组合类别之间有着有规律的对应关系。受事宾语组合与结果宾语组合总是能够覆盖其他语义角色宾语组合，充当代体侧面的能力远高于其他语

义角色宾语组合。举例来说，工具(材料)宾语组合充当代体侧面是有条件的：

现象	V+工具宾语	V+受事宾语	V+结果宾语等
用刀把字刮掉	*刮刀	刮字	
用纸把字贴住	贴纸	贴字	
用钉子将箱盖钉住	钉钉子	钉箱盖	
用囚车把邓艾押到洛阳	押囚车	押邓艾	押洛阳
用嘴和脚把材料搅拌成混泥土	*搅拌嘴和脚	搅拌材料	搅拌混泥土
用剪刀把布料裁成各种图案	*裁剪刀	裁布料	裁图案
用氢把二氧化碳还原成甲醛	*还原氢	还原二氧化碳	还原甲醛

用工具性的强弱显然无法说明这一条件。一个微弱的理由是，"纸"和"钉子"具有"材料"的性质，受事性增强了。但作为典型材料的"氢"这里却不能与"还原"搭配，因意义发生了改变，自然不能用为代体侧面。"刮刀"的情形也大体如此。"嘴和脚"不能成为"搅拌"的对象，"剪刀"不能成为"裁"的对象，单纯的工具性质使其不能构成合格的 VN 结构。"囚车"是"押"的工具而非材料，能构成合格的 VN 结构也可以归因于受事性的增强，因囚车里装有动作的受事"邓艾"，语言中常用与事物或现象有密切关系的另一事物或现象来代替该事物或现象本身。受事性的增强是工具性 VN 结构成立的必要条件，也只能是工具性 VN 结构用为代体侧面的必要条件，因为除了这一必要条件参数外还需要另外一个条件就是，工具性 VN 结构的构成成分都必须具有突出的象征性。举例来说，"大碗"在与"吃"的结合上具有突出的象征性，在与"端、摔、打"等的结合上情况又有不同。"碗"与"端"无论从名词还是动词的概念结构分析都互为直接组成成分

或处于同一层次，与"碗"联系的动作是"端"，与"端"联系的事物是"碗"；与"摔"结合时是"东西"的下位概念，即从"碗"的概念结构中离析不出"摔"，从"摔"的概念结构中也离析不出"碗"，但"碗"是"摔"的概念结构中离析出来的"东西"的下位概念。王纯清(2000:40)将这种情形归结为是从"详细度"角度增加信息，把"吃大碗"中的"大碗"视为从"宽泛度"即凸显物的选择上增加的信息。"碗"与"打"结合时是客事(因"打"是非自主动词)，也不是"打"的概念结构中的直接成分。

这样，受事其实就有了两种不同的认知角度：一种指由动词的概念结构中离析出来的，如"吃饭、穿衣"中的"饭、衣"；一种指从信息的详细度角度分析出来的，如"吃苹果、穿西装"中的"苹果、西装"。前者可以构成所谓的"离合词"，后者不能。前者是典型的受事，后者是较典型的受事。"吃大碗"中的"大碗"只是具有一定程度的受事性，充其量是最不典型的受事。我们大可以根据受事的典型性程度建立起一个连续统。受事的典型性程度越高，信息的详细度就越低。反之，受事的典型性程度越低，信息的详细度就越高。

同样，受事性的增强也是方式、原因、目的、时间、处所等语义成分构成不同性质的VN结构的必要条件。"吃劳保"中的"劳保"是带有受事性质的方式成分，"吃食堂"中的"食堂"是带有受事性质的处所成分。受事性越强，结构越站得住，成为代体侧面的可能性就越大。下面的连续统说明受事性强弱与有无与结构成立及结构成为代体侧面的可能性大小的联系：

用碗舀水　　　吃大碗　　　制作大碗

|　　　　　|　　　　　|

工具　　　工具/受事　　　受事

————————————————→

结构成立与结构成为代体侧面的可能性大

←————————————————

结构成立与结构成为代体侧面的可能性小

王纯清(2000:38～41)把从动词的概念结构中离析出来的宾语称为虚体宾语,把从详细度角度分析出来的宾语叫常体宾语,从宽泛度角度分析出来的宾语叫代体宾语。任何一个动词都有一些在任何情境下都具备的普遍特征或常规特征,任何一个名词所代表的概念都有其凸显的特征或强特征,这些特征都左右着动宾结构的配位选择和人们的优先识解。虚体宾语因是能够从动词的常规特征中离析出来,因而含虚体宾语的 VN 结构可以覆盖其他任何情境下可能出现的认知域,即能够覆盖常体宾语结构和代体宾语结构,而常体宾语结构只能覆盖代体宾语结构,代体宾语结构则不能反过来覆盖虚体宾语结构或常体宾语结构。前面我们说过,规约性系联与非规约性系联间存在着一个规约性强弱的连续统,由虚体宾语结构到代体宾语结构正好构成这样一个规约性由强到弱的序列。规约性越强,结构的认知域越大越宽泛,容许的缺省成分就越多;反之,结构的认知域越小越具体,容许的缺省成分就越少:

虚体宾语结构　　常体宾语结构　　代体宾语结构

←————————————————————→

认知域大　　　　　　　认知域小

缺省成分多　　　　　　缺省成分少

认知域大小可以通过这三种宾语结构的连用体现出来。石毓智(2001:350)指出语言中的修饰语和被修饰语遵循这么一条法则:语义范围较窄的可以修饰语义范围较宽的,反之则不能。如给苹果分类,红颜色的苹果只是苹果类型中的一个,因此可以说“红苹果”;反过来如给颜色“红”分类,苹果的颜色是红色的一个类,因此可以说“苹果红”。结构连用正好相反,认知域大的语义范围自然也大。语义范围较大的可以放在语义范围较小的前头,反之则不能。如:

吃饭就吃面条(虚体宾语结构+常体宾语结构)→*吃面条就吃饭

吃面条就吃大碗(常体宾语结构+代体宾语结构)→*吃大碗就吃面条

看电影看《董存瑞》(常体宾语结构$_1$+常体宾语结构$_2$)→*看《董存瑞》看电影

3.1.2.2 容纳VN现象结构的非事件句

我们把动宾粘合式结构称为现象结构,动补粘合式结构称为事件结构。现象结构与事件结构代表了不同性质的两种行为的次范畴类别,分别是动词表示的行为类别的下位类别。现象结构是行为对象类别,事件结构是行为结果类别。现象结构做谓语(中心语)的句子未必一定是非事件句,事件结构做谓语(中心语)的句子也未必一定是事件句,关键在于用什么样的完句成分限制。这样,我们把完句成分分为有界完句成分和无界完句成分两类,受有界完句成分制约,现象结构和事件结构都可以表示事件;受无界完句成分制约,现象结构和事件结构也都可以表示活动或现象,即我们讨论的行为次范畴类别表达形式。

全句语气无疑是高层次的完句成分。其中陈述语气可以是有界完句成分,也可以是无界完句成分,因可以叙述一件事实,也可以叙述一次活动。按照言语行为(speech acts)理论,言语行为类型主要有表述(statement)、询问(question)、要求(command)三种,相应地,句子的功能类型也分为陈述句、疑问句、祈使句三类(参看 Lyons 1977:745)。通常所谓的感叹句不是一种独立的句型,也不是一种独立的言语行为类型。感叹语气一般是有界完句成分,因一般是对事实的咏叹。疑问语气和祈使语气属于无界完句成分,因即使对事实进行提问,可能的回答也包括了动作进行的不同阶段的后果("事情办好了吗? ——还没顾上去呢/正办着呢/办好了。"),故问句形式都带有活动的性质;祈使则只能对活动作出要求。如陈述语气词"了$_2$"表示事情有了变化或出现了新情况,能够约束辖域之内的所有变量:

a. 吃 苹果 了$_2$
无界 无界

b. 吃了 苹果 了$_2$
有界 无界

c. 吃 一个苹果 了$_2$
无界 有界

d. 吃了 一个苹果 了$_2$
有界 有界

上述四式如果再加疑问语调变换为疑问句式,可知都是对事情的变化情况或出现的新情况进行提问,因而带"了$_2$"的陈述句式都是事件句。a 式中"了$_2$"把两个无界成分约束为一个有界的整体表示动作的已然情形,b 式中的无界事物"苹果"、c 式中的无界动作"吃"都相应地被识解为有界成分,识解的前提必须是"了$_2$"的同现或者说全句叙述一件事实的陈述语气。“了$_2$”对d式两个有界成分的组合形式的约束效应与前面三式相同，都是使动作有一个独特而确定的时间段，即与说话时间联系起来后，动作的时间段有了自己确定的位置。如果把上述四式由陈述句式变换为祈使句式，a、b、c三式成立，d式只有将不定指宾语变换为定指宾语才能成立。这说明“了$_2$”有使辖域内的无界成分识解为有界成分的约束作用，而祈使语气有使辖域内的有界成分识解为无界成分的约束作用，前提当然是两个直接成分中必须有一个是无界的，另一个有界成分才能作相应的无界识解。d式两个有界成分的组合被整体识解为一个无界动作，事物的定指化可以使相应的有界动作的量值（时量、动量）背景化，从而使得动作的完整过程凸显出来。如“吃了这三个苹果吧！”把“三个苹果”当成一个整体的无界单位，相应地，“吃了”也被识解为无界动作，强调动作的完整性，并非凸显动作的次数以及所用时间。这也使得两个有界成分的组合成为了一个不具备可重复性的n＝1的事件，或者说动作具有了活动的性质。“吃了这个苹果吧！”与“吃吧！”在特定的情境中成为相同的表达形式，说话人重在强调动作的发生，并不关注动作的方式、时间和结果等。

而现象结构与事件结构的区别在于运动路径的存在与否。动作必有运动路径进入自然终止点指定的动作结果或状态位置，从而实现为一个完整的事件。补语、“了$_1$”、数量词等都是指示运动路径的显在形式，即有界性成分。但这些有界性成分都是低层次的标记成分，只是其辖域（通常是结构成分）内的动作或事物的界性标记。而某一结构成分作有界无界识解并不一定取决于这些界性标记的有无，而是取决于高层次的完句成分的性质。

这样我们可以得出非事件句的如下构成规则：

规则1：现象结构和事件结构都可以构成非事件句；

规则 2：两个结构成分至少有一个是无界的，相应地，另一个也作无界识解；

规则 3：整个结构的性质是无界的。

非事件句是现象结构或事件结构或者说是行为的两种次范畴类别表达形式出现的语言环境。我们首先讨论容纳 VN 现象结构的几种非事件句。

3.1.2.2.1 从属句

从属句即通常所谓的紧缩句，一般由两个分句性质的结构构成，约束全句的完句成分是两个(或多个)组成部分之间的逻辑联系，可以有各种不同的语气，可能的关联词语是不同逻辑联系的标记。

从属句同样遵循非事件句的构成规则，只不过结构成分都由现象结构或事件结构来充当，组成部分中至少有一个是无界性质的结构，相应地，另一个也作无界识解。事实上由于逻辑联系的限制，每个组成部分都是一个不自由的现象结构或事件结构。如：

(18A)他口吃当不成演员。

(18B)做了一个再做一个。

(18C)看看就长见识。

(18D)没事情就不来找你了。

(18E)不睡觉也要做完作业。

(18F)他非拉过一定的钱数不收车。

(18G)喜旺看见了却只装没看见。

(18H)他吃了多少药也不见好。

从属句一般是从属部分在前中心部分在后，因此决定全句性质的中心部分往往是一个活动动词(如“他吃了苹果就吐”、“不见不散”)或无界性质的结构，这一无界性质的结构要么两个直接成分都是无界性质的 VN，如(18C)中的“长见识”、(18F)中的“收车”；要么两个直接成分中有一个是无界性质的，另一个相应地也作无界识解，如(18A)中的“当不成演员”、(18B)中的“做一个”、(18E)中的助动词结构“要做完作业”、(18G)中的“装没看见”。(18D)中“来找你”、(18H)中“见好”的无界性质可以从否定词“不”做修饰语中看出。需要指出的是，(18H)也可说成“他吃了多少药也没见好”，把“见好”作为有界事件来看，其离散性不是从“1＋1＋1＋……＝n”序列中分离出来的部分身上体现出来的，而是从作为一个整体的 n＝1 的事件结构身上体现出来的，也就是一个并不具有可重复性的离散性单位。活动的性质与事件的性质在 n＝1 结构中得以中和。瞬时动作动词都带有这样的性质。

3.1.2.2.2 惯常句

3.1.2.2.2.1 惯常句的典型性描述

惯常句表示惯常行为。惯常行为具有 n 个一次动作集合的基础，因此带有一定程度的离散性。但与有界动作的离散性不同的是，有界动作的内部是异质的，动作的 n 次反复在一次动作过程中连续完成，每一次反复都具有同一动作不同发展阶段的特点，我们称这种反复为连续反复；惯常行为的内部是同质的，动作的 n 次反复在 n 次动作过程中间隔完成，每一次反复都是同一动作相同过程的复制，我们称这种反复为间隔反复。惯常行为的同质性体现为，n 次重复动作中不能有任何一次具有不同于其他各次的特质。有界动作是异质动作的重复，惯常行为是同质动作的重复。有界动作的离散性表现在可能重复进行的每次动作都是异质动作，且 n 次重复进行的动作不在单位时间长度的限制之内。如“上次才叫来两个人，这次一下叫来五个人”。惯常行为的离散性表现在必须重复进行的每次动作都是同质动作，且 n 次重复进行的动作都在单位时间长度的限制之内，这种间隔反复实际上可以称为动作的间隔持续。有界动作可能的n次重复往往是确定的，惯常行为必须的n次重复是不确定的，且往往具有指大（重复次数多）的语义特征。动作重复三两次一般不被视为惯常行为，但这一指大特征客观上以人的主观认识为准。说话人或经验者心目中客观存在着一个量度标准，三两次如果超出了他的主观尺度，也同样可被视为惯常行为。惯常行为与无界动作的连续性不同的是，无界动作的内部是同质的，因无界动作可以容纳一个任意的终止点，所以惯常行为的每一次反复都是在n次动作过程中进行复制（通常称为反复或重复），无界动作的每一次反复都是在一次动作过程中进行复制（通常称为持续）。着眼于动作的同质性，惯常行为可视为非典型的活动；着眼于动作的可重复性，惯常行为可视为非典型的事件。

惯常句约束全句的完句成分是状语位置上的频率副词或频度副词，因惯常行为与动作重复的次数相关。史金生、胡晓萍（2004：9～10）认为动作的时间量在表达上有幅度和频度之分，重复的次数构成频度，延续的时间构成幅度。频度副词表示动作重复的量，幅度副词表示动作延续的量，二者合称动量副词。沈家煊（1999a：142）曾给出一个频率等级：

(19)	有时	时常	通常	几乎总	总是
	0		0.5		1
	［弱项］		［中项］		［强项］

这一等级也可以描述为惯常句的典型性程度等级。受强项频度副词约束的惯常行为几近于形成行为规律，如：

(20)磁体总是以两个不同极性的磁极成对的同时出现。

(21)雌猴妊娠期为6个月左右，通常一胎一仔，偶产二仔。

受弱项频度副词约束的惯常行为也属于具有不确定性的间隔反复情形，虽然表面上动作可能指小（重复次数少），因大小标准以人的主观认识而定，所以实际上动作还是蕴含有指大特征，从而形成典型性程度较低的惯常句，如：

(22)我偶尔也被邀听听他们的高谈阔论，受到一些启发。（曾卓·文学长短录）

(23)高空槽脊形成后，不停地移动和变化，有时加强，有时减弱。

邹海清(2006:39～40)把频率副词进一步分为如下两类：

A类：总（是）、老（是）、时常、常常、常、经常、通常、往往、每每、有时、时而、偶尔（而）、间或、偶或；

B类：不停、不住、不断、连、连连、一连、接连、连续、屡、屡屡、屡次、频、频频、一再、再三、时不时、时时、不时、反复。

A类副词后都能加判断词或指明焦点的标记成分“是”，称为判断性频率副词；B类副词大都能加副词后缀“地”，称为描写性频率副词。判断性频率副词凸显重复动作的离散性，惯常行为以重复动作的离散性为基础，所以受判断性频率副词约束的动作句才是惯常句。描写性频率副词凸显重复动作的连续性，总是把时间间隔小的重复动作当做一次完整的动作过程来看，如：

(24)（尤金）在客厅里踱来踱去，不停地吸烟，不时地看表……

这可以从下例中得到证实。受描写性频率副词约束的动作本身不能表示惯常行为，构成惯常句前面还必须加上判断性频率副词：

(25)但老人河啊，却总是不停地流过。

3.1.2.2.2.2 判断性频度副词的再分类

沈家煊(1999a:137)将语言中表达情态和意态的语词统称为“判断语词”,情态里又分概率(或然性)和频率两类。频度副词事实上是一种判断语词。根据判断性频度副词的语义特征,可以把这种判断语词再分为两类:一类只对事实进行判断,另一类除能对事实进行判断外还可以推断(当然推断也有事实的基础)。只对事实进行判断的是“通常”类,包括“通常、往往、每每、有时、时而、偶尔(而)、间或、偶或”等,这类判断语词不能在否定的范围之内,因频度的实现是对事实的一种肯定,根本上与否定意义相悖,形式上不能把否定词语放在判断语词之前;同样也不能将推断词语放在判断语词之前。可以进行推断的是“总(是)”类,包括“总(是)、老(是)、时常、常常、常、经常”等,否定词语和推断词语可以放在判断语词之前。例如:

(26)a. 你怎么能这样? 以前是不是总这样?

a′. *以前是不是通常这样?

b. 他以前也许/可能总这样。

b′. *他以前也许/可能通常这样。

c. 他以前不总这样。

c′. *他以前不通常这样。

否定词语和推断词语可以放在“通常”类判断语词的后面,也就把“通常”排除在否定或推断的范围之外。如“通常不这样/通常是不是这样/通常也许这样/通常(不)可能这样”。否定词语同样可以放在“总(是)”类词语后面,但肯定形式的推断词语不可。如“总不去开会/总不可能这样/*总也许/可能这样”。这是因为,着眼于频度的实现可以对动作行为的各种结果作出判断,着眼于频度的推断只能对推断进行判断而不能将这种推断直接作为事实的判断结果。

这样,(19)其实是由两个量级叠套而成的一个频度等级,只对事实进行判断的判断语词不能在否定的范围之内的域量频度等级(因只适用于局域)与除能对事实进行判断外还可以推断的全量频度等级:

(27) 域量频度等级:

偶尔	时而	有时	往往	通常
0		0.5		1

(28) 全量频度等级:

偶尔	时而	有时	往往	通常	常常	时常	经常	老是	总是
0		0.25		0.5			0.75		1

"通常"在(27)中表极大量,这可以解释作为肯定否定频度等级中项词语的"通常"如(21)中的句法表现,可以像极大量强项词语"总是"一样描述行为规律。或者说,在不涉及推断的范围里,"通常"也可以表示行为的极大量。(28)可以看成(19)的全式。

沈家煊(1999a:63～64)解释"适量准则"运用时指出,"适量准则"涉及一个"量级",同一范畴的成员往往可以按它们的数量或程度大小排列起来,"如果所说的话涉及一个由大到小排列的量级$< X_1, X_2, X_3, \cdots\cdots X_n >$,那么说出 X_2时隐含着～X_1,说出 X_3时隐含着～X_2和～X_1;依次类推,说出 X_n时隐含着～X_{n-1},～X_{n-2},……～X_1"。即"说出量级上的某一项时隐含着该项左边的各个较大或较强的项的不成立"。"偶尔"处于两个量级的弱项位置,肯定"偶尔"也就意味着对两个相关量级中的其他所有项的否定。域量频度等级在全量频度等级中占据"0～0.5"的区间,"常常、时常、经常、老是、总是"占据"0.5～1"的区间(事实上是另一个域量频度等级),可以看出,对域量频度等级各项的肯定实际是对另一个域量频度等级中相应各项的否定。史金生、胡晓萍(2004:9)给出过例证:“不总是下午停电=常常下午停电、不是常常停电=偶尔停电”。我们如果把全量频度等级中的各项按语义差别再行分段合并,可大致得出几个模糊的“同级”单位:“总是”与“老是”属于强项的一级,“有时、时而、偶尔(而)、间或、偶或”属于弱项的一级,“时常、常常、常、经常、通常、往往、每每”属于中项的一级,否定强项等于肯定中项,否定中项等于肯定弱项,弱项只有肯定形式。由此我们知道域量频度等级是在全量频度等级的基础上建立起来的,相对于全量频度等级,域量频度等级是一个弱项单位的聚合。需要指出的是,同级单位凭客观的语义标准往往不好分出频度大小来。似乎可归纳出一条大致标准:不同级的项之间凸显的是客观量,同级的项之间凸显的是主观量。如说“不是常常迟到,而是经常迟到。”时,“经常”的频度等级高于“常常”,客观的语义区别不明显,主观上的差别却很突出。主观量的大小以人的主观认识为准。

否定强项等于肯定中项,否定中项等于肯定弱项,这只是就一般情形而言,因其中的否定是无标记否定或差等否定,所以这一规律只适用于无标记否定情形。但“语言中大多数表示数量或程度的词语都会有一个下限义和一个上限义”(沈家煊 1999a:59),如“经常”有下限义“至少经常”和上限义“只是经常”:

(29)甲:他经常来这儿吗?

乙:a. 对,他总是来这儿。(肯定的是“至少经常”)

b. 不,他总是来这儿。(否定的是“只是经常,不是总是”的意思)

c. 不常来。(否定的是“至少经常”)

b 是有标记否定,用比“经常”高一级的频度项“总是、老是”的肯定形式表示出来；c 是无标记否定，直接用“否定词＋判断语词”的形式表示。“被否定成分在否定词之后是无标记词序和无标记否定；被否定成分在否定词之前是有标记词序和有标记否定。”（沈家煊 1999a：108）这样我们可以对域量频度等级进行解释，肯定“偶尔”也就意味着对“时而、有时、往往、通常”的否定，只不过这种否定是用有标记的形式表达出来而已。这种有标记否定的结果并非否定强项就等于肯定中项，否定中项就等于肯定弱项，即“通常不≠有时”，“有时不≠偶尔”。我们首先给出（27）域量频度等级的否定等级：

（27′）否定等级：

偶尔不	时而不	有时不	往往不	通常不
0		−0.5		−1

（27）与（27′）可以合并为（27″）：

（27″）肯定否定等级：

通常不	有时不	偶尔不/偶尔	有时	通常
−1	−0.5	0	0.5	1

“通常”否定的是“偶尔”的上限义，“通常不”自然就成了“偶尔”上限义的双重否定；“偶尔”否定的是“通常”的上限义（“通常”位于全量频度等级的中项位置），“偶尔不”自然也成了“通常”上限义的双重否定。“有时”否定的是自身的上限义，“有时不”是“有时”上限义的双重否定，这是由于肯定等级与否定等级的客观对立造成的，就语义强度上说，对肯定等级弱项的否定等于否定等级的强项，对肯定等级强项的否定也正好等于否定等级的弱项。“在一个等级上否定一个中项仍然得到在另一个等级上的中项。”（沈家煊 1999a：141）即“通常不＝偶尔、偶尔不＝通常、有时不＝有时”。吕叔湘（1982：254）早就有过论断：“否定甲的可能就成为非甲的必要，例如‘不可粗

心’等于‘必须不粗心’；否定甲的必要也就成为非甲的可能，例如‘不必细说’等于‘可以不细说’。”这是语义强度等级的客观存在与有标记否定表达形式的选择共同作用的结果。考察全量频度等级项的有标记否定形式同样如此，“总是不＝偶尔”、“经常不＝有时不”、“常常不＝通常不＝偶尔”，反过来，“偶尔不＝总是”、“有时不＝经常”、“偶尔不＝通常＝常常”。域量频度否定等级事实上也是全量频度等级的否定等级，“偶尔不＝总是”与“偶尔不＝通常＝常常”的区别只是主观尺度的差异，客观上是域量频度等级项的有标记否定与全量频度等级项的有标记否定形式的差异。

3.1.2.2.2.3　频度的频度

行为频度本身还可以有频度之分，表现在不同等级的判断性频度副词有些可以同现。如果把惯常行为看成频度行为，结构式记为“频度副词＋VP”，可以发现所谓的同现其实是“频度副词＋(频度副词＋VP)”，可以表述为一种惯常行为是基于另一种惯常行为而形成的，或者说是一种高频动作行为的低频化，或是一种低频动作行为的高频化。所以两个频度副词也不能同级，因说出量级上的某一项时隐含着其他各个较大或较强的项的不成立。

高频动作行为的低频化指等级低的频度副词放在等级高的(尤其是“总(是)”)前面的情形，这种情形最为常见：

(30)蟹的储藏所，就在天井角落里的缸里，经常总养着十来只。(丰子恺·忆儿时)

(31)作为讨论，通常总是一种吸烟大会。(林语堂·我的戒烟)

(32)我有时总疑心是一场噩梦！(苏雪林·棘心)

(33)猪偶尔总会捡到橡实吃。(坎菲尔·心灵鸡汤)

(34)可惜我们的领导往往经常变换。

(35)和一个坏人接触有时常常就把好事变成了坏事。(雨果·悲惨世界)

(36)这些微小的不同和差异,有时往往会使“异族婚姻”在无意中触礁。(钱宁·出现危机的“异族婚姻”)

低频动作行为的高频化指等级高的频度副词放在等级低的前面的情形,类型和实际语料均不多见:

(37)有时偶尔到点下班回家,职工见了竟当成新鲜事一般。

(38)她们过去总是偶尔交手,但在这次连续5站的比赛中,相互之间都学到了不少技术和经验。

(39)往往偶尔一次有人说他不好,他就难过紧张。

频度副词是一种完句成分,也是一种判断语词,两个同现的频度副词前一个起着决定全句语气的作用。高频动作行为的低频化可视为说话人对客观存在的高频动作行为判断语义强度的减弱,因而有舒缓语气的作用。同现的两个频度副词在等级中的距离越大,判断的语义强度越小;距离越小,判断的语义强度越大。如“经常总/通常总是/有时往往>有时总是>偶尔总是”。“通常总会捡到橡实吃”跟“偶尔总会捡到橡实吃”对于同一个判断“总会捡到橡实吃”来说前者的语义强度明显大于后者。“往往经常变换”是说“经常变换”成了一种家常便饭,“有时常常就把好事变成了坏事”是说“常常把好事变成了坏事”这种惯常行为的不经常发生。低频动作行为的高频化可视为说话人对客观存在的低频动作行为判断语义强度的增强,因而有强调的作用。如(37)“有时偶尔到点下班”强调“偶尔到点下班”的次数少,所以“职工见了竟当成新鲜事一般”。(38)“总是偶尔交手”强调过去的交手经历中偶尔交手的次数多,收获不大,为后面的连续交手做铺垫。

3.1.2.2.2.4 非典型的非事件句——现象的事例化

我们把 VN 形式看做表示具体现象的必要条件，把能构成具体现象的 VN 看做现象结构，可以看出：(1)现象结构VN 中的 N 一般是基本层次范畴成员。(2)现象结构如有运动路径指示动作结果或状态实现位置，便实现为一个完整的事件。或者说现象结构和事件结构的区别在于运动路径的存在与否。(3) 补语、"了$_1$"、数量词等都是指示运动路径的显在形式，即有界性成分。但这些有界性成分都是低层次的标记成分，只是其辖域(通常是结构成分)内的动作或事物的界性标记。而某一结构成分作有界无界识解并不一定取决于低层次有界性成分和无界性成分的有无，而是取决于高层次的完句成分的性质。非事件句是现象结构或事件结构或者说是行为的两种次范畴类别表达形式出现的语言环境。惯常句是一种非事件句，惯常句的完句成分可表述为全句的陈述语气和频度副词两种，前者是句子成立的充分条件，后者是必要条件。

频度副词后接现象结构或事件结构可以成为一个自足的句子表示惯常行为，这足以证明频度副词完句成分的性质。后接现象结构与后接事件结构，动作的可重复性都体现为 n 次同质动作的间隔反复，因而惯常句属于非典型的非事件句。间隔反复的量的不确定性也使得动作过程缺乏一个实际的终止点，这从根本上决定了惯常句作为非事件句的性质。现象结构和事件结构在惯常句中都被赋予了具体的或确定的值，即单位时间里动作行为发生的次数达到或超过了人们认识中的一种主观平均值，这使得现象结构本身抽象的连续量具体化，事件结构本身的离散量抽象化，共处于同一个行为范畴之中。

3.1.2.2.3 祈使句

祈使语气是一种完句成分，约束动作行为朝着说话人期待的方向或结果发生或发展。祈使语气有强弱的不同，书面上往往用不同的语气词“吧、啊、了”等显示出来。我们关注的是祈使句的结构，结构的主语只能是“你、你们、您、咱们、我们(包括式)”，不能是第一人称代词“我”和第三人称代词“他、他们”(朱德熙 1982:205)。下面讨论的祈使句的结构中主语都作缺省处理。

3.1.2.2.3.1 祈使句的结构

祈使句的结构可大别为三类：

A. V！　砸！

B. V着！　砸着！

C. V了！　砸了！

分别对应动作发生发展的不同阶段。

A式有两种变式：

A_1：V！(“砸！”)　A_2：VN！(“砸车！”)

因不关心动作结果，动词后不能出现“$了_1$”，动词结构后也不能出现“$了_2$”。A_1相应的否定形式是“别 V!”，A_2相应的否定形式是“别 VN!”，均否定动作的发生。

B式只指示动作进行的起始点，不能指示状态持续的起始点，因状态持续首先要求动作处于实现状态。与B式相应的否定式是“别 V!”，说话人可以要求听话人不进入进行状态，否定动作的发生。说话人还可以要求进行的动作中止，用“别 V(N)$了_2$！”表示，如“她唱着歌呢。”的否定式是“别唱(歌)了！”。状态持续不能用于肯定祈使，同样不能用于否定祈使。人们不能要求处于状态持续过程的动作发生或持续下去。

C式要求动作结果的实现或动作发生变化。有如下三个变式：

C_1：V了$_1$(N)！（"吃了！"/"吃了它！"）——要求动作结果的实现

C_2：V(N)了$_2$！["吃(饭)了！"]——要求动作开始

C_3：VC(N)！/VC了$_1$(N)！（C代结果补语）["说明白(这件事)！"/"说明白了(这件事)！"]——要求动作结果的实现

C_1相应的否定形式是"别V了$_1$！"，C_2相应的否定式是"别V(N)了$_2$！"，这样，"别V(N)了$_2$！"便成了一个同形结构，可以要求听话人取消计划行为，也可以劝阻听话人结束已经开始的进行动作（参看赵微2005：155）。C_3相应的否定式是"别VC(N)了$_2$！/别VC了$_1$(N)！"。

3.1.2.2.3.2 祈使句的性质

祈使句通常不是强调某个单一的动作，而是强调动作的方式、状态、趋向、结果，等等。这样，单个儿动词除非有特定语境的帮助，一般是很难有这么丰富的表义功能的（袁毓林1991：17）。因此，即使是动词独用构成的祈使句，都应该有特定的动作对象或动作结果。否则，动作的方式、状态、趋向、结果等等便无从得以凸显。从构成上说，祈使句的动词一般由动作性很强的动作动词充当，要求其宾语必须是有定的具体事物。李宇明(1998：85)在论述动词重叠必须带有定的名词性成分的原因时明确指出了这一点：动词重叠因含有量的意义而使动词的意义更加动态化，这种更加动态化的动词形式要求其宾语也必须是非常具体的，而在名词性成分中只有有定的才是最具体的。祈使句动词的动作性显而易见比重叠动词更强。另外，特定语境赋予交际双方一个共同的已知的话题。孙朝奋(1994:143)在讨论汉语有指性编码形式时指出，当说话者涉及一个已知的话题时，他应该用一个有定名词短语。所有有定名词短语都是有指的，其标志要么是一个指示词+量词，要么是什么也没有。这样我们可以知道，“砸车!”受祈使语气约束，“车”是有定的具体事物，相当于带指量短语的“那辆车”。同样，“砸着！ =(先)砸着那辆车!”、“砸(烂)了！ =砸(烂)了那辆车!”。

需要解释的是C_2。C_2的意义是提醒或催促听话人开始做某事，说话人期待着动作行为的开始，所以句末一定有“了$_2$”出现。“VN”是通常意义上的离合词，是一种典型的现象结构，表示一种日常行为。如“吃饭了!”“喝水了!”“看书了!”宾语是不跟具体个体挂钩的通指成分。不符合这一条件的句子一般不成立。如“＊吃那碗饭了!”中“那碗饭”是有定的、“＊买书了!”中“书”是不定指。除非加上表示运动路径的“来、去”这些句子方能成立:“来吃那碗饭!”“买书去!”这是因为句式C本身由一个事件结构构成。C_1和C_3都有表示运动路径的“了$_1$”或结果补语，C_2只能靠缺省的默认路径来补足句子的语义结构。默认路径大致可以解释为日常事件通常的行为方式、操作流程以及常规结果等，实际上属于交际双方共知的背景知识。如“吃饭了!”“喝水了!”“看书了!”实际上等于“来吃饭!”“来喝水!”“来看书!”，或“吃饭去!”“喝水去!”“看书去!”。提供运动路径事实上是约束动作的量，句式A由一个现象结构构成，不要求提供运动路径，所以“吃那碗饭!”、“买书!”均是自足的句子。而“那碗饭”、“书”的定指并不能指示运动路径，如再加上运动方向则相当于提供运动路径，即“运动方向+定指事物=运动路径”。如“来吃饭！吃饭去!”的运动路径指示事实上由“来、去”的方向指示与“饭”的定指性共同标示出来。李宇明(1998:85)在讨论动词重叠的量的意义时就曾指出，在动作量和时间性这两个对动词至关重要的语法因素上，动词带不带宾语不会有质的差异。因而“＊吃那碗饭了！”与“＊买书了！”中的定指和不定指宾语并不能左右动作的量的变化，在不能提供缺省的默认路径的情况下便不能自由运用于事件祈使。

如此我们可以得出结论：句式A由现象结构构成（“V！”可看成缺省的现象结构），可以称为现象祈使，说话人期待动作的发生；句式C由事件结构构成，可以称为事件祈使，说话人期待动作结果的实现或期待动作的开始；句式B说话人期待动作的持续，是一种非典型的事件祈使。各种句式的性质都可以通过相应的否定式得到验证。

无论哪种期待，祈使句表示的动作行为都涉及一个心理认知域，动作的有界或无界只是表达者心目中的一种期望值。听者反馈的行动是否按表达者期望的轨道运作或运作后会有什么样的结果实现都还是未知数，且已超出了这一心理认知域表达的范围。在这一特定的心理认知域中，现象祈使与事件祈使或非典型的事件祈使大体上都被识解为具有相同性质的单位，前者可视为无界的动作，后者可视为无界的事件。

3.1.2.2.4 疑问句

3.1.2.2.4.1 疑问句的类别

疑问句可大别为两类：由非疑问形式的语言成分构成的是非问句和由疑问形式的语言成分构成的特指问句和选择问句（陆俭明1982[1993:31～33]，邵敬敏1994:50）。这两大类三小类问句都可以看成由陈述句转换出来的句式（朱德熙1982:202）。徐杰（1999:26）认为完全可以将只属于疑问的“句式”从句型系统中抹掉，从而简化形式语法的规则系统，降低羡余度。可见疑问语气是一种完句成分，即徐杰（1999:24）所谓的“是全句的功能范畴”。

疑问语气是一个总名，"疑"和"问"的范围不完全一致。有传疑而不发问的测度句，有不疑而问的反诘句，只有询问句是疑而且问。询问、反诘、测度，总称为疑问语气（吕叔湘1982:281）。"疑"可以对物、对事、对人，是一种心理言语行为；"问"则只是对人，是一种言语交际行为（戴耀晶2001:89）。如此"疑"有程度之分，"问"有偏向之别，"问"的偏向是"疑"的程度的外在体现。"疑"的程度是说话人在肯定判断或否定判断语义强度之间取舍的心理期待值，"问"的偏向是这一心理期待值的表达，是取舍已定。判断的形成和判断的表达属于认识和语言两个不同的层面。

王力（1943[1985:168]）曾对"疑"的程度和"问"的偏向作过论述：凡完全疑问，往往用并行的谓语形式；凡信多于疑，往往用"吗"字。但据黄国营（1986:131～135）的研究，普通话反复问句比"吗"字问句更中性，"吗"字问句经常有反问意，期待与问句命题不一致的"不"字回答。如"你肯不肯去？"是中性问，说话人没有特定期待。而"你肯去吗？"就更常用于反问，期待回答"不"。"你不肯去吗？"也一样，期待回答"不，我肯去"。赵元任（1979:356）也曾说过，跟用"吗"的问句不同，"V—不—V"的问话是不偏于哪一边的。"你怕风不怕？"中，怕与不怕的可能性，在问话人的脑子里是各占50%。刘丹青（2005:84～85）把期待回答"不"的和期待回答"是"的是非问句都归入引导性的一类（刘文认为普通话中使用语气词"啊"的疑问句以及光用语调的疑问句大致都属于期待回答"是"的一类），把对回答没有事先期待的归入中性的一类（刘文认为"吗"字疑问句大体上属于此类）。

这样似乎可以以询问句的判断语义强度值为中间值首先为三大类疑问句询问、测度、反诘建立起一个判断语义强度等级序列。如果把语义强度大的肯定或否定判断表述为期待肯定回答的信多于疑，把语义强度小的肯定或否定判断表述为期待否定回答的疑多于信，则：

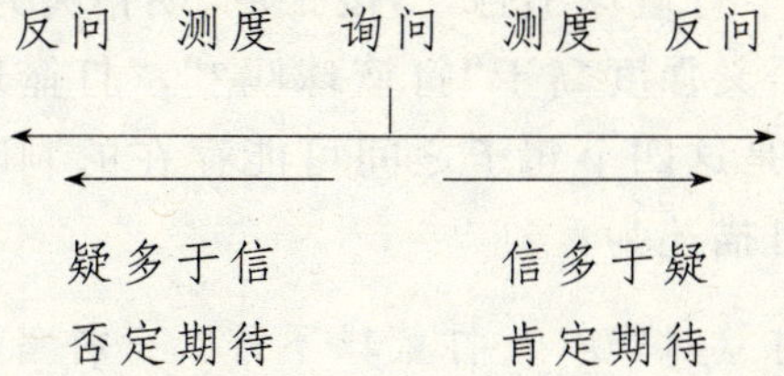

各大类因表达疑问的形式不同内部也并不均衡。就询问句来说，陆俭明(1982[1993:32])把带“吗”还是带“呢”作为由非疑问形式的语言成分构成的是非问句和由疑问形式的语言成分构成的特指问句与选择问句区别的标志，张斌、胡裕树(1982[1989:140])指出单用语调表示与兼用语调和语气词表示的疑问句的判断语义强度是有区别的。用“吗”的句子的疑问点是依靠句外因素(语言环境)来指明的，用“呢”的句子的疑问点是依靠句内因素来表示的。这些句内因素包括特指问中的疑问词、选择问中供选择的并列项目、反复问中肯定词语与否定词语的连用。“呢”的主要作用不在于表示疑问语气，而是增加深究的意味。如“谁来了?”是单纯的询问，表示的意思是“请你告诉我”；“谁来了呢?”疑问色彩反而淡了些，增加了些“深究”的“我简直猜不出”的意思。而“吗”字疑问句(如“他来了吗?”)是单纯的询问，不带“吗”的是非问(如“他来了?”)带有怀疑的意味。这也就是说，将“吗”字疑问句视为中性问，不用“吗”的是非问是疑大于信的偏向问；将不带“呢”的特指问和选择问视为中性问，带“呢”的特指问和选择问便是信大于疑的偏向问。这一结论跟上述黄国营的结论并不相悖，黄的结论是在“吗”字疑问句与反复问句的比较中得出的。不同类型的询问句之间可能存在一个判断语义强度等级，如要给“打篮球?”、“打篮球吗?”、“打篮球不打?”、“打篮球呢?”四个句子排队的话,按黄国营先生的结论“打篮球吗?”的判断语义强度高于“打篮球不打?”,按张斌、胡裕树先生的结论“打篮球?”判断语义强度高于“打篮球吗?”,“打篮球呢?”又偏向信大于疑,于是这四个句子之间可能存在的判断语义强度等级序列大致可描述为:

打篮球? —打篮球吗? —打篮球不打? —打篮球呢?

←————————————————|————————————————→

疑大于信的偏向问　　← 中性问 →　　信大于疑的偏向问

偏向问相对于中性问而言,或者说判断语义强度等级的存在正是基于偏向问和中性问这种相对性的联系。蒋绍愚等(2005:464)综合了各家关于汉语选择问句的历时发展后认为,汉语选择问句经历了“并列选择问句→正反选择问句→是非问句”的发展过程,正反选择问句和部分是非问句在历时发展过程中存在着渊源关系,一些正反选择问句构成了是非问句的一个来源,转化的条件是它们表达的语义接近或相同,结构形式相近。刘丹青(2005:86)也指出,无论是从共时结构形式还是历时演变看,反复问句都是很多种问句形式的中枢环节和过渡状态。它一头连着选择问,其最松散的组合形式就完全是一种选择问句,如“去,还是不去?”中间有“去也不去?”之类半松散组合,发展到“去不去?”,被看成典型的反复问句。到这一阶段,反复问就已经是一种是非问的形式手段了。再进一步发展,反复问还可以进一步偏离正反反复的形式,成为其他类型的是非问。如“去不? /去吗?”或谓词重叠型是非问句。

同一类型的结构如有不同的形式并存,这不同的形式往往并不完全同义,与基式不同的衍式总是基式表达体现出来的某种偏向。邵敬敏、朱彦(2002:25～27)指出"是不是 VP"一从"是 VP 不是"紧缩而来,二从"VP 是不是"移位而来。一般的正反问的信疑度是"信 50%,疑 50%","是不是 VP"问句不是信疑参半的问句,而是建立在某种已知事实或已有观点基础上的表示肯定性倾向的"咨询型问句"。邵、朱并将"是不是 VP"与"吧"字是非问进行对比,得出的信疑度比例是"75 %＜'吧'字是非问的信度＜100%,50%＜'是不是 VP'正反问的信度＜75%"。陶炼(1998:105)也曾指出过具有肯定倾向的"是不是 VP"不是强疑问句,不能用强疑问语气词"到底、究竟、倒是"等修饰。

这支持我们的假设。当然,更进一步的结论还需要大量的共时语言调查结果和历时文献研究报告以及物理实验等的支持。

3.1.2.2.4.2　疑问句的性质

我们考察的疑问句限定在动宾谓语句的范围之内,因为一个具体的动作行为往往由动词和其关涉的事物宾语共同表示。范继淹(1982[1986:191])提出过四种体在是非问句中的句法表现:

(40)a. 未然体:你开窗户吗?
　　b. 曾然体:你开过窗户吗?
　　c. 已然体:你开了窗户吗?
　　d. 持续体:窗户开着吗?

在疑问句中我们看到动词只有体的变化没有时的变化,即动作不再与具体的时间挂钩,或者说动词失去了指称意义,表示[＋静态、－持续、－完成]特征的状态意义(参看陈平 1988:407;刘正光、曹志希 2007:40)。邓守信(1986:31)在讨论达成情状时曾表达过动作完成即转入状态的看法:"达成不牵涉到动作而只表明某种情况的出现,如'乾了'的'乾'这个现象在'乾了'之前是不存在的,而且'乾了'也不是某个动作的目标。概括地说,'乾了'只是一个状态的发生,或者说是一个状态的转变。"邓守信(1986)沿袭了泽诺·万德勒(1967)情状四分。泽诺·万德勒(1967[2002:183～185])这样来描述状态范畴:"状态是一个令人迷惑的范畴,在这个范畴里,动词的角色融化在谓词的角色里,行为蜕变为性质和关系。""'抽烟'、'绘画'等词的活动意义和状态意义之间的区别是具有普遍性的……许多活动动词(以及一些目标动词和成就动词)具有某种'派生的'状态意义。""虽然硬化是一个过程(活动或目标),'是硬的'却是一种状态。"

既然活动意义与状态意义之间的区别具有普遍性,表达上的差异也应该具有规律性。如果把活动等的意义与状态意义之间的区别描述为动作时制变化的存在与否,则前者表现为动态的行为,后者表现为静态的状态。对于具有某种派生的状态意义的活动动词(或目标动词和成就动词)来说,时制变化的消失或背景化的结果便是状态意义的凸显。动词词组在没有受到约束之前只能表特性,不能指称事件或状态。如果说陈述语气约束动词词组指称事件,疑问语气正是约束动词词组指称状态的高层次的完句成分。疑问句中疑问点是焦点成分,汉语各种疑问句的疑问点毫无例外地都成为判断对象,人们可以对动作的每一种情状进行提问。如(40)可用"是"或"不是"即点头或摇头来作答,但疑问点在动词词组,习惯上直接用动词的肯定或否定形式来作答:

(40′) a. 开/不开。
b. 开过/没开过。
c. 开了/没开。
d. 开着呢/没开。

动作量和时间性对动词词组的表义并无影响，但回答习惯上改成了“是”或“不是”。如对“你开了两次窗户?”、“你开了那扇窗户?”的肯定回答都是“是”，否定回答都是“不是”。

是非问句的疑问点要依靠句外因素来指明，疑问点如不在动词词组上，回答时一定用“是/不是＋疑问点”来表示。张斌、胡裕树(1982[1989:139])曾给出过例证：

(41)问：他昨天来过这儿吗?

答：a. 不错，是他。(或不是他。)

b. 不错，是昨天。(或不是昨天。)

c. 不错，来过。(或没来过。)

d. 不错，是这儿。(或不是这儿。)

特指问和选择问也不例外：

(42)a. 谁昨天上广州开会去了? ——是他。

b. 他什么时候上广州开会去了? ——是昨天。

c. 他昨天上哪儿开会去了? ——(是)上广州。

(43)a. 咱们今天去还是明天去? ——(是)今天去/明天去。

b. 今天开会不开? ——开/不开。

“是”放在动词词组前是问动作的各种情状表现。泽诺·万德勒(1967[2002:183])把习惯也当做状态，认为问句“你是在抽烟吗?”问的是活动，“你抽烟吗?”问的是状态。陈嘉映为此作的批注是，“你抽烟吗?”在汉语里可以是泛问你是不是一个抽烟的人，但更经常用来问活动：你要不要抽支烟? 我们把现象结构作为疑问点的句子都视为问活动，因为“抽烟、喝酒”可以成为习惯，比“抽烟、喝酒”更为频繁的活动“吃饭、喝水”却不见得能成为习惯(现象因而可表述为一种常规化活动)。同样，把事件结构作为疑问点的句子都视为问事件，问人、物、处所、时间、原因、目的、方式、程度等的句子都把现象结构或事件结构的情状表达作为双方共知的背景知识，通常作为判断对象缺省的部分出现，如(42)b的答句其实是“是昨天(上广州开会去了)”。“是”字句是一种典型的容器语句。泽诺·万德勒(1967[2002:213])把容器语句比作一些有选择性的房东：它们也许只接纳按照某种特定方式名词化语句，同一个句子如果换一种名词化的方式，就有可能被拒之门外。“是”的宾语无论是什么样的结构，都会名词化为判断对象，从而失去其行为指称意义。

由此我们可以得出结论：疑问句表达言语交际行为“问”，句中的现象结构或事件结构的情状表达意义背景化，结构的状态意义凸显。状态意义凸显的结构客观上被当成一个同质的整体来看待，或者说被识解为一个无界动作单位。不同结构的选择跟信疑度值的大小有关，成为意义区别的重要语法手段。

这也使得动宾粘合式结构能够自由运用于各种疑问句。

3.1.2.2.5 标题句

这里我们讨论的标题句只限于动词句的范围。标题句的意义内容是篇章内容的概括提炼，人们为了最大限度地表现主题思想，对标题句的句子结构进行必要的调整，包括词语的选择、语序的调整和虚词的缺省等。这样，一个标题句往往由不同层次上的几个粘合式结构组合在一起，离开了篇章内容的支持，许多结构往往是不合格的。我们以《三国演义》120回篇目为例简要归纳标题句结构上的一些特点以及结构的性质。

3.1.2.2.5.1 用现象结构表示事件结构

《三国演义》120回篇目计240个标题句，含两个动宾结构的有123个；含1个动宾结构的有116个，其中动宾结构带宾语的情形计有 5 例:“吕奉先射戟辕门、曹孟德败师育水、钟会分兵汉中道、武侯显圣定军山、魏主归政司马氏”,动补结构带宾语的情形计有 3 例:“姜伯约归降孔明、武乡侯骂死王朗、诸葛瞻战死绵竹”,主谓结构带宾语的情形计有 3 例:“姜维兵败牛头山、刘备自领益州牧、曹阿瞒兵退斜谷”,动宾结构做主语的结构计有 4 例:“治风疾神医身死、传遗命奸雄数终、困司马汉将奇谋、废曹芳魏家果报”;不含动宾结构的只有 1 例:“陆逊营烧七百里”,其余大多是由状中结构或单个动词带宾语的情形。

含两个动宾结构的标题句的两个动宾结构之间大致有如下几种主要的逻辑语义关系:

方式:斩黄巾英雄首立功　破曹丕徐盛用火攻
武侯弹琴退仲达　祢正平裸衣骂贼
目的:匿玉玺孙坚背约　报父仇曹操兴师
马孟起兴兵雪恨　曹操抹书间韩遂
原因:急兄仇张飞遇害　雪弟恨先主兴兵
马谡拒谏失街亭　吉太医下毒遭刑
顺承:废汉帝陈留践位　发矫诏诸镇应曹公
夏侯淳拔矢啖睛　刘皇叔跃马过檀溪
处所:宴桃园豪杰三结义　会古城主臣聚义
蔡夫人隔屏听密语　赵云截江夺阿斗

他如两事并陈:“曹阿瞒割须弃袍”,时间交待:“宴长江曹操赋诗”等。

含 1 个动宾结构的标题句多用状语成分交待事件背景内容,补语的情形只检出上述数例。补语只表示事件结果,状语表义丰富,主要有:

方式:诸葛亮舌战群儒 赵子龙计取桂阳 诸葛亮火

烧新野

数量：甘宁百骑劫魏营 武乡侯四番用计 孔明三气周公瑾

处所：曹阿瞒许田打围 刘皇叔北海救孔融 下邳城曹操鏖兵

动作者情状：张翼德怒鞭督邮 王司徒巧使连环计 张辽威震逍遥津

他如目的："关云长义释曹操"，动作程度："袁公路大起七军"等。

现象结构与事件结构是抽象和具体的关系。标题句由于概括性的要求需要用现象结构来表示事件结构，这不仅仅是因为现象结构的 V 和 N 都有突出的象征性，更在于现象结构比起事件结构来能够容许更多的缺省成分，据一个现象结构可以推出其他需要的语义成分，一个具体的事件结构则受到了太多的限制。一个复杂的事件或场景用一个单纯的事件结构有时往往不容易交待明白，却可用一个现象结构概括出来，一个现象结构可以概括几个事件结构甚至段落、篇章意义内容。所以 240 个标题句中 239 个都至少包含一个现象结构，唯余 1 例"陆逊营烧七百里"，宾语"营"由于结构调整的需要移到了动词之前。

动作发生的时间和结果是具体的，因而往往成为标题句缺省的成分。240 个标题句几乎找不出时间词语，时体助词 1 例也不出现。结果补语也只出现 3 例。

表示方式、原因、目的、处所等的介词也属于可缺省成分，这样不仅增加了现象结构的意义类别，其他类型的粘合式结构尤以状中粘合式结构大量出现，如"义释、舌战、怒鞭、谋诛、智激、议取、计夺、巧使"等，这固然是由于意义容量的扩充需要，形式上也选用单音节动词与此相适应。

3.1.2.2.5.2　标题句的性质

尹世超(2001:153)把标题句的特点概括为“语法简,语义显”。刘云(2003:30～32)认为是篇名的话题性和称名性造成了隐含和简省以及成分的移位,篇名是有标记的结构,是自然语句的篇章化。从自然语句篇章化为篇名的过程中具有明显的语用动机——包括称名因素和话题因素。我们赞同这些看法,也将标题句视为一种有标记的结构,这种有标记结构的形成是客观上受语用动机促动。形式越简留给读者想象的空间越大,表达也越抽象模糊;反过来,形式越复杂留给读者想象的空间越小,表达就越具体形象。最简的形式莫过于一个单词,其次就是粘合式结构,最后是组合式结构。作为标题,受称名性与话题性等的驱使,可能的形式选择等级大致可以表述为:单词＞粘合式结构＞组合式结构。这一等级序列同时也是“抽象＞具体”强弱程度序列。而标题句同时受句子的特点制约,篇章语言学把一个句子看做一个“话题—述题”结构,如果把一个句子看做一个段落甚至一个篇章的话题(参看刘云 2003:32),则这一话题其中一个构成部分还应带有一定程度的述谓性或话题本身带有一定程度的述题性。因而粘合式结构自然成为标题句的首选形式。不同类型的粘合式结构中,动宾粘合式结构由于两个构成成分表示的动作和动作对象都具有突出的象征性,因此又是概括事件的最简形式。现象结构本身就是事件结构的概括形式。

由此可见,标题句作为篇章内容的抽象概括,起码应该以一种现象或一个事件作为话题,而更经常地以一个事件作为话题,因为事件的运动路径寓于篇章之中。作为概括形式,标题句一般不容许运动路径同现;作为具体形式,标题句往往不容许动作的关涉对象缺省。这样,动宾粘合式结构便成为标题句的无标记形式,标题句实际是用一种同质的形式表示异质的内容，即用一个现象结构来代表一个事件，包含两个动宾结构的标题句则代表了一个复杂的事件。标题句的标记性体现在用现象结构来表示事件结构，缺省的成分都要用篇章来补足了。

因动作缺乏一个内在终止点，标题句整个结构是无界性质的。即使如“骂死王朗”这样的含有补语的结构也因缺乏一个实际的终止点而被识解为一个无界动作单位，自然语言中本就不是一个自足的结构。如果把一个篇章作为一个大的认知域，标题句的句式意义可被识解为一个无界的事件。

3.1.2.2.6 非事件句是一种抽象表达的语言单位

以上我们把沈家煊(1995:374)提出的五种非事件句逐一进行了考察。五种非事件句或被识解为无界的活动，或被识解为无界的事件。受特定的认知域限制，非事件句中动作和动作支配的事物两个结构成分或都是无界性质的，或必有一方是无界性质的。根据有界无界匹配原则，另一方相应地也按无界识解。识解的性质取决于表达的性质。人们需要具体表达，也需要抽象概括，正如人们需要为事物或现象命名一样。非事件句其实是一种用于抽象表达的语言单位，只是抽象的程度没有命名那么彻底，表达无界性质的活动或事件是特定认知域规定的结果罢了。

3.2 动补粘合式结构

动补粘合式结构是事件结构或事件的类，受有界完句成分制约也可以表示事件。

动补粘合式结构主要有两类：(a)补语表示动作的结果；(b)补语表示动作的趋向。袁毓林(1999:47)又加上一类：(c)补语表示动作的程度，因程度补语的形式有限且表达意义单一，因此不作为我们讨论的第三种情形（以下我们用 V 表示述语动词，用 C 表示补语，用 VC 表示动补粘合式结构）。人们通常把“结果”作为不同类型补语共有的语义，因此动补粘合式结构统称行为结果次范畴类别表达形式。其中(a)类动结式粘合式结构可称为狭义的行为结果次范畴类别表达形式，(b)类动趋式粘合式结构可称为行为方向次范畴类别表达形式。

我们讨论的动补粘合式结构不包括“上溯、坐落、沉溺”等粘着动词构成的结构（通常粘补动词的补语是一个介词词组，参看周海峰 2000：26），如“上溯至汉代、坐落于西子湖畔”。因补语是有界成分，这种动补结构毫无例外地都具有事件的性质。

3.2.1 VC 的形式和意义

VN 表示活动或现象，VC 表示事件。VN 是 V 表示的活动的认知域中的一种具体的活动或现象，VN 如要表示事件，需要有具体的运动路径指引。高层次的完句成分（如“了$_2$”、“吗、呢”等）、低层次的标记成分（如补语、“了$_1$”、数量词等）都可以约束 VN 整体或部分作有界识解，所以动宾组合式结构都表示事件，每一个动宾组合式结构都隐含了一个具体的运动路径在内。从对一个事件的概念结构的分析中可以看出，受到约束的 VN 在一个复杂事件或宏事件中被识解为一个副事件，这一副事件与事件角色凸体、衬体、使事和运动、路径构成的主事件有足够的概念上的联系，动补之间的语义联系一般用因果联系概括。张国宪（2006b：4～5）解释说，因果事件可以有不同的表达形式，可以用相对独立的子事件（表示原因的动作事件和表示结果的变化事件）来表述，也可以对两个相对独立的子事件进行表述整合，形式操作是将动作事件的谓词做述语,变化事件的谓词做补语,构筑成关系紧密的动补复合构造。郭继懋、王红旗(2001:15)归结为认知方式的改变:如果结果被认为具有有限的表达价值,便与原因合并起来作为一个单一的完形(一个整体)以“总括”式的扫描方式来认知;如果结果被认为具有相当高的表达价值,那么就会被作为一个独立的情况特别地凸显出来,原因和结果被作为两个单独的事件以“次第”式的扫描方式来看待。前者使用粘合补语,后者使用组合补语。以此类推,两个相对独立的子事件应该是因果联系凸显度更高的表述形式。

动补结构的起源我们在§3.0.5已作过大致介绍,学界普遍认为动补结构产生的一种重要方式是由两个他动词构成的句法结构的后一个他动词经过自动词化过程形成的。张国宪(2006b:15)进一步把补语的孕育过程概括为一个“脱及物化”的过程,是从他动到自动的嬗变。梅祖麟(1991:129)推测“动+形”型的动补结构比“他动+自动”型的产生得早,“长大”、“缩小”、“减少”这些不带宾语的“动+形”复合词,对“减轻”、“填满”、“射伤”、“攻下”等汉代的并列结构会起感染作用,使后者变成动补结构。梅祖麟(1991:120)并指出动补结构的产生不但是构词层次上的问题,也是句法层次上的问题。戴庆厦、黎意(2004:124)持相同的看法,并进一步从类型学角度指出因由:述补结构的结构方式是词的组合,本质上与词的构成一致。分析性强的语言,多以词根的组合表示各种意义,容有较大的构词空间。这让我们相信动补结构的整合既有语法化的动因,也受到构词方式的感染。由此我们也知道补语的典型词类选择形式形容词与脱及物化过程无关,甚至可以进一步推测补语的脱及物化过程实际是形容词补语位置义的一种仿拟。

马真、陆俭明(1997:14)把由形容词充任结果补语的述补结构的语法意义概括为以下四种：A. 预期结果的实现，如“晾干了、洗干净了”；B. 非理想结果的出现，如“洗破了、搞坏了”；C. 自然结果的出现，如“长高了、变红了”；D. 预期结果的偏离，如“挖浅了、买贵了”。徐丹（2000：116～117）将由动词充任结果补语的述补结构的语法意义概括为“完结”、“有果”，表达动作处于某一过程的终点。形容词在单独运用时一般表达“性质”、“状态”意义，但在动补结构中，前面的动词赋予后面的形容词一种动态意义，即处于一动作过程后期或终点的意义。从逻辑语义上说，一个命题在语义结构上可以分析为一个“述谓结构”。一个述谓结构由一个“谓词”和若干个“变元”组成。假如一个谓词可以表示一种缺省的述谓结构，则 VC 可能是两个述谓结构的整合。事实上，V 和 C 可以有相同的变元，也可以有不同的变元（具体可参看袁毓林关于述结式的句法语义分析，1999：47～73），这证实上述关于整合的推断。用一个公式表示即 VC＝V(C)＋(V)C。主事件 V(C) 表示缺省了 V 的变元的动作事件，C 指示运动路径。从概念结构上分析，原因概念 V 与运动概念 MOVE 合并，显现为动词 V；副事件 (V)C 表示缺省了 C 的变元的变化事件，V 指示变化原因。从概念结构上分析，路径概念 C 显现为动词或形容词补语。动结式概念结构中，副事件 (V)C 通常是主事件 V(C) 运动的原因；动趋式概念结构中，副事件 (V)C 通常是主事件 V(C) 运动的方式。前贤们的研究证明，VC 中 V 因 C 表示动作的完结，C 因 V 表示事件结果的凸显，V 和 C 互为命题背景。由此可知 VC 是一个复杂事件的简式，V 和 C 是有着足够的概念联系的两个相对独立的子事件的核心成分，而 VN 中的 N 只是一个事件的一个变元。

3.2.2 意义层次:句式意义与句位义

一个句式是一个心理上的完形,作为一个句式组成部分的某个结构也是一个心理上的完形。整体意义并不等于部分意义的简单相加,因而作为完形结构的句式或结构多多少少都会有意义溢出现象发生,这是整合过程中必然会出现的事件。整体比部分显著,整体意义从根本上制约着组成部分的意义表达。沈家煊(2000:31)明确指出了这一点:"与其说句式的整体意义取决于组成部分的意义,不如说组成部分的意义取决于句式的整体意义。"袁毓林(2004:3)持类似的看法,并进一步指出句式意义的由来:能决定句式配价的句式意义是由动词的论元结构提供的,动词的论元结构中各论元角色之间的语义关系的抽象化为有关句式提供了最初的意义。朱德熙(1986:82)区分了高层次的语义关系和低层次的语义关系,如"床上躺着病人"的"躺"与"病人"之间除了及物性关系之外,还有表示存在方式的一层关系。前者是与整个句子的语法意义不直接关联的低层次的语义关系,后者是与整个句子的语法意义直接关联的高层次的语义关系。句式意义无疑属于高层次的语义关系意义,结构意义(这里指作为句子结构组成部分的结构表现出来的意义)显然属于低层次的语义关系意义。一个显见的事实是,作为一个整体结构的句式往往容许这样那样的缺省,实际是句式意义制约的结果。如讨论句式的配价,动词的必有论元如是规约性成分,则往往成为句式中的缺省成分,因规约性成分的意义往往是句式意义的默认值。就动补结构来说,"把"字句和"被"字句都表示由于动作的影响而产生某种结果,结构上都要求动补结构出现。而实际上有"结果"义默认值的动词往往缺省默认值补语,如"把他杀(死)了"、"把饭吃(完)了"。缺省也就是句式意义容许。

张伯江(2000:37)将“把”字句“A把B VC”的句式语义归纳为由A作为起因的、针对选定对象B的、以V的方式进行的、使B实现了完全变化C的一种行为,客观上说明了这一缺省默认值的存在。

句式意义往往左右着词类或结构型式的选择,使得形式与意义的结合呈现出有规律的对应关系。汉语的受事主语句往往表示人们不如意、不企望的事。詹人凤(1992:191～192)举例说,以“打”为中心构成的动结式短语做谓语(不带宾语),表示不幸、不如意意义时主语往往是受事,如“打伤、打死、打坏、打瘸、打输、打败、打怕、打傻、打昏、打垮”,只有一例“打赢”例外。而形式与意义的这种整齐的对应不能不让我们就不同层次的两种语义关系的关系进行思考。可能的情形是,高层次的语义关系相同低层次的语义关系结构的变化就整齐,反之亦然。以往的研究更多地触及低层次语义关系结构的变化,对高层次语义关系的约束的系统的研究成果还不多见,但事实上人们从未停止过对这一问题的关注。范开泰(1999:1～10)专就高层次语义关系(他称之为型式语义)作过例举分析,将陈述成分和指称成分在一定条件下的互相转化、静态句中“了”和“着”的自由替换都看成是型式语义相同造成的。如“好大的雷声!”指称性成分表示陈述,约束转换的是全句语气;“台上放着一盆花。=台上放了一盆花。”都是语义上兼表存在方式的静态存在句,低层次语义关系是从“放”的行为动作实现后产生结果状态的角度表达还是从结果状态持续的角度表达并不影响句子的同义关系;“早上老人们总爱提着菜篮子上公园。=早上老人们总爱提了菜篮子上公园。”是因为这一类的连动式中 VP_1 对 VP_2 有一种静态义的关系,“VP_1 着 VP_2”中的 VP_1 有“方式—静态义”,“VP_1 了 VP_2”中的 VP_1 有“伴随动作—静态义”。低层次语义关系“方式、伴随动作"的差别同样不影响句子的同义关系。前面我们说过,全句语气以整个句子为辖域,可以约束辖域之内的所有变量。而动态助词"着、了、过"、补语等只约束动词中的事件/状态变量,但却无法约束其辖域之外的其他变量。同义句式成立的条件是句子辖域内变量相同和变化一致,变量相同的属等义句式,变化一致的是近义句式。变化一致即是允准低层次语义关系的不同。

跟全句语气相关的句式意义或型式语义同样可以约束整个句子辖域内的所有变量。如句子表示指称还是陈述、静态还是动态等都属于高层次的句式意义。有些成分或格式与句式意义相关,属于高层次的语义关系标记。如语气词、助动词、语气副词和频度副词等。汉语中有一类词语本身不具有周遍义,但在一定的句式中具有周遍义。这些词语包括:"一"、"一……一"、"再……也"、"最……也"、"连……也/都"等(参看沈家煊 2000:30),例如:"他一句话也不说。/知道一件讲一件。/最便宜的我也买不起。"沈家煊(1999a:95)用全量肯定否定规律来解释这种遍指句的句式意义约束:对一个最小量的否定意味着全量否定,对一个最大量的肯定意味着全量肯定。但也有例外,即有时候肯定一个极小量词得出肯定全量的意思,如"他一块钱都给家里寄去";否定一个极大量词得出否定全量的意思,如"我从来没听说过"。例外有例外的规律支配。遵循全量肯定否定规律的"他一句话也不说"中被否定的词语"一句话"也可以放在否定词的后面,被否定的词语放在否定词后面是无标记的句式。而"他一块钱都给家里寄去≠他给家里寄去一块钱"、"我从来没听说过≠＊我没听说过从来",即只能采用被否定词语放在否定词前面的有标记句式(参看沈家煊 1999a:106～109)。

动补句的句式意义假如用表示结果事件来统括,可以发现这一句式意义有若干不同的下位类别意义，通过粘合式和组合式结构形式表达出来。朱德熙(1985:49)认为典型的述补结构有三类:第一类是粘合式述补结构;第二类是带“得”字表示可能性的述补结构;第三类是带“得”字表示状态的述补结构。就具体的某一类来说，结构的意义也可以是这一类句式的型式语义，比如表示可能性的“得”字结构做谓语，句子的整体意义如果也表示可能性:“他答得上来。”则结构意义与型式语义一致。当然也有不一致的情形:“他总答得上来。”型式语义表示惯常行为，结构意义表示可能。结构意义是型式语义的组成部分，只约束结构内的变量;型式语义约束句子的所有变量。词类和结构型式的选择都会受到型式语义制约，这是词类和结构型式具有固定语法意义的前提。

结构意义可分解出句法位置义。张国宪(2006b:2)给句位义下的定义是，处于某一句法位置上的词语会沾染上句位所赋予的某些更为抽象的话语信息，以影响说话人和听话人对事件的认知组织或解读模式。张先生(2006b:5～8)把动补结构看做一个动作事件和一个变化事件整合而成的复合事件，指出施动者的控制范围只触及动作事件，变化事件不在施动者的控制之内。所以把补语的句位义描述为“非可控”，补语的脱及物化孕育过程其实是从可控到不可控的转变，是非可控句位义诞生和逐渐固化的过程。我们支持这一论断，进一步的证明会在下面的分类叙述中逐步体现出来。

句式意义决定了结构成分的性质，左右着人们对结构成分性质的识解。表可能性意义的“V得/不C”一般被称为能性述补结构。吴福祥(2002:20～21)认为能性述补结构是由表示某种结果(/状态)实现的“V得/不C”语法化来的。表实现的“V得C”可以看做两个事件的复合，其中V表达预设信息，C负载焦点信息;表能性的“V得C”中VC表达的是一个完整的事件,格式中的能性意义以 VC 为语义辖域,可以看做 VC 的语义算子,所以 V 和 C 都是焦点信息的负载者。我们换一种说法则是,表实现义的“V 得 C”结构意义与句式意义一致,结构性质本就是有界的;表能性的“V 得 C”结构性质本也是有界的,但受能性意义约束,整个结构只能作无界识解,结构意义因而与句式意义不一致。这可以在句法上找到证据:表实现的“V 得 C”可以扩展,因 V 和 C 都是有界成分:“洗得干净~洗得很干净”;表能性的“V 得 C”不能扩展:“举得起来~*举得很起来”。不能扩展说明两个结构成分至少有一个是无界的,相应地,另一个也作无界识解,整个结构的性质是无界的。一个作无界识解的有界结构由其本初意义向着逆本初意义的方向游移,如能性意义就处于“现实—非现实”的中间环节,可能就是与非现实相对的现实,不可能就是与现实相对的非现实。这种表达无疑是句式意义绑定的结果。可见,结构意义能否实现为句式意义(我们把结构意义都看成句式意义的先期准备),取决于句式意义或表达对结构形式的选择。一个离散性质的结构并不必然有离散性质的表达。

3.2.3 动结式粘合式结构

3.2.3.1 事件的离散性质要求

事件表达需要动作具有离散性质。着眼于补语表示动作的终止点的性质,把所有类型的补语都看做结果是毋庸置疑的。这一节所谓的动结式的结果,指与动趋式里的趋向补语相应的狭义结果。

动词具有双重数量特征,动词的离散性是非自主的,包括补语在内的有界成分是动词离散性表达的客观要求。动词离散性表达的非自主特征是语法化的结果。动补结构形成以前，汉语通过字的音义变化或字的并列表示动作和结果。梅祖麟(1991:126～129)曾把“他动词＋他动词”的动词并列结构转成“他动词＋自动词”的动补结构的因素归纳为四项，实际上也就是概括了动补结构形成以前表示动作和结果的主要形式，从另一个角度看也是动补结构形成的主要原因：1.清浊别义的衰落。先秦以声母清浊来区别自动、他动的构词法到六朝趋于衰亡；2.使动式的衰落也使得“伤、败”等动词由他动变为自动；3.“隔开式”述补结构的产生。如“打折”受“打汝前两齿折”的感染变作述补结构；4.“动＋形”复合词的产生对“他动词＋他动词”并列结构的感染。动补复合词大体有两个来源：一是词根复合法构词，具有能产性；一是动补结构的词汇化。无论哪一种动补复合词都还不能说可以自主地或完全自主地成为一种离散性表达单位，如“＊我在路上看见张三”也还不是一个自足的句子。正如§3.0.5所引符淮青先生的看法，“看”的对象可以是具体的事物，也可以是方向，“看见”只用于感受具体的事物，对象范围缩小或固定化了而已。然而动补复合词的补语毕竟是有界成分，动补复合词虽然不能独立构成离散性表达，但构成离散性表达时也不能再行增添补语，需要用其他有界成分来补足动词的自主性。如“我在路上看见张三了。/我在路上看见了张三。”都是自足的句子。这样就证明了我们上述关于语义辖域的层级问题认识的合理性存在：受句式意义约束的结构“我看张三了/我看见张三了”都可以自足成句，受句位义约束的结构“我看了张三/我看见张三”都不能自足成句，但“我看见了张三。”却是个自足的句子。自足句和非自足句的判定标准大致可以表述为是否需要添加另一个谓词性结构来补足当前谓词性结构意义表达上的缺位，这跟当前谓词性结构容许的缺省无关，如“我看见了张三”中可能缺省的处所成分或时间成分等。由此而来的问题是，补语与“了$_1$”都属于结构中的有界成分，二者同现时就能构成自足的句子，似乎两个低层次的有界成分之和相当于一个高层次的有界成分。这也说明补语成分与“了$_1$”的语法意义是有区别的。刘勋宁(1988:324～327)比较了“V完”和“V了”后把词尾“了$_1$”看做动词“体”的标志，其语法意义概括为“实现”，“V完”的语义是“完成”。“实现”与“完成”在语义上有某种重合。“实现”是就动作是否成为事实而言，“完成”是就动作的过程是否结束而言。过程的结束可以是一件事实，可事实却不一定是过程的结束。顺着这一思路往下走，表动作终止点的“完成”意义的补语是有界成分，“实现”体“了$_1$”可以表示动作过程的结束，也可以预示动作过程的内在终止点，是又一种有界成分。补语是“时”(tense)的标志，“了$_1$”是“体”(aspect)的标志，“时＋体”的意义就是一种句式意义。现在可以明白，“我看了张三。”在特定的语境中可以自足成句，而“＊我看见张三。”在什么样的语境下都不能自足成句，是因为语境义(语境允准的缺省意义)只赋予结构以“时”的意义，不能赋予结构“体”的意义。“我看了张三。”“时”的意义缺位由语境义补足，“＊我看见张三。”语境义与“见”的语法意义重合，“体”的意义缺位依然存在。

3.2.3.2　事件结构描述

充当动结式VC中C的动词是个封闭的类，充当C的形容词是个开放的类。我们依C的构成把动结式VC分为两类。

3.2.3.2.1　C为动词

动词C又分及物动词(V_t)和不及物动词(V_i)两类。我们从孟琮等(1987)编的《动词用法词典》中检索出能充当结果补语的动词主要有以下一些(也包括词典收录为形容词的个别情形)：

V_t：丢、懂、改、会、见、漏、怕、喷、绕、洒、塞、剩、吐、忘、信

V_i：病、沉、成、抽$_{收缩}$、愁、穿$_{破、透}$、倒、到、跌、掉、定、动、断、饿、翻、飞、拐、糊、化、混、活、挤、紧、尽、卷、开、渴、哭、裂、迷、灭、跑、破、晴、散、伤、少、胜、输、顺、死、松、塌、疼、通、透、突、退、弯、完、瞎、笑、醒、锈、哑、噎、赢、砸、炸、长、着、肿、住、转、走、醉

及物动词与不及物动词粘合的排列组合形式有四种：(1) V_t+V_t；(2) V_t+V_i；(3) V_i+V_i；(4) V_i+V_t。补语的句位义表示“有果”且兼表“时”的意义，张国宪（2006b：10）将补语非可控句位义的语义现实归结为动词意志性等级大小的体现，当述语动词 $V_1 \geq$ 补语动词 V_2 且 $V_2=$ 无意志动词或形容词时动补构造才得以成立。因此(4)不成立，V_2 的意志性程度高于 V_1，构造失去了合法性。

3.2.3.2.1.1 V_t+V_t

这又有两种情形。一种情形是两个事件结构论元重合，即两个动词是同一施事发出的动作，对同一受事施加影响。V_2 是 V_1 施行后的一种后果或状态：

(44)他居然学会了抽烟/我听懂了你的意思/我没留神碰洒了牛奶

另一种情形是两个事件结构的论元不完全重合，即两个动词也是同一施事发出的动作，但不对同一受事施加影响，“V_2+O”是“V_1+O”（“O”代动词的宾语）施行后的一种后果或状态：

(45)桌子上的蜡烛只烧剩了半寸长/他做生意做亏了本/他讲笑话讲恼了张三

前一种情形中的后果或状态一般是预期结果或自然结果

的实现,"学"为了"会","碰"可能"洒",属于一种规约性的结果;后一种情形中的后果或状态一般是预期结果的偏离或非理想结果的实现,"烧剩了半寸"中的"半寸"是非理想的结果,所以前面用了标举后面词语范围的"只"来修饰。即使换成"正好烧剩了半寸",也是表示一种意外的偶发性结果;同样,"讲笑话"是让听者笑的,"恼"是预期结果的偏离。如果说成"＊讲笑话讲笑了张三"则句子不成立。这样,我们可以得出结论:补语动词与述语动词的论元重合时表示规约性结果的实现,施事相同但受事不同表示偶发性结果的实现。

袁毓林(1999b:49～50)把前一种情形称为自由结构,后一种情形称为依存结构。自由结构带有习语性,依存的很常见,是一种临时性组合,"V_2＋O"必须有"V_1＋O"的预设前提。依存结构常常采用重动句式来表示偶发性结果的实现,重动句的语用功能一般在于强调动作行为的某种超常特征(参看项开喜 1997:263)。这跟张国宪(2006b:10)得出的补语"善于表述非规约语义"的结论是一致的。我们上述关于补语动词的检索结果也证明了这一点。

3.2.3.2.1.2 V_t＋V_i

也分自由结构和依存结构两种情形。自由结构中V_i的陈述主体施事是V_t的受事,如:

(46)道旁的树全砍倒了/用火烧断了绳子/把事情办砸了/把大伙全逗乐了

依存结构是必须有"V_1＋O"预设前提的,以重动句式较为多见:

(47)他喝酒喝醉了/唱歌唱疯了/讲课讲晕了/看书看入迷了

自由结构一般没有重动句式变换形式,如"＊砍树砍倒了/＊逗大伙逗乐了”。“他办事办砸了”的说法远没有“他事办砸了/他把事办砸了”常见。这是由于依存结构有“V_1+O”的活动预设前提，这一前提是 V_2 的致使原因（参看唐翠菊 2001:81），如“因喝酒而醉、因唱歌而疯、因吃加餐而胖、因爬山而累”。自由结构的致使关系只能表述为“树因砍而倒、绳子因烧而断、事情因办（不好）而砸、大伙因逗而乐”，凸显对受事的处置结果。VC 依存结构似可看做“隔开式”述补结构语法化的结果。依存结构中的 V_2 因是“V_1+O”的结果，一般也没有自由结构变换形式，如不能说“＊唱疯了歌/＊讲晕了课”。习惯上有“喝醉了酒、看入迷了书”的说法，袁毓林（1999b:50）认为“酒、书”是完形宾语，语义实际上包含在动词里，“喝醉”是一个带有熟语性的强式，因而是种强式的例外变换。至于“他唱歌把嗓子都唱哑了”可以有“他嗓子都唱哑了/他唱歌唱哑了嗓子”两种变换形式，是因“哑”与“他”和“嗓子”语义上都能搭配，可视为一种两可的情形。

V_2 的不及物也使得结果意义通常不再有预期结果的偏离情形，因结果都与 V_1 的论元有关。自由结构中的 V_2 语义指向动作的受事，依存结构中的 V_2 语义指向动作的施事，一般都表示自然致使结果的实现，自由结构倾向于预期结果的实现，依存结构倾向于非理想结果的实现，都在自然结果的程度范围之内。如“喝酒”的结果有“醉”与“不醉”之分，“办事”的结果有“成”与“不成”之分。

3.2.3.2.1.3　V_i+V_i

不及物动词的论元结构只涉及施事论元，因此述结式“V_i+V_i”可有两种情形：一是两个不及物动词涉及同一个施事论元，如：

（48）能有你的本事，我睡着也会笑醒的/妈妈为他的事气病，没想到的事/他手术后提前病退了/油价跌落低谷二是两个不及物动词不涉及同一个施事：

(49)老万笑起来，把东屋萧队长笑醒了/母亲被气病了好几天/老头子的肚皮也快气炸了

无论如何，V_2的意志性程度不能高于V_1，V_2是由于V_1的作用带来的自然后果或状态。

3.2.3.2.2　C为形容词(A)

3.2.3.2.2.1　V_t＋A

V_t和A可以共一个陈述主体，如：

一定要让孩子们吃饱吃好——孩子们吃饭＋孩子们饱

也可以不共一个陈述主体，这时A的陈述主体是V_t的受事宾语或动作本身：

洗净的羊毛要晾干——晾羊毛＋羊毛干
吃快了不好——吃(东西)＋吃快

规约性系联与非规约性系联是所有句法结构类型的两种根本的概念组合关系，两种系联并无截然分明的界限，只有强弱程度的区别，因而系联的规约性强弱程度具有相对性。马真、陆俭明先生概括的形容词结果补语的四种语法意义其实不在同一层次上。着眼于动作结果实现的可能性，自然结果的实现包括了其余的三种情形。预期结果的偏离可看成预期结果的负实现，非理想结果可看成预期结果的不完全实现。处于同一层次上的三种结果意义之间存在着一个规约性强弱程度等级序列：

1)：预期结果的实现＞非理想结果的实现＞预期结果的偏离

自然结果“长高了、长长了、长老了、长歪了、长扁了、长疯了”

可能是规约性结果，也可能是非理想结果或非规约性结果。这主要不是作为施动者的句子主语主观控制的结果，而主要取决于言者主语（utterance subject）主观表达的结果（关于句子主语和言者主语的分别参看沈家煊 2001a：269）。规约性结果是动作致使的正常结果，非规约性结果是动作致使的非正常结果。沈家煊（1999a：82、110）描述过说话人的心理视角：对没有任何偏向的观众来说，观看比赛总是希望看到踢进球。希望踢进是正常的、无标记的期待心理，不希望踢进是特殊的、有标记的期待心理。正面的、积极的意义是无标记的，负面的、消极的意义是有标记的。无标记的表达方式符合人的正常期待，有标记的表达方式不符合人的正常期待。这也就是说，说话人的表达能够左右人的期待方向或期待值（正向期待与负向期待）的变化。沈家煊（1999a：118～119）举例说，"煮半天就能煮烂"听者期待"煮烂"需要的时间大于半天，期待值是个正值，"煮半天才能煮烂"听者期待"煮烂"需要的时间小于半天，期待值是个负值，期待负值有否定的含义。"黄瓜长老了"因食用价值低了结果补语的期待值是个负值，"这枝杈刚好长歪了横过来遮阳"中的"歪"却表达正向期待。这样看来，预期结果的实现符合人的正常期待，通常用无标记的表达方式表达动作致使的正常结果；非理想结果或预期结果的偏离不太符合或不符合人的正常期待，通常用有标记的形式表达动作致使的非正常结果。换个角度说，通常无标记的正面的、积极的意义表达正向期待与有标记的负面的、消极的意义表达负向期待时采用无标记的表达方式，正面的、积极的意义如表达负向期待与负面的、消极的意义如表达正向期待也都要采用有标记的表达方式。如上述例子中的"歪"表正向期待时前面有"刚好"来补偿意义缺位。"长高了"如果是符合人的正常期待的无标记形式，超出这一正常期待值也是非理想结果或预期结果的偏离，同样需要有标记形式“长得高了”或“长得太高了”来补偿意义缺位。如此1)式可以描述为2)：

2)：

预期结果的偏离	非理想结果的实现	预期结果的实现	非理想结果的实现	预期结果的偏离
1	0.5	0	−0.5	−1
长得太高了	长得高了	长高了	长歪了	长疯了

从2)可以发现如下两种事实：1. 动结式VC的规约性强弱程度与人们自然结果的心理期待值而并非与说话人主观表达的心理期待值有对应关系。自然结果体现着人们的正常期待，如果自然结果的实现与预期结果的实现重合，则VC的规约性强；如不重合或距离过大非规约性就强。2. 结果意义序列中预期结果的实现处于中间位置，取不带任何偏向意义的中间值。这一中间值与自然结果的值重合时构成规约性系联结构，也成为规约性系联结构的默认值、非规约性系联结构参照的默认值，因而在有语境义参与的情况下规约补语成分往往缺省。如：

吃饱/完/好了——吃了/吃过了

因此也可以推测规约补语与非规约补语都只是客观的结果意义描述成分，本身并没有凸显结果程度的作用。非规约补语不能缺省的原因在于规约性强度达不到默认值规定的量值要求。

我们把预期结果的实现记为“+结果”，非理想结果的实现或预期结果的偏离记为“−结果”；把正面的、积极的意义记为“积极义”，负面的、消极的意义记为“消极义”，可以发现补语意义与结果表达之间受如下关联标记模式的制约：

无标记对应	无标记对应
＋结果	－结果
积极义	消极义

上述关联标记模式证明，“＋结果”与积极义、“－结果”与消极义对应时通常采用无标记的粘合式动补结构表达方式，否则要采用有标记的组合式结构表达方式。

标记性是相对存在的。非理想结果的实现相对于预期结果的实现是有标记的结果，相对于预期结果的偏离是无标记的结果；预期结果的实现相对于非理想结果的实现或预期结果的偏离都是无标记的结果，预期结果的偏离相对于预期结果的实现或非理想结果的实现都是有标记的结果。所以 2）从标记相对性角度可描述为 3）：

促发结果生成的动力有致使和非致使两种（参看张国宪 2006b：5）。“V_t＋A”属致使类结构。致使对象（指 A 的语义指向对象）无论是动作的施事（或施事的领有物）、动作的受事还是动作本身，结构中动作的受事宾语都必须是一种潜在的客观存在，或者说受事宾语是动作事件的一部分。整个动补结构是一种依存结构，受事宾语可以是通指或泛指成分，可以是定指成分，通常因属规约成分或泛指成分而缺省。非规约宾语只在结构的后面或前面出现。我们以“吃”为例说明如下：

吃光了——把饭吃光了/吃光了饭（“把”指示致使对象，“饭”既是致使对象，又是动作对象）

吃饱了——*把自己吃饱了/*把饭吃饱了/吃饱了饭/饭吃饱了（“饱”语义指向施事，“饭”不是致使对象不在“把”后出现，因属规约成分可缺省）

吃高兴了——把自己吃高兴了（“高兴”与“吃”陈述同一主体施事，“吃”的受事缺省）

吃穷了——把自己吃穷了/把父母吃穷了（“把”的宾语只指示致使对象，“吃”的受事缺省，“父母”是施事的领有物）

吃烂了——把名声吃烂了/吃烂了名声（致使对象“名声”是施事的领有物）

吃滥了——吃补品吃滥了/补品吃滥了/吃滥了补品（“滥”陈述动作本身，致使对象是“吃补品”这种行为，非规约受事宾语出现）

只有规约性系联结构中的补语在语境中才能缺省。相对于某一特定动作行为能成为规约性强弱程度默认值的形容词往往比高于或低于默认值的要少得多，判定的标准大致可以用语境缺省的办法：没有语境缺省值的补语一般是非规约成分，如“吃热了、吃快了、吃慢了、吃久了、吃明白了、吃舒心了、吃糊涂了、吃懒了、吃傻了、吃胖了、吃瘦了、吃困了、吃腻了、吃穷了、吃滥了、吃烂了、吃乱了”等通常缺省补语后结构意义表达会受到影响，其中的补语都有强弱程度不等的结果偏向值取向。这种偏向值取向补语跟规约成分的缺省值一样往往都是逻辑推导的自然结果。人能“吃穷”，“名声”能“吃烂”，相对地，不合逻辑推导结果的“吃富”、“吃好”偏向程度更高，因自然结果与预期结果的实现距离更远。

具有偏向值取向的补语也可以表达人的正向期待。如“吃瘦了”逻辑推导的结果是具有偏向值取向，在“吃减肥药吃瘦了”中却表示预期结果的实现。重动句式是一种有标记句式,“吃胖了”补出受事宾语后也只出现在重动句式中,如“吃补药吃胖了”,也可以反过来检验“吃胖了”的结果偏向值取向。

3.2.3.2.2.2 V_i+A

这是一种非致使结构,因动作没有支配的对象,缺乏使动性,动作结果只能是能由逻辑推导的自然结果。张国宪(2006b:6)从意图出发区分了无心性状和有心性状,无心性状表述的是事物自然呈现的性状或句子主语不希冀出现的性状,与句子主语的意图无关或相悖。非致使结构的性状达成因缺乏致使目的显然都属于无心性状。这又分两种情形:一种是非及物性事件非致使结构,如前面为了说明自然结果与致使结果的关系我们举过的“长高了、长胖了、长歪了、长扁了”,性状的达成是事物运动变化的自然结果。再如:

(50)海潮涨高了/她羞红了两颊/冰雪消融,大地泛青/人会一天天变老的

另一种是及物性事件非致使结构,性状的达成是人类心理和生理现象的自然反应。如:

(51)李桂英哭肿了眼眶哭酸了两腮/来早了不如来巧了/别走弯了路

自然结果都不是句子主语能够主观控制的,即使从言者主语的角度也可以分出正向期待和负向期待的结果来。如果“走弯了、来早了”是期待负值,“走正了、来巧了”相对而言就应该算是期待正值。即使如此,更多的情形“泛青、泛黄、羞红、哭肿”也还是无所谓正值负值之分的。

从及物性事件非致使结构联想到及物性事件致使结构,具有偏向值取向的致使结构如“砍累了、砍钝了、砍快了、砍疼了、砍坏了”性状的达成也都是句子主语不希冀出现的结果,

所以同样属于无心性状。即使是与预期目的相符的有心性状结构如"洗干净了、砍光了、吃饱了",性状的达成也只是按致使目的方向发展的结果,结果的实现受多种因素控制,句子主语同样左右不了结果的必然达成(参看张国宪2006b:5)。

逻辑推导的自然结果体现着运动路径获得的最大有效性。说话人总是循着这一路径对事件进行合于或悖于这一最大有效性线索的推演,事件主体的运动本能决定了其能自主或不自主地控制运动的发生,也可以对运动路径作出能动的选择,但却不能决定运动路径的必然获得。生物的行为本能与意志性联系紧密,正常行为或出于本能,更多的情形却是行为本能与意志性结合的产物。生物生老病死不受意志性支配,但营养源的选择却是与意志性结合的结果。事件主体可以控制运动的发生,可以控制运动朝着有利于自己意志的方向发展,但却不能主宰运动变化结果的必然实现,因为意志力的效能范围与运动本能的效能范围并不一致,变化事件不在意志力效能尺度之内。只存在能动的行为,不存在必然的能动结果。

3.2.4 动趋式粘合式结构

趋向补语是由趋向动词充任的补语,趋向补语是动词补语的一个特别的类。与所有类型的补语一样,趋向补语也有指示动作的终止点的性质,同样具有结果意义。动结式"吃病了"中"病"表示动作结果也兼表动作主体的状态,趋向补语也一样,在表示动作结果的同时也兼趋向或其他语法意义。结果意义是受句式意义支配的高层次的语法意义,趋向或状态等是受结构意义支配的低层次的语法意义,是结果意义的下位类别意义。

一般认为趋向动词有单纯趋向动词和复合趋向动词两个

小类，从指示动词立足点意义的分别上分为三组：

a. 上、下、进、出、回、过、起、开（无确定的立足点）
b. 来、去（有确定的立足点）
c. 上来、下来、进来、出来、回来、过来、起来、开来、上去、下去、进去、出去、回去、过去（确定的和不确定的立足点并存）

朱德熙（1982：128）把 c 组复合趋向动词视为“来、去”充当其他几个动词的补语的结构。因表义的复合性（如“他们走进来了”中“进”以屋门为着眼点，“来”以说话人为着眼点，说话人在屋内），我们赞同朱先生的上述看法，把动趋式粘合式结构只限于 a、b 两组单纯趋向动词充任补语的结构，复合趋向动词做补语的结构是组合式结构，复合趋向动词补语结构位置的灵活性也间接说明了这一点。

我们把动趋式结构看做位移事件结构。从概念结构上说，位移或非位移动词表示位移的方式，趋向动词补语表示位移的方向和结果，事件语义角色由运动物体凸体和参照物体衬体构成，参照物体指示位移起点、位移终点或位移目标。位移终点必定是位移目标，但位移目标不一定是位移终点。如“往南京开”中的“南京”不一定是终点，只能说是目标；“开往南京”中的“南京”是终点，也是目标。位移动力源于动作的施事，施事可以是运动物体，也可以只是另一运动物体受事的动力提供者。凭此我们把位移事件分为内动力位移事件和外动力位移事件两种，内动力位移事件的动力源于运动物体的内部，即施事充当运动物体凸体，如“我们登上了山顶”。外动力位移事件的动力源于运动物体之外，即受事充当运动物体凸体，如“我们赶跑了侵略者”（关于内动力和外动力位移事件的解释可参看崔希亮 2006：39～40）。

参照物体标示运动事件的立足点或观察点，立足点或观察点是确定位移方向的地点，也就是参照物体所处的位置。刘月华等(1988:4)这样论述过立足点：在对话中或以第一人称叙述时，说话人所在的位置是立足点；以第三人称叙述时，立足点可能是叙述中的人、事物及处所所在的位置，立足点也可能在“局外”。立足点可以与位移起点、位移终点或位移目标中的某一个位置重合，如“花落下了不少”参照物体“花枝”与位移起点重合，“往南京开”参照物体“南京”与位移目标重合。立足点与位移起点、位移终点或位移目标中的哪一个重合由说话人的观察角度决定，与说话人是否是事件角色无关。说话人或观察者可以以自身所在的位置作为观察点(如“他走进来了”，说话人把自己当成参照物体)，也可以通过指定参照物体标示立足点的位置(如“花落下了不少”，说话人以“树枝”为参照物体)。而说话人或观察者可以是事件角色，如“我们登上了山顶”中的“我们”是运动物体；“他走进来了”中的说话人是参照物体。也可以不是事件角色，如“火车往南京开去”。崔希亮(2006:42)把前者称为事件内报道，后者称为事件外报道(事件外报道应该就是刘月华先生所说的“局外”)，把说话人称为事件报道者。这可以通过语言形式表现出来。如“黑熊向树上爬来”只能是事件内报道，事件报道者是事件角色；“黑熊向树上爬去”只能是事件外报道，事件报道者采用第三人称叙述方式，不是事件角色。

位移事件句中的起点和终点(目标)往往只出现一个，另一个则是与之方向相对的默认缺省，像“一列火车正由南京向徐州开来”之类的句子有特定的交际需要，对话中少见。a组趋向动词做补语构成的事件结构中位移起点往往缺省，有些句子补出起点成分后合格度甚至会出现问题，如“＊花从树枝上落下了不少”。b组趋向动词做补语构成的事件结构起点或终点(目标)缺省自由:“从徐州开来/向徐州开去”。这种差别实际上是过程取景(process windowing)和目标取景(objective windowing)的对立。崔希亮(2006:36)把“一列火车向南京开去”与“一列火车开向南京”的表达差异归结为表达相同事件场景的不同句子在事件意义上的区别,前者把取景窗口(windowing)对准位移过程的中间阶段,是过程取景;后者把取景窗口对准位移过程的结束阶段,是目标取景。a组趋向动词概念结构要求指示位移终点(目标)的参照物体同现,b组趋向动词概念结构只要求有一个确定的立足点来指引位移方向,说话人可以视表达需要选择起点或终点成分来充任这一确定的立足点。所以两种位移事件结构的事件意义的不同取决于事件报道者选择的取景窗口的不同:a组趋向动词做补语构成的事件结构采用目标取景方式,b组趋向动词做补语构成的事件结构采用过程取景方式。

3.2.4.1 动词带a组趋向动词补语

3.2.4.1.1 结构语义分析

张伯江、方梅(1996:91~92)将做补语的a组趋向动词分为及物的与不及物的两类:

及物的“$上_1$”类:$上_1$、$下_1$、$进_1$、$出_1$、$回_1$、$过_1$、起、开;

不及物的“$上_2$”类:$上_2$、$下_2$、$进_2$、$出_2$、$回_2$、$过_2$、(到、入)。

及物的趋向补语后跟处所宾语,其作用是介绍出趋向运动的终点;不及物的后跟事物宾语,其作用是说明宾语的运动趋向。

带趋向补语的动词也有不同的情形,陆俭明(2002:7~8)列出能带趋向补语的五类动词:

(甲)走、跑、爬、飞、游……

(乙)送、运、传$_1$(传来一个球)、扔、搬、寄、拉、拖、拽、带、扛、抬、牵、交、还(huan)、借、抢、偷、买……

(丙)拿、端、找、抱、搞、写(写来一封信)……

(丁)滚、飘、漂、传$_2$(传来一阵枪声)、流……

(戊)(a)切、炒、煮、沏、泡、包(包饺子)……

(b)割(割韭菜)、剥(剥花生)、剪(剪绳子)……

(甲)组动词都表示动作者的位移;(乙)组动词都表示受动者的位移;(丙)组动词通常也表示受动者的位移,但只有带上趋向补语,位移的语义特征才能显示出来。(甲)、(乙)、(丙)中的动词表示的动作行为都是动作者可以控制的,属可控位移动词。(丁)组动词都表示动作主体的位移,但属于动作行为不是动作者可以控制的非可控位移动词。(戊)组动词是非位移动词。我们把"上$_1$"类、"上$_2$"类趋向动词代入上述各类动词结构后可以看出,(甲)组动词后只能带"上$_1$"类动词,(乙)组、(丙)组动词后只能带"上$_2$"类动词,但"上$_2$"类动词不再单纯说明宾语的运动趋向。(丁)组动词后也只能带"上$_1$"类动词表示趋向意义。与(甲)组动词不同的是,(甲)组动词的概念结构中可离析出趋向意义成分,(丁)组动词不能。(戊)组动词后只能带"上$_1$"类动词表示与"时"有关而不是与趋向有关的结果意义,凸显"上$_1$"类动词指示动作终止点的作用。刘月华等(1998:30)把趋向动词的语法意义分为趋向意义、结果意义和状态意义三种,并指出从趋向意义到结果意义再到状态意义是一个由实到虚的过程,大体上描述了不同性质动词带趋向动词补语体现出来的结构意义(刘先生所谓的结果意义与我们所说的句式意义结果意义不在同一个层面上)。

以上所述可概括出动趋式 VC 结构的如下四种排列组合:

$V_{不及物}$ + 上$_1$类:登上山顶、滚下山坡

$V_{及物}$ ＋上$_2$类：穿上衣服、抬起麻袋

$V_{及物}$ ＋上$_1$类：沏上一壶茶、剪下一段绳子

$V_{不及物}$ ＋上$_2$类：哆嗦上了、哭开了

“$V_{不及物}$＋上$_1$类”中的 V 由(甲)类可控位移动词、(丁)类非可控位移动词充当，“上$_1$”类趋向动词表示实在的趋向意义：表示动作者或动作主体的位移情况、有具体的立足点指示运动趋向。形式上如不凸显动作方式，V 往往可以缺省：“登上了山顶——上了山顶、滚下了山坡——下了山坡”。“$V_{及物}$＋上$_2$类”中的 V 由(乙)类、(丙)类可控位移动词充当，“上$_2$类”趋向动词表示受事的位移情况。刘月华等(1988:84、100)把结果意义分为两种：一种是基本的结果意义，表示接触、附着以至固定；另一种意义更虚一些，是非基本的结果意义，表示实现了预期目的或希望实现的目的。“$V_{及物}$＋上$_2$类”中的“上$_2$”类动词的核心意义可以概括为“接触”，“穿上了衣服”、“抬起了麻袋”，“衣服”、“麻袋”接触“身体”，大体也表示受事的位移情况，因而这种“接触”义是较为实在的复合意义“趋向意义＋结果意义”，(丙)类动词趋向意义表达对趋向动词的依赖也证明了这一复合意义的存在。“$V_{及物}$＋上$_1$类”中的 V 由(戊)类非位移动词充当，“上$_1$”类的趋向意义往往很不明显(也并不尽然。如“打开了抽屉”可以说成“开了抽屉”，“打”似乎是个傀儡动词)，但并非虚化得很彻底。如“剪下一段绳子”中“下”表示部分与整体的“分离”意义，不能不说是趋向意义作用的结果。但这一结构中“上$_1$”类趋向动词的核心意义可以概括为表示实现了预期目的或希望实现的目的的另一种结果意义，或者说是一种较为虚泛的复合意义。形式上往往可以选择不同的趋向动词表示相同的语法意义，如“沏上了一壶茶”可以说成“沏下(起)了一壶茶”，表达上的细微差别也正说

明了没有完全消失的趋向意义的存在。“$V_{不及物}$＋$上_2$类”中“$上_2$”类动词不表示受事的位移，也不表示施事的位移情况，语法意义大体上相当于刘月华等（1988：104）所谓的状态意义，表示进入一种新的状态，即表示新动作或状态的开始。“哆嗦上了”是开始哆嗦了，“哭开了”是开始哭。因而这种情形中的“$上_2$”类动词虚化程度较高。这样，我们按趋向补语意义实虚的分布可以得出动趋式 VC 的一个粘合度强弱序列，前提是“意义越虚时语序越固定”（张伯江、方梅 1996：100）：

1）$V_{不及物}$＋$上_2$类＞$V_{及物}$＋$上_1$类＞$V_{及物}$＋$上_2$类＞$V_{不及物}$＋$上_1$类
（状态意义）（复合意义 2）（复合意义 1）（趋向意义）

a 类趋向动词做补语都必须紧跟动作动词，这固然是结构和意义缺位致使的结果，意义的由实到虚也就是“时”意义的由隐到显，“时”意义的隐显不能不说是动趋式粘合式结构形成的一个重要因素，从根本上说是句式意义约束的结果。补语与句式意义的另一要素“体”标记“了”相辅相成，表达中受语言经济原则的驱动，在句式意义确定的前提下，补语或“了”的缺省也就是自然而然的了。由于动作动词往往是单音节的，词汇双音化趋势的影响也与粘合式结构的形成有着一定的联系。

这一粘合度强弱序列可以从结构形式和结构性质上得到验证。因 a 类趋向动词做补语构成的事件结构采用目标取景方式，结构默认的缺省值为位移起点，我们可以通过激活这一缺省值来判断趋向动词意义的虚化程度。“$V_{不及物}$＋$上_1$类”结构都可以补出位移起点（通常用介词“从”介引），如“从山脚爬上山顶、从山坡上滚下”；有些“$V_{及物}$＋$上_2$类”可以补出位移起点，如“从垛上搬下口袋”，“穿上衣服”就不行；“$V_{及物}$＋$上_1$类”能补出位移起点的结构范围限于一个狭小的区域，只有表示事物的部分由于动作的影响与整体分离或一事物与另一事物分离的意义句子的合格度才不会出现问题，如“从衣襟上撕下一块布、从柴垛里抽出一把刀”；表示状态意义的“$V_{不及物}$＋$上_2$类”则不允许补出位移起点。

这种形式上的差异与动趋式结构的规约性程度具有对应关系。1)式粘合度强弱序列事实上与概念组合的规约性强弱程度序列 2)对应：

2) $V_{不及物}$＋$上_2$类＞$V_{及物}$＋$上_1$类＞$V_{及物}$＋$上_2$类＞$V_{不及物}$＋$上_1$类
（状态意义）（复合意义 2）（复合意义 1）（趋向意义）

非规约性强←——　——→规约性强

“$V_{不及物}$＋$上_1$类”中的 V 是具有强位移特征的(甲)、(丁)两类不及物动词，从动词的概念结构中可以析出“$上_1$”类动词的概念语义来；反过来，“$上_1$”类动词的概念结构中也可以析出 V 的概念语义来，因而属于两个成分彼此的概念语义互相包含的强规约性结构。“$V_{及物}$＋$上_2$类”中的 V 由(乙)类、(丙)类可控位移动词充当，(乙)类动词是位移动词，动词的概念语义特征中虽然可以析出趋向意义来，但趋向性明显减弱，表现在动词的趋向意义没有明确的方向，不像(甲)、(丁)类动词，“走、跑”的方向向前，“倒、退”的方向向后，“登、爬”的方向向上，“滚、跌”的方向向下。(丙)类动词的概念语义特征中已经离析不出趋向意义来，这也是(乙)类、(丙)类动词构成的事件结构具有外动力位移事件性质的原因所在。“$V_{及物}$＋$上_1$类”中的 V 是非位移动词(戊)类动词，如果说(丙)类动词还可以因外动力的作用达到位移目标，(戊)类动词即使有外动力的作用其所达到的位移目标图像也已极不清晰，如“沏上了一壶茶”还可以说是茶水达到位移目标茶壶内壁，“剪下一段绳子”的“一段绳子”却没有明确的去处。“上、下”趋向意义的隐晦说明如下一个事实的存在：同样是目标取景，(戊)类动词的目标取景已不在趋向结果，而在于趋向结果导致的结果意义上。“$V_{不及物}$＋$上_2$类”则又是趋向结果导致的结果意义的再度延伸，是抽象化了的位移图式。

3.2.4.1.2 概念结构描述

及物的a类趋向动词有两个变元：处所成分和与动作动词共有的施事；不及物的只有与动作动词共有的施事一个变元。动作动词也有及物和不及物两类，及物的有施事和受事两个变元，不及物的也只有与趋向动词共有的施事一个变元。

动趋式结构构成的句子表达的是一个复杂事件，1)式位移事件结构粘合度强弱序列事实上也是具体位移图式到抽象位移图式的衍变序列，四种结构主事件与副事件的联系也相应发生变化。位移图式越具体，副事件表示方式的意义越凸显，如“爬上山顶”中副事件“爬山”是登山事件的方式。位移图式越抽象，副事件表示原因的意义越凸显，如与“哭开了”事件相对的副事件表示原因。这样，主事件与副事件概念上联系可用3)式表示出来，与1)、2)式并行不悖：

3) $V_{不及物}$＋$上_2$类＞	$V_{及物}$＋$上_1$类＞	$V_{及物}$＋$上_2$类＞	$V_{不及物}$＋$上_1$类
（状态意义）	（复合意义2）	（复合意义1）	（趋向意义）
原因	原因/方式	方式/原因	方式

非规约性强←————　　————→规约性强

四种结构的概念结构组成情形分别是：

$V_{不及物}$＋$上_2$类：她倒哭开了。

［她 MOVE INTO 开］$_{主事件＋原因}$［她哭］$_{副事件}$

$V_{及物}$＋$上_1$类：他把我背上了山顶。

［他 AMOVE 我 INTO 上 山顶］$_{主事件＋原因/方式}$［他背我］$_{副事件}$

$V_{及物}$ + 上$_2$类：我先沏上一壶茶。

[我 AMOVE 茶 INTO 上]$_{主事件+方式/原因}$[我沏茶]$_{副事件}$

$V_{不及物}$ + 上$_1$类：我们登上了山顶。

[我们 MOVE 上 山顶]$_{主事件+方式}$[我们登(山)]$_{副事件}$

句子识解为一个自动位移事件还是致动位移事件的决定因素是V的性质：V及物，句子被识解为一个致动事件；V不及物，句子被识解为一个自动事件。自动位移事件是内动力位移事件，致动位移事件是外动力位移事件。自动事件的结果是动作者或动作主体的位置变化或由此带来的性状变化，致动事件的结果是动作致使对象的位置变化或由此带来的性状变化。自动或致动的这种结果意义是a组趋向动词补语句的句式意义。

自动位移事件结构和致动位移事件结构都可以根据V的动性强弱分出下位类型。如果大别为强自动、弱自动、弱致动、强致动四种类别的话，可以发现(甲)组动词构成强自动位移事件结构，(丁)组动词构成弱自动位移事件结构；(乙)组动词构成强致动位移事件结构，(丙)组、(戊)组动词构成弱致动位移事件结构。因为人为的动作一般比自然的动性强，有意识动作一般比下意识、无意识的动性强，主动发出的动作往往比被动发出的动性强，有确定方向的动作比无目的、漫无边际的动性强。由于自动事件客观上只是使因认知上不凸显形成的，我们可以用"致使性"的强弱对根据内动力位移事件结构与外动力事件结构分出的上述四种情形作出统一的解释：自动性强致使性就弱，致动性强致使性就强。由此可得出位移事件结构致使性强弱序列(按"弱→强"排序)：

强自动＞弱自动＞弱致动＞强致动

如此a组趋向动词做补语构成的事件结构的致使性强弱

序列(按"弱→强"排序)则是:

$V_{不及物}$ + 上$_1$类 > $V_{不及物}$ + 上$_2$类 > $V_{及物}$ + 上$_2$类 > $V_{及物}$ + 上$_1$类

3.2.4.2 动词带b组趋向动词补语

3.2.4.2.1 结构语义分析

"来、去"是不及物动词,表示人或物向确定的立足点移动。"来"做趋向补语是以参照物体为位移起点,"去"做趋向补语是以参照物体为位移终点或位移目标。由于b组趋向动词做补语构成的事件结构采用过程取景方式,结构中由"从(自、由)"介引的起点或由"往(到、向)"介引的终点(目标)缺省自由,甚至在有了已知的活动范围(起点和终点都在活动范围确定的某处)之后,二者可以同时缺省,如:

(52)他从飞雪中走来,又向飞雪中走去。

(53)可走来走去,看来看去,咋也寻觅不到当年的影子和故事中的传奇。

"来、去"与及物和不及物动词可结合成如下两种结构:内动力位移事件A式与外动力事件B式。

A. $V_{不及物}$ + 来、去:走来、飞去;飘来、漂去

B. $V_{及物}$ + 来、去:送来、带去;端来、抱去

A式表示动作者或动作主体的位移情况,又可依位移动作动词的可控与非可控性质分为可控位移动词句与非可控位移动词句两种。

B式表示动作受事的位移情况,又可依动作动词本身是否具有位移特征分为强致使位移动词句与弱致使位移动词句两种。

先来看A式。A式位移动词与趋向动词合一个共有变元动作者或动作主体。可控位移动词句中,"来"做趋向补语

时动作者可以充当施事主语，也可以充当施事宾语；“去”做趋向补语时动作者一般只充当施事主语，这是陆俭明(2002:8)指出来的。如：

(54)它们结成小群，无拘无束地在犀牛背上走来跳去。

(55)山间小路上走来一对青年男女。——＊走去一对青年男女

非可控位移动词句偶可松动，但并不成为规律。如：

(56)老人走时，如飘去了一朵绚丽的夕晖。

(57)田野里飘来一阵阵泥土的清香。——＊飘去一阵阵泥土的清香

(58)远天飘来一朵彩云，把太阳都遮住了。——＊飘去一朵彩云把太阳都遮住了

(59)听听明儿塬上飘来的信天游。——＊听听明儿塬上飘去的信天游

“来、去”语用上的这种不对称不是习惯造成的，而是有理据性可寻的。“来、去”有确定的立足点(一般是说话人)指示运动趋向，或者说说话人或观察者是潜在的位移终点(目标)。“走来一对青年男女”、“飘来一朵彩云”说话人看得见，“走去”、“飘去”说话人可能看不见；“清香”飘来说话人闻得见，飘去可能闻不见；歌声飘来能听得见，飘去则可能听不见。就看不见、闻不见、听不见的事物作出判断或描述自然违背常理。如果位移起点和终点(目标)明确，这种不对称性自然消失。如“在犀牛背上走来跳去”位移起点或终点都在犀牛背上确定的某处，“她松开爸爸的手蹒跚着向妈妈走去”起点是“爸爸”所在的位置，终点是“妈妈”所在的位置。进一步考察可以发现，不对称性消失的条件是说话人或观察者不是事件角色，这也就是刘月华先生所谓的第三人称叙述句。反过来说，说话

人或观察者充当事件角色或以第一人称叙述时说话人或观察者的位置与位移起点或终点重合，这时“来、去”在使用上具有不对称性。

再看B式。B式是由(乙)、(丙)两组动词构成的外动力事件结构。陆俭明(2002:8)指出B式的宾语有两个位置，构成X和Y两种结构：

X	Y
送来(了)两瓶酒	送(了)两瓶酒来
送去(了)几件衣服	送(了)几件衣服去
写来(了)三封信	写(了)三封信来
写去(了)一封信	写(了)一封信去

(乙)组动词有[＋位移]特征，“来、去”有[＋位移方向]特征，所以(乙)组动词与“来、去”的组合是规约性的，两个成分彼此的概念语义互相包含，具有互析性。“来、去”便成为(乙)组动词构成的位移句的可有成分，表现在特定语境中主要动词或“来、去”都可以缺省，如施事、受事同现缺省的往往是“来”，施事、受事和与事同现缺省的往往是“去”：

送来了两瓶酒≈送了两瓶酒来≈(他)送了两瓶酒

送去了几件衣服≈送了几件衣服去≈送了几件衣服(给他)

带有祈使意味的句子主要动词可以缺省，但只限于“来”：“送来两瓶酒！/来两瓶酒！/来两瓶酒吧？/＊去几件衣服！/＊去几件衣服吧？”也是由说话人或观察者是否属于事件角色决定的：用“来”时说话人或观察者是事件角色，位置与位移终点重合；用“去”时说话人或观察者不是事件角色，位置也不与位移起点重合：“(你)送去几件衣服(给他)！”

(丙)组动词没有[＋位移]特征，与“来、去”的组合是非规约性的，因而是(丙)组动词构成的位移句的必有成分，无论什么情境下只要“来、去”消失，动词结构便不再是位移事件结构：

写来了三封信≈写了三封信来≠(他)写了三封信

写去了一封信≈写了一封信去≠写了一封信(给他)

“写了一封信给他”有可能表示位移事件场景，意思是“写了一封信(寄、递、交)给了他”，这是把取景窗口对准位移过程结束阶段的目标取景，意思大致相当于“写了一封信去”；也可能不表示位移事件场景，意思是“给他写了一封信”。“写了一封信给他”与“给他写了一封信”的变换要自然得多，因而“写了一封信给他”一般的表达取向是“非位移事件场景>位移事件场景”。“送了几件衣服给他”只有“给他送了几件衣服”的变换式，没有“送了几件衣服(递)给了他”的变换式，可见句式的位移义取决于动词或动词结构的位移特征。“写了一封信给他”表示位移事件场景时在于句中有了(乙)类动词“(递)给”，“送了几件衣服给他”中的“给”只是介引动作的与事。按照功能语法的“从旧到新”原则(即越靠近句末信息内容就越新)，“送了几件衣服给他”是目标取景模式，“给他送了几件衣服”是把取景窗对准位移过程中间阶段的过程取景模式，意思大致相当于“送去了几件衣服”。(乙)、(丙)两类动词构成的位移事件都是致使性的，着眼于取景模式的不同，(乙)类动词位移句便有了强致使性与弱致使性的分别，(丙)类动词位移句只有弱致使性的一种，图示如下：

强致使性	弱致使性	无致使性
过程取景	目标取景	
给他送了几件衣服	送了几件衣服给他	———
———	写了一封信给他	给他写了一封信

代入同义句式，则有：

强致使性	弱致使性
过程取景	目标取景
送去了几件衣服	送了几件衣服去
(写去了一封信)	写了一封信去

由此可见“写去了一封信”是有标记结构,其标记性源于“写去”的非规约性。强致使性位移句比弱致使性的更为典型,所以用无标记的粘合式结构X式来表达,相应地,弱致使性的由有标记的组合式结构Y式来表达。这可以从句类变换的角度得到证明。(乙)组动词位移事件结构X式和Y式都可构成强祈使句:“送来两瓶酒!”“送几件衣服去!”(丙)组动词位移事件结构只有Y式能构成带有测度口气的弱祈使句:“写封信来,行吗?”“写封信去,好不好?”(戊)类动词同样没有[+位移]特征,其标记性更为明显:a组动词有采用Y式表示祈使的强烈倾向:

切个西瓜来 炒个木须肉来 沏壶好茶来(强祈使/弱祈使)
切来个西瓜 炒来个木须肉 沏来壶好茶(好么?)(弱祈使)
切个西瓜去 炒个木须肉去 沏壶好茶去(强祈使/弱祈使)
*切去个西瓜 *炒去个木须肉 *沏去壶好茶(弱祈使)

b组动词只用Y式的“去”表强、弱祈使:

割韭菜去 踢足球去 挖红薯去 砍树枝去(强祈使/弱祈使)
*割去韭菜 *踢去足球 *挖去红薯 *砍去树枝
*割韭菜来 *踢足球来 *挖红薯来 *砍树枝来

3.2.4.2.2 概念结构描述

自动事件两种下位类别的概念结构组成情形分别是:

可控位移句:主席微笑着向我们走来。

[主席 MOVE 来 向我们]$_{主事件+方式}$[主席走]$_{副事件}$

非可控位移句：田野里飘来一阵阵泥土的清香。

[清香 MOVE 来 从田野里]$_{\text{主事件+方式}}$[清香飘]$_{\text{副事件}}$

致动事件两种下位类别的概念结构组成情形分别是：

强致使性位移句：他送去了几件衣服。

[他 AMOVE 衣服 去（某处）]$_{\text{主事件+方式}}$[他送衣服]$_{\text{副事件}}$

弱致使性位移句：他写来了三封信。

[他 AMOVE 信 来（这儿）]$_{\text{主事件+方式}}$[他送信]$_{\text{副事件}}$

b组趋向动词做补语构成的事件结构尽管采用过程取景方式，但毕竟是在一个完整的过程内取景，位移运动有明确的起点和终点（目标），过程取景的意义也正是凸显这一运动区间，自然也间接标示出了运动的自然终止点。形式上可有“又、将、已经”等时间副词同现：

(60)杭州灵峰又迎来了梅花烂漫的时节。/这座公寓将迎来又一批新生。

(61)走过斗姥阁的时候，看见张铁嘴的测字摊已经收去。

位移事件表示一个有始有终的运动过程，a组趋向动词做补语构成的事件结构的取景窗口在位移终点（目标），b组趋向动词做补语构成的事件结构的取景窗口在位移过程，客观上还可以有把取景窗口对准位移起点的情形，如：

(62)转过最后的弯道，舒娅突然加速，风驰电掣般向终点冲去。

(63)唱来听听。

动作一开始便进入运动过程，因此a组趋向动词不用于取景窗口对准位移起点的情形，除非意义已经虚化，表示状态的开始，主要动词的范围扩大了。如：

周瑜领兵进军，在赤壁和曹军前哨碰上了。

那次的谈话，他就这样直截了当地打开了话匣子。

但两组趋向补语表示的句式意义是一致的，都表示位移事件结果：

(64)辛弃疾赶了一段路，果然追上了义端。

(65)娓娓道来一段伤心的爱情故事，再次轰动乐坛。

这一句式意义也直接导致了动趋式事件动词的大量出现，或者说动趋式事件动词是位移事件结构语法化的直接后果。以“上”为例：

赶上 送上 献上 推上 盖上 踏上 挤上 装上 关上 戴上

遇上 摆上 贴上 挂上 标上 怀上 染上 沾上 当上 爱上

换上 考上 患上 传染上 迷恋上

词汇意义由具体而抽象的变化归根结底由结构促动，符合人们一般的认知规律。这样，我们也可以得出粘合式结构的一个根本性的判定标准：容许结构成分的由具体而抽象的变化。结构中某成分虚化的程度越彻底，结构位置就越固定，结构的类推性就越强。反过来，结构中某成分的位置越固定意义就越易虚化。这或许意味着一个词的意义的由具体而抽象的变化必得经过一个粘合式结构的固化阶段，因为粘合式结构其实可以视为作为临时组合的组合式结构语法化的结果。粘合式结构进一步去范畴化的结果是形成词汇化结构，然后是词法词和词汇词。通常所谓的复合词的构造和短语的构造以及短语结构和句子结构遵循同一套规则，表明作为人脑中经验图式的结构规则事实是结构范畴化的结果。范畴化寻求事物的共性特征或规律，从个性中概括出共性。去范畴化是结构的组合或聚合特征表现，尤宜于描写组合或聚合特

征衍化过程，这也是从一般回到个别。Taylor(1995:194)提出过语言去范畴化的如下两项特征：1. 在语义上，语义抽象与泛化是去范畴化的前提；2. 在句法形态上，范畴的某些典型分布特征(句法/语义特征)消失，范畴之间的对立中性化。刘正光、刘润清(2005:30)认为范畴分布特征的消失为范畴成员跨越自己的边界或者说为一个范畴中的实体进入另一范畴打开了方便之门。由此增补了两项特征：其一，在语篇和信息组织上，功能发生扩展或转移；其二，在范畴属性上，或由高范畴属性成员变成低范畴属性成员，或发生范畴转移。粘合式结构的次范畴类别表达本就是一种语义抽象或泛化，范畴的某些典型分布特征消失的标志就是粘合。粘合表现为结构的去范畴化特征，同时也使得范畴属性由高范畴属性成员变为低范畴属性成员。

前面我们说过，句子识解为一个自动位移事件还是致动位移事件的决定因素是 V 的及物和不及物性质，自动事件客观上也有使因，只是因为认知上不凸显罢了。这样，四种事件结构的致使性强弱序列(按“弱→强”排序)可以表述为：

可控位移句＞非可控位移句＞弱致使性位移句＞强致使性位移句

亦即：

强自动＞弱自动＞弱致动＞强致动

因 b 组趋向动词做补语构成的位移句有粘合式 X 和组合式 Y 两种表现形式，强自动和强致动两种结构由于概念组合规约性程度高语序优先选择的取向为“X＞Y”；弱自动和弱致动两种结构由于概念组合规约性程度低语序优先选择的取向为“Y＞X”，甚至有些位移场景只有“Y＞X”一种语序。有涉于此的讨论已见上述。从整个语言结构系统来看，粘合式结构是无标记结构，组合式结构是有标记结构。去范畴化程度越高，结构的粘合度越强。动趋式粘合式结构的典型性与事物位移行为密切相关，位移事件结构映射位移行为方式，实际是位移行为方式固化表达的一种直接后果。

第四章

形容词性粘合式结构

形容词性粘合式结构是性状的次范畴类别表达形式。性状的类别是性状达成的结果类别。性状的达成有既成性和渐成性之分，渐成性性状结构表现为组合式结构，既成性的性状可有类别之分。既成性性状有规定量度区间的描述与规定量度区间的认定两种表达形式。描述是描述分别，认定是认定类别，即分别的类化。前者属标记性组配形式的型式语义，后者才是性状的次范畴类别表达形式。

形容词具有依附性，性状是事物的性状表现，性状的达成是有意或无意动作致使的后果。

4.1 形容词的依附性特征与句法位置

4.1.1 成分距离相同的几种形容词结构

典型的名词概念上是自足的，典型的动词、形容词则是相依的。因语义相依的概念并非都实现为句法上的直接成分，张国宪(2005:17、20)缘此将句法结构大别为句法上具有直接成分关系语义上也发生直接联系的形义一致构造和句法上具有直接成分关系但直接成分之间并不发生语义联系的形义扭曲构造两种情形,相应地,语义指向类型前者是语义同指,后者是语义异指。张先生并根据形容词依存对象的语义性质,将形容词分为表物的和表行的两类,在语义指向、形容词的语义类和句法成分之间建立起如下的关联模式:

	同指	异指
表物形容词不达意	定语	状/补语
表行形容词	状/补语	定语

形义一致构造是规约性结构,形义扭曲构造是非规约性结构,都有粘合和组合两种结构形式。形义一致构造和形义扭曲构造的规约性强弱程度不同,句法结构的典型性程度也就不同。形义一致构造的粘合式和组合式结构都是语言中的典型句法结构,形义扭曲构造的粘合式和组合式结构都是语言中的非典型句法结构。形义扭曲构造相对于形义一致构造是有标记的句法结构。如果说粘合式结构和组合式结构的标记性程度的差异是形式上的,形义一致构造与形义扭曲构造的标记性程度差异却是意义上的。标记性都具有相对性,相应地也就有了程度性。无论哪种标记性结构出现,都会有异于无标记结构的语用动机出现。形义扭曲构造相对于形义一致构造是句法异位的变化,粘合和组合的变化不是句法异位,而属于句法同构变化:由狭义句法同构向广义句法同构的变化。句法同构变化是基于同义形式选择的结果,其语用动机一般认为是表达效果的差异,如郭继懋、王红旗(2001:15)认为用粘合补语表达结果是低程度地凸显结果,用组合补语表达结果是高程度地凸显结果。张敏(1998:221)认为定中之间

因 de 字的隐现而有别的形式距离平行于其间的概念距离，即粘合式名词短语表达的事物的内部概念距离近而组合式名词短语表达的事物的内部概念距离远。

张国宪（2005:21～25）把形容词句法异位的语用动机归结为“恒久—临时”、“有意—无意”和“主观—客观”等若干基本要素的对立，认为典型的定语是恒久、客观的交集，典型的状语是临时、有意和主观的交集，典型的补语是临时、无意和客观的交集。完全具备这些特征的是典型的句法成分，只具备这些特征一部分的是程度不等的非典型句法成分。我们从以上认识为出发点，试从粘合式与组合式概念距离的对比入手对成分距离相同的形容词结构作一番检讨，以期揭示形容词粘合式结构的范畴化机制。

我们首先列出成分距离相同的形容词结构的如下几种表达形式：

（1）主谓结构

a. 他岁数大，老头儿了都。/外头冷，屋里暖和。/价格高。

b. 鬓发苍白。/河水冰冷。/夜黑沉沉的。

（2）状中结构

大街上很热闹。/岁数不大。/他由于过度疲劳而晕倒了。

（3）述补结构

他的心情糟透了。/新礼堂漂亮极了。

（1）a 是性质形容词单独做谓语，结构需要含有比较或对照的意义才能成立。（1）b 是状态形容词做谓语，（2）、（3）都是形容词短语做谓语，句子没有比较或对照的意思。从语用意义上看，（1）a 是对事物性状的一种断定，（1）b、（2）是对事物或行为情状的一种描述,(3)是事物性状变化的一种陈述(参看张国宪 2006c:8)。再进一步观察可以发现,(3)中表示变化的标记"了"是附着在述补结构上面的一个不可或缺的"附件",离开了它述补结构不成立,如"*糟透、*漂亮极、*想歪"都不是一个合格的备用单位。对比动词性粘合式结构,述补结构的成活率明显要比状中结构低得多:

a. 早来比晚到好。
b. *来早比到晚好。

b只有说成"来早了比到晚了好"才行。但这并不是述补结构特有的,表示性状变化的(1)类和(2)类形容词性短语都具有这种特性。如:"我老了。→*我老。""衣服早干了。→*(衣服)早干。"这种绑定可以通过移位得到证明。陈述义定语也必须带"了":"豆腐臭了→臭了的豆腐≠臭豆腐/臭的豆腐"。[①] 述补结构后的"了"与上述其他结构中的"了"应该具有功能上的一致性,即都是陈述形式的一种标记。而"了"可以是有界完句成分,也可以是无界完句成分。这样,受其约束的结构可以是组合式结构,也可以是粘合式结构,前面我们在讨论动词性粘合式结构时已作了详细的说明。形容词结构的性质要受到性状的达成与结构的表达等前提的制约。

4.1.2 性质情状的标记性

沈家煊(1997:248)曾给出形容词、名词和句法功能三个范畴之间的如下关联标记模式:

---

① 如果把语用意义"断定"、"描述"、"陈述"看做结构意义或句式意义的实现,可以看出意义对结构形式的选择限制。如陈述义定语与中心语没有粘合形式,断定义定语与中心语没有组合形式,而描述义定语与中心语居于二者之间,"漂亮姑娘"则既有分类性又有描述性。

无标记组配	无标记组配
恒久性	临时性
定　语	谓　语
性质形容词	状态形容词
类　名	个体名

标记模式显示性质形容词做定语来形容类名是无标记的，状态形容词做谓语用来形容个体名也是无标记的；但性质形容词做谓语形容个体名、状态形容词做定语形容类名都不同程度地呈现出有标记性。性质形容词的典型无标记组配只限于与表示类名的事物结合，如果与个体事物结合，则无论做定语还是谓语都是有标记的。做谓语的标记性主要体现在必须具有比较与对照意义的前提上，性质形容词的程度量有一个特定的区域限制：主体事物与其他同类事物的性质比较限制。如：

火箭炮射程远、火力猛、机动性好、惯性力小，它结构简单，操作方便。

采用主谓粘合式结构的前提是火箭炮与其他种类的炮如榴弹炮、加农炮、迫击炮的比较对照，因而主体事物还是属于特定的类，表达上由对非个体事物的性质断定变成了性质陈述（见下）。如果是对个体事物的性质陈述，则有主体事物与其他同类事物的性质比较限制，结构上必须采用有标记组配形式：

这门火箭炮射程比那门远/这门火箭炮射程很远

*这门火箭炮射程远（如果有同类事物对比前提句子成立，如用于答句）

如果性质形容词修饰个体事物，则必须采用有标记的组合式结构：

这些臭的豆腐拿去喂猪好了。

状态形容词在量的规定性上具有有界性特征，任何一个状态形容词的成员在程度量域的刻度尺上都占据一个固定的位，表述一定的程度值（参看张国宪 2007:5）。状态形容词的无标记组配只限于与个体事物结合，如果与表示类名的非个体事物结合，则无论做谓语还是做定语都是有标记的。如：

花朵直径可达 30～40 厘米，中心鲜红，边缘雪白。（无标记组配：个体事物、谓语位置）

鲜红的西红柿、雪白的奶酪、翠绿的香菜正好是意大利国旗上红、白、绿三种颜色的象征。（有标记组配：非个体事物、定语位置）

正常的奶酪往往是雪白的。（有标记组配：非个体事物、谓语位置）

我们把上述分析小结于下：

非个体事物＋性质形容词		个体事物＋性质形容词	
定中结构	主谓结构	定中结构	主谓结构
无标记组配	形式无标记、意义有标记	有标记组配	有标记组配
臭豆腐	（臭）豆腐臭，吃起来香	臭的豆腐	这些豆腐是臭的

非个体事物＋状态形容词		个体事物＋状态形容词	
定中结构	主谓结构	定中结构	主谓结构
有标记组配	有标记组配	有标记组配	无标记组配
雪白的奶酪	正常的奶酪往往是雪白的	这些雪白的奶酪	奶酪雪白

这样我们就得出表物形容词的强弱两种无标记组配形式：性质形容词与非个体事物相依的定中结构、状态形容词与

个体事物相依的主谓结构是强无标记组配或称无标记组配，性质形容词与非个体事物相依的主谓结构是弱无标记组配。由此可见语义异指的粘合式结构都应该属于另一种弱无标记组配，因表物形容词与动词形式相依或指人的形容词与表物的名词或表物形容词与指人的名词形式相依和表行形容词与名词形式相依都缺乏语义相依的前提条件。如：

没想到让人臭骂了一通。/小赢了一把。（表物形容词＋动词）

不跟你们这些臭男人一起去。（表物形容词＋指人名词）

一个人喝闷酒有啥意思。（指人形容词＋指物名词）

这儿水急，趟不过去。（表行形容词＋名词）

这可以从结构的篇章功能上加以验证。"表物形容词＋动词"凸显动作过程，动词携带有时间量的意义，后面常跟动量短语和体标记"了"。李劲荣（2007：332）认为状态形容词状语句更强调过程性，状态形容词表示的性状具有"渐成性"，即形容词表示的性状是与之相关的事物随着动作的进程逐渐地呈现出来。表物性质形容词充当状语时其性状的达成也是如此。"臭骂"、"小赢"都有这种特征，感受者或动作者没有"骂"、"赢"动作进程的展开不会呈现"臭"、"小"的性状。而"表物形容词＋名词"无论是形义一致构造还是形义扭曲构造形容词表示的性状都是对与之相关的事物的描述，性状的达成不具有"渐成性"，尽管性状的达成都有着动作的背景。"表物形容词＋名词"结构连同有关的动作背景一起表示另一动作行为发生的原因或方式等，如因为是"臭男人"所以不一块去（不凸显"男人"如何变"臭"，然而"男人"的"臭"一定有其使因），因"（喝）闷酒"所以没意思，因"水（流动）急"而"趟不过去"。形名组合的形义扭曲构造中的动词可以在句中显现或明确地补出来，而形义一致构造中形容词与名词的相依通常要有认知理据存在的前提，因而两种结构的典型性上有所不同。但如“喝”与“流动”即使出现也不携带时间量的意义，所以形名组合(无论是定中结构还是主谓结构)都不具备或不凸显动作的过程性，自然其中性状的达成也不具备或不凸显“渐成性”的特点。

表行的性质形容词与动词的绑定是规约性的形义一致构造，与表物的性质形容词与动词的结合不同的是，性状的达成并不具有“渐成性”而具有“既成性”的特点，动作的过程性不是凸显的侧面，凸显的是动作完成后的状态持续情状：

> 他晚到了半个小时/我们扼要叙述了植物的光合作用/要慎重对待这个问题
>
> 记着勤换衣服/大家普遍反映不错/轻揉了片刻/快走五分钟/与他巧妙对答

从同现的动量成分中可以清楚地看出这一特点：“晚到了半个小时”中“半个小时”是“晚”的时间，“轻揉了片刻”在“片刻”时间段里动作“揉”从一开始就是“轻”的，“快走五分钟”在“五分钟”里“走”都具有“快”的特点。“着”可以表示“动作进行”和“状态持续”，“了”在“状态持续”的意义上与“着”有一致关系，所以在表行的性质形容词与动词结合的形义一致构造中通常有“着”和“了”的同现限制(参看§3.0.6的叙述)。

表行的性质形容词与名词的绑定是非规约性的形义扭曲构造，性状的达成成为蕴含的动作行为的突出特点，也就成为了事物的显著行为特征。由于显著性的突出限制，这种特异性结构在实际语料中范围并不大，但使用频率却往往很高，因而词汇化程度也就越高，多限于单音节的组合情形。如“快车、慢火、早点、晚宴、猛男、烈女、稳步、迟暮、怪兽、紧邻”等。

我们用简表方式将性质形容词结构组配情形归纳如下：

<table>
<tr><th>语义类别</th><th>同指异指</th><th>结构形式</th><th>结构描述</th><th>标记性</th><th>性状达成</th></tr>
<tr><td rowspan="7">表物性质形容词</td><td rowspan="4">形义一致</td><td rowspan="2">定中结构</td><td>非个体事物＋形容词</td><td>无标记</td><td rowspan="4">既成性</td></tr>
<tr><td>个体事物＋形容词</td><td>有标记</td></tr>
<tr><td rowspan="2">主谓结构</td><td>非个体事物＋形容词</td><td>弱无标记</td></tr>
<tr><td>个体事物＋形容词</td><td>有标记</td></tr>
<tr><td rowspan="3">形义扭曲</td><td>状中结构</td><td>指物形容词＋动词</td><td>弱无标记</td><td>渐成性</td></tr>
<tr><td>定中结构</td><td>指物形容词＋指人名词</td><td>弱无标记</td><td rowspan="4">既成性</td></tr>
<tr><td>定中结构</td><td>指人形容词＋指物名词</td><td>弱无标记</td></tr>
<tr><td rowspan="2">表行性质形容词</td><td>形义一致</td><td>状中结构</td><td>形容词＋动词</td><td>无标记</td></tr>
<tr><td>形义扭曲</td><td>定中结构</td><td>形容词＋名词</td><td>弱无标记</td></tr>
</table>

4.1.3 形容词情状二分与情状三分

朱德熙(1982:104)指出性质形容词做谓语表示事物恒久的属性，是静态的；状态形容词做谓语表示暂时的变化，是动态的。在叙述事件的过程时，只能用状态形容词做谓语。张国宪(2006c:4～5)在[±静态]两种情状类型的基础上加进[±时间]这组区别性特征参项，给出了如下一个形容词的情状范畴系统：

形容词
- 静态形容词
  - 性质形容词
  - 状态形容词
- 动态形容词 … 变化形容词

性质情状表述一种恒久的属性，形容词的情状基本上与时间无缘；状态情状表述一种静止的临时状态，形容词的情状以时间为背景而存在；变化情状表述一种动态的性状变化，形容词的情状发生是在时间的舞台上上演的。举个简单的例子：

a. 臭豆腐

b. 豆腐臭

“臭”在 a 中表示“豆腐”恒久的、客观的属性，如果要表示某一块豆腐变质了，要用“臭的豆腐”、“臭了的豆腐”；b 中“豆腐”只能是定指的、个体的，“臭”是主观判断的结果。再进一步观察，“臭的豆腐”、“臭了的豆腐”表达不一样，前者凸显处于某一状态中的事物，有时间因素背景；后者凸显处于某一变化过程中的事物，时间因素具体化（与“现在”挂钩）。“豆腐臭”与“豆腐臭了”表达也不一样，虽都是主观判断的结果，但前者凸显事物的状态，时间因素也作为背景存在；后者凸显事物的变化过程，有具体的时间指示。三种情状类型与形容词的句法位置的关系如下：

性质情状	状态情状	变化情状
恒久 客观 无缘	临时 主观 背景	临时 主观 舞台
臭豆腐	臭的豆腐	臭了的豆腐（凸显受情状限制的事物）
	豆腐臭	豆腐臭了（凸显事物的情状）

从标记的相对性上说，性质情状只有无标记结构一种表达形式；状态情状“豆腐臭”是无标记结构，“臭的豆腐”是有标记的；变化情状“豆腐臭了”只能分析为“豆腐/臭了”而不能分析为“豆腐臭/了”，变化情状也正是通过“臭”和“了”的绑定才呈

"点"状显示。[①] 但根据距离相似原则，把变化情状视为线性的性质情状或状态情状的"点"状化，"豆腐臭了"相对于"臭了的豆腐"标记性又有所减弱，我们姑且称之为弱有标记组配。这样似乎可以得出一个结论：表物形容词如果不携带时间信息便具有恒久性和客观性，只出现在事物名词前定语的位置，且只构成无标记的粘合式结构，没有与之相对的有标记的组合式结构；如果携带时间信息便具有临时性和主观性，与之相应的句法位置有定语和谓语两个，做谓语时可构成无标记的粘合式结构，做定语时只能构成有标记的组合式结构。"豆腐臭了"相对于"臭了的豆腐"是无标记结构，二者有表达焦点的区别；可相对于"豆腐臭"来说又是有标记的，二者有不同情状("背景"和"舞台")的差异。标记相对性都是有方向的，性质情状结构只有广义同构一种方向，状态情状和变化情状结构都有广义同构和异构两种方向。"豆腐臭"和"豆腐臭了"也属于广义同构。标记"了"("着"、"起来")等(沈家煊 1997：245 把这些成分称为时间成分)的绑定沈家煊(1997：248)视为是与时间有关的词类的聚合形态，正是无标记项的句法表现："无标记项的组合形态比较简单而聚合形态比较复杂，有标记项的聚合形态比较简单而组合形态比较复杂。"这种绑定可以通过个体事物宾语结构清楚地看出：

---

① 木村英树(1997)给出过一个"属性"、"状态"、"动作"和"变化"的时间性不等式：

变化 ＞ 动作 ＞ 状态 ＞ 属性

• ————————————

指出"越往左，时间性越强，同时动态性也随之越来越强。与此相反，越往右，静态性越强。只有'变化'呈'点'状，'动作'以右呈'线'状"。转引自张国宪(2006c：4)。

华大妈也黑着眼眶,笑嘻嘻地送出茶碗茶叶来。(鲁迅·药)

是我不好,我累了你。(曹禺·北京人)

(奶奶)手上瘦出骨节来。(梁斌·播火记)

张国宪(2005:22)指出性状的达成就意图而言有“有意”和“无意”之别。动作才有意图,性状是动作意图实现后的一种结果。如果把所有性状的达成都看成动作致使的结果,可以发现性质情状有两种情形:“苦杏仁、甜橙、红苹果”是自然生成的,可以说是无意致使的;“软豆腐、臭豆腐”都是人为做成的,可以说有“有意”动作的背景。但无论是自然生成的还是人为做成的,性质一旦达成便成为事物的基本构成要素,即具有恒久性和客观性。动作的致使有“有意”和“无意”之别,上述个体事物宾语结构表现出来的性状变化都可以说是动作者无意致使的结果。可以说任何一种性状变化都蕴含了相应的潜在行为在内,结构上动词不出现并不一定是动作意图的无意致使性或自然行为下的结果,虽然“衣服脏了”是“穿”的时间长了或无意溅上了污物,“肉老了”是火候过了或无意“炒”成这样。有意比无意凸显,有意性状的达成往往需要有具体的动作动词同现,或者说通常要借助于动词表现出来。如:

a. 他歪戴着帽子。

b. 他戴歪了帽子。

c. 他戴着歪帽子。

a中“歪”是动作者有意为之,b中“歪”除非有语义上的限制,如“他故意戴歪了帽子”,否则通常是无意动作结果,c中“歪”可以是有意动作结果也可以是无意动作结果。三者凸显的侧面不同,“歪”的句法位置也各不相同。如果把凸显的侧面提取出来,a、b、c三式则成了:

a′. 歪戴着

b′. 帽子歪了

c′. 歪帽子

“歪帽子”是形义扭曲构造，形义扭曲构造必有相应的潜在行为蕴含，因扭曲是外力致使的结果，c式实际已经证明了这一点。可以推测作为形义一致构造的“红帽子”也有相应的潜在行为蕴含，因常规行为结果可以是动作者有意或无意致使的，自然行为结果通常是无意致使的。

这样我们可以得出结论：事物性状的产生、发展和变化即性状的达成是行为致使的结果，不同的性状意义表达或者说不同的情状句法上是否要求动作致使成分同现并不取决于性状意义差异，而主要取决于动作情状的分别。因为不同的性状意义表达与动作情状不是寄生关系而是致使性的伴随关系。大致的情形是，动作情状处于动作进程之中，伴随性状通常要求动作成分同现；动作情状处于状态持续阶段，伴随性状同现要求减弱；动作情状处于动作进程之后，伴随性状通常不要求动作成分同现。下面我们还会对这种推测作出具体说明。

典型的变化是事物的性质变化，状态情状实际是事物性质变化的一个标记性阶段。因而朱德熙先生的情状二分把变化情状与状态情状合二为一，直接把状态情状视为动态变化的一部分与静态的性质情状相对。张国宪(2006c:4)已经对这种标记性作了很好的解释：状态情状在时轴的任意时点上呈现出来的状态都是相同的，所以状态情状句与静态时间词“始终”兼容而与动态时间词“已经”冲突；变化情状在时轴的所有时点上表现出来的性状都是异质的，句法表现也正好与状态情状句相对。因而状态情状是一种非典型的变化情状，姑且可以称为同质变化情状，相应地，变化情状则是一种典型的、异质的变化情状。

动作完成方有变化，因而具有时间特征的状态情状和变化情状的一个很重要的共同特征是动作的过程性(只不过状态情状动作的过程性作为背景存在,变化情状动作的过程性凸显)。不同在于同质变化情状在时轴的任意时点上呈现出来的状态都是相同的,性状的达成同样具有"既成性"。这是由于动作过程已经结束,伴随性状也已达成,动作完成即转入状态持续,因而状态情状实际是对状态持续阶段的伴随性状。之后一直到状态持续阶段结束,这种伴随情状并不发生改变,所以动作的过程性只能作为背景存在。而异质变化情状在时轴的所有时点上表现出来的性状都是不同的,即任一时点上的性状变化都不相同,是因为这种情状是对一个有明确起讫点的动作过程的伴随性状进行描述,动作进程不同,伴随性状程度也会有相应变化,所以性状的达成具有"渐成性"。这种区别可简要描述为:

状态情状	变化情状
动作的过程性背景	动作的过程性凸显
性状的既成性	性状的渐成性

4.2 结构分类描述

4.2.1 主谓结构

形容词性的粘合式主谓结构有无标记组配和弱无标记组配两种组配形式:无标记组配形式只有典型状态形容词单独做谓语的情形,弱无标记组配形式只有性质形容词单独做谓语的情形。弱有标记组配形式有三种:变化形容词单独做谓语、性质形容词单独做谓语与非典型状态形容词单独做谓语。弱无标记组配是非典型的无标记组配形式,弱有标记组配是非典型的有标记组配形式。

4.2.1.1 状态陈述与状态描述

4.2.1.1.1 状态陈述——无标记组配

状态形容词单独做谓语的结构表达形式我们称为状态陈述。典型状态形容词指本身带有特定程度意义的少数双音节形容词。我们从郑怀德、孟庆海(1991)编的《形容词用法词典》收录的868个双音节形容词中检出如下一些[标准是过滤状态形容词的形式框架"{最·很·有点儿·稍+__}"(参看张国宪2007a:4以及ABAB重叠格式]:

昂贵 笔直 碧绿 冰冷 苍白 苍翠 苍劲 苍茫 草绿 垂危
葱绿 翠绿 非凡 飞快 粉红 瑰丽 滚圆 灰白 火红 火热
昏黄 焦黄 皎洁 洁白 精光 枯黄 溜光 茂密 茂盛 明净
磅礴 漆黑 煞白 盛大 通红 通明 鲜红 杏黄 雪白 银白
黝黑 湛蓝 卓绝

状态凸显宿主属性的特定程度。所有的状态形容词都具有程度量规定性特征,某一状态形容词所表述的程度都被规约性地铆定在程度刻度尺的某一标位上(张国宪2007b:33)。从发生学角度说,状态情状达成的动作过程成为背景因素,凸显的是事物属性程度链上的某一特定的位置,我们将其称为同质变化情状,也正是基于这一特定位置与属性程度链上的其他位置相对待的特性。这正是事物性状类别的基础。也正由于这一相对待特性的前提,状态情状用于状态陈述时(做谓语)可用无标记的粘合式主谓结构而无需添加发端句或后续句等标记性成分来对事物属性的特定程度进行描述,如:

马路笔直。/演技非凡。/皮肤黝黑。/生命垂危。

上述情形可描述为个体事物状态的类,语义结构描述为[个体事物+属性的特定程度]。这种状态的类的建立依赖于个体事物的同类异质的比较前提。"马路笔直"是这条马路笔直,其他马路并非如此。“演技非凡”指某人的演技非凡,其他人赶不上他。将上述情形界定为加合性粘合而非组合式主谓结构的形式依据主要是除非表达异质变化情状,否则上述例子均不宜扩展为:

*马路已经笔直。/ *演技已经非凡。/ *皮肤已经黝黑。/? 生命已经垂危。

而用于非状态陈述时(做定语或补语)只能用有标记的组合式结构:

(修得)笔直的马路。/非凡的演技。/(晒得)黝黑的皮肤。
马路修得笔直。/皮肤晒得黝黑。/眼睛瞪得滚圆。

三种结构的语用意义都是对事物属性的某一规定性程度进行描述。而主谓结构在对属性的这一特定程度本身进行描述的基础上又进一步对其加以认定,因有了事物同类异质的比较前提,我们用状态陈述与其他状态描述的结构加以区分。状态陈述对某一规定量度区间的认定实际就是表达者主观上的事物性状类别。个体事物与状态形容词结合的这种状态陈述可以表述为一种无标记组配。有标记组配的非状态陈述形式定中结构是对具有这一特定程度的事物进行描述,述补结构凸显特定属性变化的致使方式或原因,结构上要求表示相应动作的动词同现。三种结构性状的达成都具有“既成性”,即这一规定性程度呈现出来的情状在时轴的任意时点上呈现出来的状态都是相同的。既成性是性状类别的基础,但并不成为必然。

4.2.1.1.2 状态描述——弱有标记组配

沈家煊(1999a:306)把状态形容词分为典型的和非典型的两类,并给出了两类状态形容词做定语和谓语的如下标记模式:

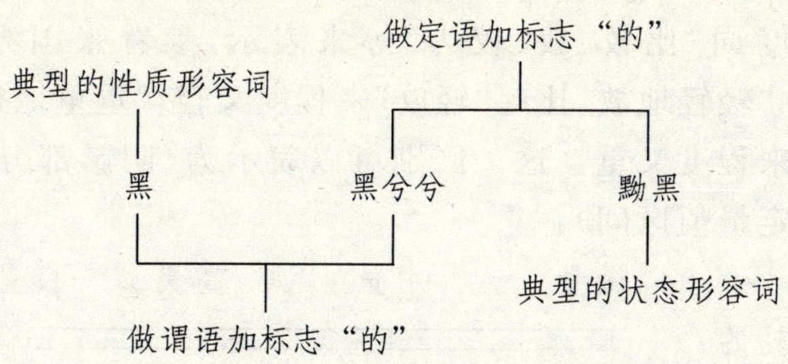

张国宪(2000:448)将程度词分为微量、中量、高量和极量四个量级,以此为标准从量值的角度把形容词分为全量幅形容词(能被四个量级切分)、量点形容词(不能为任何程度词切分)和半量幅形容词(介于二者之间)。全量幅形容词是典型的性质形容词,量点形容词是典型的状态形容词,“黑兮兮”类(也还有一部分偏向于状态形容词的双音节性质形容词,如“通畅、迟钝、清新、大方、圆滑”等)是非典型的状态形容词。所有的状态形容词都具有程度量规定性特征,典型的状态形容词的规定量值体现为量点,非典型的状态形容词的规定量值体现为半量幅。

这种半量幅或者说非典型的状态形容词的规定量值区间往往表现为以“中量”量值为最高点或最低点向下或向上游移,或许我们可以把非典型状态形容词解释为具有游移性或不确定性的量点形容词,半量幅体现为一个规定的量幅区间。从性质形容词的重叠式我们大致可以划出这种非典型状态形容词通常的规定量值区间“中量—高量”,这符合一般所谓的形容词的重叠式表示程度加深的语法意义,语法著作中多所论述。但程度加深有两个相对的方向,“轻、柔、小、弱、坏……”和“重、刚、大、强、好……”两组词语义相对重叠式的程度值高低也正好相对,前者以“中量”量值为最高点,后者以“中量”量值为最低点(中量的表述通常用形容词的零形式或前加程度词“比较、较、较为”等来表示，参看张国宪 1996：36)。如“轻轻地放”比起“轻放”来程度又轻，“重重地打”比起“重打”来程度又重。这一区别可以表示为(阴影部分为重叠式的规定量值区间)：

微量　　中量　　高量　　极量

轻轻的：

有点儿轻　　轻　　很轻　　最轻

双音节情形与此相同：“轻轻柔柔的、小小巧巧的”。

微量　　中量　　高量　　极量

重重的：

有点儿重　　重　　很重　　最重

双音节情形与此相同：“漂漂亮亮的、大大方方的”。

带后缀的形容词如“黑乎乎、黑不溜秋、黑咕隆咚”等的规定量值区间也只有“中量—高量”。如：

屋里黑魆魆的。

这孩子老实巴交的。

“黑魆魆、老实巴交”的程度值都不能说是体现为量点，可以大致描述为由全量幅的“黑、老实”中截取而来的特定量段，这便是上述的规定量值区间。

再来看量点形容词。某一程度词修饰性质形容词的格式是典型的量点表示形式，如“最黑、很静、有点儿空洞”。形容词生动形式都不能受程度词修饰，因而其规定量值都既不体现为量点，也不可能体现为全量幅。典型的状态形容词也不能受程度词修饰，但意义相当于“程度词＋性质形容词”，如“黝黑”处于“黑”与“很黑”区间中的某个量点、“墨黑、漆黑”程度有别，但都是“很黑”与“最黑”区间中的某个量点。朱德熙(1982:73)就把“f＋形容词＋的”(“挺好的、很小的、怪可怜的")形式的合成词当成状态形容词的一个小类。值得注意的是,双音节状态形容词的重叠式的规定量值区间都是状态形容词表示的量点与该形容词的零形式表示的中量量点构成的区间。如"灰白"是全量幅词"白"的"微量—中量"区间中的一个量点,"灰白灰白的"的量值区间可以图示为:

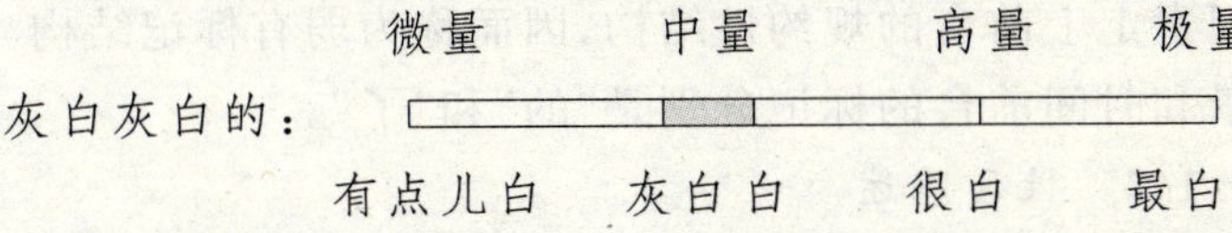

而"黝黑黝黑的、墨黑墨黑的、漆黑漆黑的"可以分别图示为:

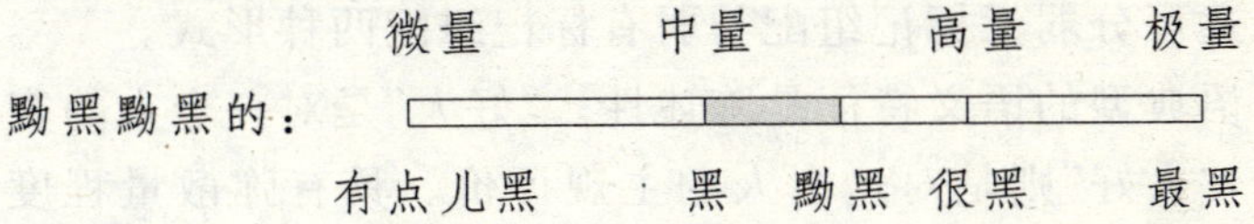

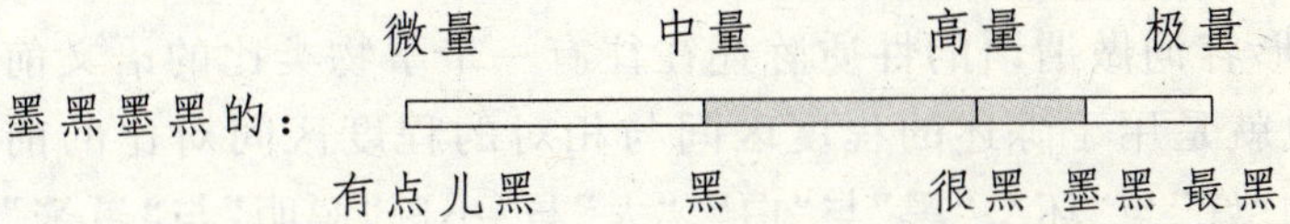

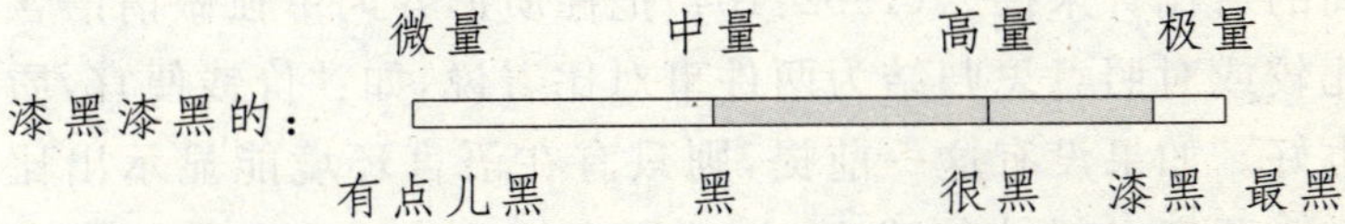

也正是由于这种"规定性+区间性"特性的存在,半量幅形容词做谓语或做定语时都须加上一个"的"。自然,"风轻轻的"属于组合式主谓结构。与量点形容词做谓语的状态陈述情形相较,我们可以把半量幅形容词做谓语的情形称为标记性状态陈述。这种标记性属于弱标记性情形。"性质"意象的形成受益于与时间无关的整体扫描,"状态"意象的形成是有时间背景的次第扫描的结果(参看§2.0.1),着眼于性质意象与状态意象属于事物属性值的不同表现,我们把次第生成的事物属性值称为在线属性值，把整体扫描而成的事物属性值称为非在线属性值，可以发现，半量幅形容词做谓语结构的弱标记性体现在语义上都是表物形容词对个体事物在线属性值的客观描述。又因属于时间因素作背景的规约性结构，所以我们称为弱无标记性结构。变化形容词直接做谓语的结构属于时间因素走上前台的规约性结构，因而称为弱有标记结构。时间背景和时间前台的标记分别是“的”和“了”。

4.2.1.2　性质陈述

性质形容词单独做谓语的结构表达形式称为性质陈述。性质陈述可分弱无标记组配与弱有标记组配两种形式。

谓语典型的语义特征是陈述性。“好人”是对一个人的客观评价，“人好”则是对这个人的主观评价。具有弥散量程度特征的性质形容词做谓语，由于性质形容词的程度区间限制，性质形容词做谓语的性质陈述往往有一个事物类比的语义前提，也就是用于陈述的程度区间与相对的程度区间对比的前提，如“好”与“坏”、“黑”与“白”、“大”与“小”、“聪明”与“愚笨”之间的对比。朱德熙(1982:104)把性质形容词单独做谓语含有比较或对照意思归结为两件事对比着说，如：“价钱便宜，质量也好。”如果没有这一前提，则只有在语言环境能显示出比较或对照意义时才能成立，如：“哪本好？——这本好。”事实上，比较或对照意义正是基于同类事物性质程度区间的相对性。“价钱便宜，质量也好。”有着价钱贵、质量次的其他同类事物的比较前提，两件事对比着说与具体的语言环境都只是提供用于对比的同类事物线索，句法上的并列项并非比较或对照意义的显性表达形式，因并非同一事物的不同属性“价钱”与“质量”的对比。再如“人小心不小”中，比较或对照并非异类事物“人”和“心”之间的对比，因异类事物的相同属性之间不具有可比性，而仍是同类事物“人”与“常人”、“心”与“常人的心"之间的同一属性间不同程度区间的对比。

但同类事物相对的规定量度区间的比较也可分为同类异质与异类同质两种情形。同类异质如"这本书更好",异类同质如"他好我就好",都有其他个体事物对比的前提,不同在于性状的规定量度区间的不同。单独的一个形容词可以表示性状的全量程度区间,用于表达时更经常地表示规定的量度区间——属性常态。如"价钱便宜"中"便宜"并非表示性状的全量程度区间,而是表示人们心目中事物性状表达的一种默认值即属性常态。对比可以是不同个体事物的属性常态间的对比,这有异类同质的比较前提;也可以是同类事物性状的不同规定量度区间的比较,这是同类异质。无论哪一种,因都是对个体事物属性常态或不同规定量度区间的描述,因而都属于弱有标记组配情形。如:

a. 首战失利,主要原因是赛前训练强度大,队员疲劳。

b. 首战失利,主要原因是赛前训练强度很大,队员十分疲劳。

a 是赛前与平时"(训练强度)"大、"(队员)疲劳"性状的属性常态间的对比,b 是不同规定量度区间的对比,作为失利的原因也只是性状程度的不同,a 中性质形容词单独做谓语实际同 b 一样也是表达性状的一个规定量度区间。因而 a 也不能表示性状的类别,也是组合式结构。

性质陈述作为性状的次范畴类别表达形式的前提是事物性状属性常态的常规化或固定化表达。通常性状表达的默认量值容易常规化或固定化。如:

长期接触恶臭,"久闻不知其臭",引起嗅觉疲劳、失灵。

对付金属疲劳的一种类似办法叫"免疫疗法"。

直接按摩眼球,包括其水晶体及睫状体,以消除眼睛疲劳及促进眼球血液运行。

出现在宾语位置上的"嗅觉疲劳、金属疲劳、眼睛疲劳"都不具有可扩展性，语义上是对事物的某种规定量度区间的认定，比较或对照的意义成为潜在的背景。下面的"声疲劳、制度疲劳"甚至有了词汇化趋向，可以作为区间认定或性状类别意义的证明：

郑平教授研制成功的这一新技术，是以声疲劳等声学原理，将压缩气体转换为声能，产生一定声强的低频振荡……

要想不患"先进国家病"(高失业率、双赤字)，需进行防止"制度疲劳"的改革。

也还有一种过渡状态：

到了明天上班时，精神恍惚，身心"疲劳"，当然也就无心工作。

游泳女选手在连续作战、身体疲劳的情况下，创1项世界纪录、多项亚洲纪录。

句法位置及其他语言环境条件的差异与不同性状意义表达的对应一如上述。句法位置等的不同是表达者的不同性状意义表述的形式选择，因而性质陈述是一种主观陈述，属性常态的常规化是一种主观意义上的性状次范畴类别表达。

"好人"是对事物的分类，"人好"是分类的前提，主观只是客观的准备。要想达到客观要求，显然要有主观的量的累积。只有当主观的量的累积达到事理认定的储备限度后，事物由量变而质变的过程才会最后完成。"好人"中的"人"与"人好"中的"人"都可以有个体事物和非个体事物两种表达形式(前者以指非个体事物为常，后者以指个体事物为常)，"人好"无论哪种表达都要有比较或对照的前提。从这一语义特征上看有性状分类的作用，但分类的临时性增强。“皮肤黝黑”与“人好”的分类性程度大致相当于定名结构“臭豆腐”与“臭的豆腐”的差别。“好”在“好人”中表客观量值(通常的规约性的量度区间)，在“人好”中表主观量值(与某一量度区间相对待的另一量度区间)。因而性质形容词单独做谓语的结构首先是一种组合式结构，只有具备属性常态的常规化才由临时类别转化为固有类别。作为事物客观分类形式的定中粘合式结构中事物性状的达成事实上也可以看成具有相同语义关系的主谓组合式结构中事物性状量变的结果。如果把性质形容词单独做定语的语用意义描述为性质断定，则性质陈述是性质断定的准备，性质断定是性质陈述的归宿。

陈述的性质与断定的性质都容留有一个程度的区间。用于陈述的程度区间因同一事物属性的与之相对的程度区间的存在而存在，用于断定的程度区间是一种客观存在，一般认为是事物的固有属性表现，与之相对的程度区间只作为潜在的背景存在而成为常识性的东西。

由性质断定、性质陈述我们也可以看出，如果说程度性是形容词的本质属性，性质形容词的程度性体现为程度量的相对性：具有被不同量级程度词切割潜能的事物属性与同一事物的只作为潜在的背景存在的事物属性相对立而存在的性质。状态形容词的程度性体现为程度量的规定性：事物属性某一量级的突出显示的性质。任何标记性都要通过句法形式体现出来。性质陈述的弱无标记性体现为结构的不可扩展性与性状规定量度区间的主观认定，弱有标记性体现为结构的可扩展性与性状规定量度区间的主观描述，语用意义都是事物属性相对性的被陈述。陈述就有时间背景存在，这是弱标记性存在的根本原因。而做定语的性质形容词的语用意义表示断定，用于断定的事物属性与事物之间已经具有恒定不变的联系，恒定属性往往用于事物分类的依据，并且用无标记组配形式表达出来。

4.2.1.3　变化陈述

变化形容词单独做谓语的结构表达形式称为变化陈述。变化情状也是形容词结构对事物属性的某一规定性程度进行描述的结果，只是性状的达成是随着动作的逐渐展开而逐步实现的，动作结束标志着性状的最终达成。因而性状的达成凸显的是“渐成性”，在动作过程的不同阶段各有其特点。值得注意的是，变化“点”与动作过程的结束点、性状达成的临界点是重合在一起的，变化“点”或者说性状的达成的描述是通过动作过程展示出来的。虽然于说话时间动作过程已经结束，变化情状也是动作实现后的一种性状，但性状在说话时间发生的质的变化可想而知是与动作过程同步实现的。变化主体或变化的宿主具有因致使而发生变化的特质，尽管这种变化往往并非宿主主观意志下的结果。如：

夜深了。/灯亮了一下又灭了。

她老了丑了不是跟你一块儿熬的奔的，让这穷日子给折腾的？

“夜深了”不会是一下子变深的；“她老了、丑了”是“熬、奔、折腾”的结果。相应的动作过程通常也就是变化的使因。变化使因如果凸显，动词性词语经常会成为结构的主语，如：

叔叔的一番谈话使我心凉了大半，我借口到外面玩玩，走出大门。

回来迟了。

异质变化情状结构虽也有[个体事物＋属性的特定程度]语义结构特征，但因性状的达成具有渐成性，而为性状分类通常得有性状既成的前提。因而异质变化情状结构属于描述个体事物属性特定程度的组合式结构，"了"是结构上要求同现有界完句成分。"她老了"并不要求是否有别人老或年轻的比较前提。结构形式具有可扩展性，通常有时间词同现，且只能是动态时间词。如：

后悔已经迟了。/要走已经迟了。/他想刹车已经迟了。

状态是性质的一种非典型变化，状态也可以再次发生变化，变化使因自然是动作情状的变化。如果有时间词同现，也只能是动态时间词：

床头女明星的笑容已经苍白，像一朵枯萎的忘忧草。

还没开饭，他的嘴已经油乎乎的了。

4.2.2 状中结构

本节只讨论副词做状语形容词做中心语的状中结构。做形容词状语的是意义分布领域集中的程度、否定、时间、频度等少数几类副词，与形容词表示的性状是一种非本质性的意义联系。我们把这类状中结构界定为组合式结构，依据并不在于这种非本质性意义联系的存在与否，根本上却是这类状中结构本身判断性的存在。

"很好"、"不好"也体现为事物的规定量度区间，但客观上的表述却是对这一规定量度区间的描述，是对事物性状特定程度的一种主观判断，这一判断因同一性状的微量、中量和极量的规定量度区间的存在而存在。而"演技非凡"、"皮肤黝黑"虽也体现为事物的规定量度区间，但客观上的表述却是对这一规定量度区间的认定，这一认定有着事物性状客观存在的基础，同一性状的微量、中量和极量的规定量度区间只是作为认定的背景而存在。因而前者不表现为性状类别，句法上的表现因同一性状的微量、中量和极量的规定量度区间的相对存在而有“很不好”、“不很好”的程度变化描述形式(也是作为描述形式可扩展性的证明)。而后者则是事物性状的次范畴类别表达形式。

李泉(2002:86)考察了666个副词,发现有322个副词能够直接修饰形容词,约占总数的48.35%。由于形容词的依附性,即使是这少数的几类副词里能直接放在形容词前面的数量也很少,但结构的类推性却很强。类推性强也是我们着力描写这种常与粘合式结构同形的组合式结构的一个重要原因,以期就粘合式结构与组合式结构在结构自由度上的差别作出进一步的解释。“副+动”状中结构的情形与此相同。如“不动、都过来”均属类推性很强的组合式结构,同样不是行为范畴的下位类型。

表物形容词基本分布在空间、度量、色彩、年纪、属性、评价和情貌等语义区域里,表行形容词主要分布在时间、速度、方式、程度、范围、情状和频度等语义区域里(参看张国宪2005:17)。副词虽是个封闭的类,但在以上各种语义区域里基本上都有匹配的意义类别。也正因为副词是个封闭的类,不同意义类别及同一意义类别的不同副词的用法各有不同。但无论副词与形容词构成形义一致构造还是形义扭曲构造,判断性毫无例外地成为结构的潜在表达因素。如:

你怎么一直慢腾腾的?

时间副词“一直”有一种潜在的判断意味,“慢腾腾的”是其判断结果。“一直慢腾腾的”可表述为“一直是慢腾腾的”。下文提到的范围副词与否定副词也都如此。如“都结实、不笨”可表述为“都是结实的、不是笨”。[①] 时间副词与表物形容词的语义不匹配，如果要表示事物本体的属性变化，即使谓语位置也需要用有标记组配形式表达，通常用前加程度词的方式来激活形容词的规定量值。如：

身体一向很好。/肿块一直很大。/*这块岩石一直很大。

“很好”、“很大”前面的时间成分的意义即使语表形式上不同现，却实际也是在语境中隐含着的。这也说明“很好”类结构判断性的潜存。“身体”和“肿块”都得具有可变化的性质这种有标记组配形式方能成立。“岩石”不具备这种单位时间里的可变化性质，故不构成相应的陈述结构。

4.2.2.1 程度副词

形容词的基本属性是其程度性，因而无论是表物的还是表行的性质形容词都可以前加程度副词构成由具有被不同量级程度词切割潜能的全量形式转为只被特定量级程度词限定的规定量形式：

有点儿贵 比较新 很年轻 非常凶 最庸俗 真聪明(表物)

有点儿迟 比较慢 很草率 非常紧 最周到 尤为深刻(表行)

规定量形式是陈述形式，所以“程度词＋性质形容词”的状中结构形式通常出现在谓语的位置上。

判断结构本就是一种陈述结构。事实上，状态陈述、性质陈述等陈述形式也都是一种规定量形式，只不过是以相对的规定量形式或以非相对的规定量形式的存在作为有无标记性

---

① 即使换了非谓语位置，这种判断性依然存在。如：“只要不笨就行。”“一直慢腾腾的可不行。”

的分别依据罢了。[①]“这孩子老实巴交的”，只有相对的规定量形式，属有标记的组合式结构；“演技非凡”只有非相对的规定量形式，属无标记的粘合式结构。前者是判断结构，后者的判断性弱化甚至消失。这可用代入判断词“是”的办法得到证明。“身体好”本身在表示一种判断时是一种组合式结构，判断性弱化或消失才表示性状类别。如：

他身体好，我怎么能跑过他？（“身体好”是组合式结构）

身体好是干好工作的本钱。/干好工作首先得身体好。（“身体好”是粘合式结构）

判断性弱化或消失即某种结构特征的去范畴化或结构粘合的标记。值得注意的是，作为粘合式结构的“身体好”并不是组合式结构的“身体好”经过一个去范畴化过程而来的，二者没有发生学上的先后之分，只是无标记组配与有标记组配表达形式的不同。判断性弱化或消失是“身体好”类的结构本身具有的粘合特征或去范畴化特征。

“程度词＋性质形容词”的状中结构不能出现在主宾语位置上，因而不会有性状类别表达形式，这可作为结构是否具备某种区别性特征的一个旁证：

周到是必要的。/＊很周到是必要的。

4.2.2.2 时间副词

由时间副词限定的事物属性只有规定量形式，因与时间无关的事物固有属性与时间量形式相悖。状态和变化属于规定量形式，状态属性值表现为一个量值区间，变化属性值表现为一个量点，是在线属性值的两种存在形式。与状态属性值

---

① 相对的规定量形式即表达具有其他规定量度区间的比较前提，非相对的规定量形式即只有其他规定量度区间的存在背景。

同现的时间副词是静态时间词，如下面例子中的“一直、常”；与变化属性值同现的时间副词是动态时间词，如下面例子中的“才、刹时”：

北屋的灯却一直亮着。/北屋的灯却一直黑着。

迟迟未亮的记分牌这时才亮。

四十来岁，扁脸，细眉，冬夏常青的笑着，就是沈二哥。(老舍小说集外集)

我这时突然感到一种异样的感觉，觉得他满身灰尘的后影，刹时高大了，而且愈走愈大，须仰视才见。(鲁迅·一件小事)

前面我们说过，状态其实也是一种变化。上述例子中事物属性值的变化有一个共同点，即体现了动作者或感受者主观上的一种意外变化。如“北屋的灯却一直亮(/黑)着”，感受者主观上认为“早就”应该“黑(/亮)着”，“迟迟未亮的记分牌这时才亮”中“迟迟未亮”已经表明了“早就应该如此”的主观态度。“冬夏常青的笑着”是沈二哥的过人之处，也就是作者主观上“原本应该不是这样”的变化。父亲背影的“刹时高大了”也是鲁迅“这时突然感到一种异样的感觉”的变化。

上述例子都是时间副词与表物形容词的结合情形。时间副词与表物形容词的结合其实是一种形义扭曲构造，与表行形容词的结合表示行为的时间变化，应该是一种形义一致构造。无论表示事物属性值还是行为属性值的变化，二者都只表现在线属性值变化，无非是凸显时间和时间背景的差别(“时间”是一种抽象事物)。这样可以解释形义扭曲构造与形义一致构造都会有同样的标记性组配形式的原因，两种结构在表现在线属性值变化这一语用意义上趋于中和，二者都属于一种弱标记组配形式。比较：

a. 天已经黑了，他们还没有收工。

b. 天已经晚了，他们还没有收工。

判断性与相对的规定量形式的存在是结构中和的前提。

4.2.2.3 否定副词“不”

“不＋谓词”本就是一种常见的否定判断形式。

朱德熙(1982:200)指出口语里常用的否定词里只有一个“不”是真正的副词。事实上，常用的否定词里也只有一个“不”能够出现在性质形容词之前：

不好 不大 不黑 不热 不高兴 不年轻(表物)

不晚 不慢 不稳 不全面 不果断 不透彻(表行)

从根本上说这种否定结构的类推性源于形容词的程度性。事物具有某种属性从另一个角度说是不具有与这种属性相对的另一属性，因而事物属性本身的存在是以另一相对属性的存在为前提的。将事物某一属性值和与之相对的另一属性值并列，可以很好地看出一个性质形容词的属性值的相对性：因无而有，因有而无，相对的两个量幅正好构成一个完整的同一属性的肯定否定等级序列。我们以“聪明/笨”为例：

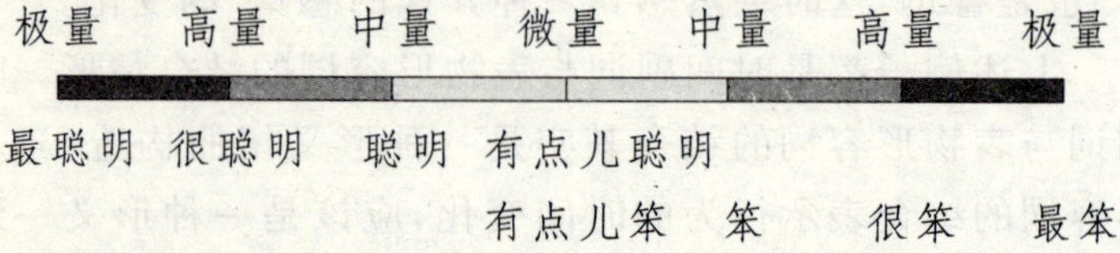

“不”可以是对全量幅的否定，也就是对总括扫描而来的性质意象的否定。如王力(1985:124)指出的“不安”的反面就是“安”，“不懂事”的反面就是“懂事”。吕叔湘(1965[2002:216～217])解释得更为清楚：假如“X”没有反义词“Y”，那么“不X”就是“X”的反义词。“不X”在语义上构成一个整体，不仅仅是“X”这个概念的否定，“X”可以有程度的差别，“不X”

也可以有程度的差别。因而性质陈述往往可以变换为另一否定的陈述形式，如“他聪明＝他不笨”、“他笨＝他不聪明”。值得注意的是，这里的“聪明、笨”不是指中量的原形形式——量点，而是性质形容词的原形形式。

“不”也可以否定量点。通常的情形需要符合全量肯定否定规律：对一个极大量的肯定意味着对全量的肯定，对一个极小量的否定意味着对全量的否定（参看沈家煊 1999a：101～102）。如肯定一个量幅中的极量词意味着该量幅中的其他量点的肯定形式都成立。就否定而言，否定量幅中的某一区间等于肯定与这一区间相邻的低一级的区间。如“不最笨＝很笨”、“不很笨＝笨”、“不笨＝有点儿笨＝有点儿聪明”，“不最聪明＝不很聪明”、“不很聪明＝聪明”、“不聪明＝有点儿聪明＝有点儿笨”。由于委婉、诙谐等语用意义的影响，[1]否定一量幅的高量往往等于肯定相对的另一量幅的中量，如“不很聪明＝笨、不很笨＝聪明”。但“不很聪明”、“不很笨”分别是“笨”、“聪明”组合式表达形式，只是性状类别的一种解释形式。

微量同属两个相对量幅的量点的最低值，否定这一最低值往往可能等于肯定两个量幅的其他所有量点。如：

不是有点儿聪明（/笨），而是聪明（很聪明/最聪明）。

不是有点儿聪明（/笨），而是笨（很笨/最笨）。

某一属性可以在不同意义领域有不同的相对属性存在。如“不红”可以是“绿、蓝、青、黄、橙、紫”等。

“不＋形容词”结构表达同样蕴含判断性与相对的规定量

---

① 王力（1985：128）曾说过，否定语在说坏话时是委婉，在说好话时是不够铺张。

形式的存在前提。

4.2.2.4　范围副词“都”、“也”

“都”“标举它前边的词语的范围”(朱德熙 1982:195),用在形容词前,表示它前边的词语代表的事物或行为现象与其他同类事物或行为现象相比而言某种属性更为凸显,从根本上这种比较意义也是源于形容词的程度性。如:

嚼出的胶比熬出来的好,粘起东西来比焊的都结实。

你能安全行驶,比送我什么都好。

着眼于结构的判断性,“范围副词＋性质形容词”中间都能插入“不”或某些程度副词,如“都不结实、都很好、都不怎么结实”。前面说过,“程度副词＋性质形容词”表示一个特定的量幅区间,“不＋性质形容词”表示另一相对待的量幅区间,范围副词的意义表示某一范围内的事物具有或不具有某种共性或者是否有过某种行为等,所以“范围副词＋性质形容词”结构事实上是“程度副词＋性质形容词”、“不＋性质形容词”等结构的范围强调形式,属相同性质的结构。

“也”也是标举它前边的词语的范围,“都”是总括,“也”是分举(朱德熙 1982:196)。“也”用于形容词前,表示某种事物或现象的不同属性的列举或某种事物或现象的相同属性的认定。列举也是着眼于一类事物或现象具有某一共同的属性,因而列举和认定都可以看成一种认同。“都”表示的比较意义是一种程度性包含(见下),有同类事物或现象的类比前提。“也”表示的认同意义可以有同类事物或现象的类比前提,也可以没有。如:

小三你又长高了,也结实多了。

睡眠充足的孩子一般精神饱满,胃口也好。

“也”的认同意义可以看成其基本意义。这种认同意义与形容词的程度性结合起来也蕴含着一种比较意义:着眼于相似或认同的比较意义。表示某种事物或现象的不同属性的列举蕴含着该事物或现象不同时期或不同发展阶段属性特征比较,如:“小三你又长高了,也结实多了。”蕴含现在与过去的属性特征比较,句子可以表述为:“小三你比以前又长高了,也结实多了。”再如:

这会儿老人礼拜的也少了。

后来耳朵有点儿聋啦,岁数也大了,现在就管传达室,看大门呢。

他脸容也憔悴了,然而笑容像以往一样好,心情仍然开朗。

表示某种事物或现象的相同属性的认定蕴含着该事物或现象与其他同类事物或现象的相同属性的共时特征比较,如:“睡眠充足的孩子一般精神饱满,胃口也好。”蕴含着睡眠不足的孩子的同一属性特征的差异。再如:

这些美国顶尖商学院的入学要求高,但文凭的含金量也高。

“也”放在表行形容词前,蕴含着不同行为特征的一致性的对比,如:

谁知弄假成真,他后悔也晚了。

她认为中国人做事情,一向拖拖拉拉,体现在外交方面,也果断不到哪儿去。

“后悔也晚了”中“后悔”与“不后悔”对比的结果是都“晚了”,“也果断不到哪儿去”是外交方面与“中国人做事情”的其他方面比较的结果。

也有认同意义凸显比较意义十分隐晦的:

两栋新楼倒也漂亮，居室也挺宽敞、舒适。

人体特异功能的研究者们无论如何也高兴不起来，因为他们遇到了逻辑上的“二难问题”。

毕永峨(1994:81～87)区分了“也”的三种用法：对称性并列、程度性包含与评价性婉转，认为这三种用法分别对应于命题内容、认识世界和言语情景三个话语平面。当取自命题内容的两个实体被认为相似时，这种相似性是以说话人观察到的大家公认的可验证的标准为依据建立起来的；当取自假设的、认识的世界的两个实体被认为相似时，这种相似性是以说话人的信念和知识为依据建立起来的，因为说话人根据各种可能性和概然性作出推理；当取自言语行为情景的两个实体被认为相似时，这种相似性是以说话人对正在讨论的总是的评价性或表情性态度为依据而建立起来的。这三种用法也分别对应于我们上述的列举、认定和认同意义凸显比较意义隐晦的情形。从根本上说，这是“也”的“认同”基本意义在三个话语平面的不同的语义扩展情形。或者我们可以反过来说，当认同意义凸显比较意义隐晦的表达中“也”往往表示言语行为情景的两个实体相似的情形，如此等等。

“都”和“也”在认识的话语平面意义和用法往往趋于中和。朱德熙(1982:190)在讨论“连”字的用法时有过精辟的论述：“连”常常跟“都”“也”配合起来用，强调已经说到的事物和其他事物之间的一致性：

连信都写不好(别的当然更不行了)

连一分钱也舍不得花(不要说更多的钱了)

“一致性”是“已经说到的事物”和“其他事物”比较的结果，这两个实体的相同或相似性是以说话人的信念和知识为依据建立起来的，是说话人根据各种可能性和概然性作出的推理。

这也可以证明“也+形容词”结构与“都”字结构性质的一致性。

4.2.2.5 频度副词

频度副词中通常只有判断性频度副词中可以进行推断的“总是”类(参看§3.1.2.2.2的分类)能直接放在形容词重叠式之前,这是由于“总(是)、老(是)、时常、常常、常、经常”等首先占据频度等级上的一个个量点,客观上要求规定量形式的事物属性与之同现;其次,这些可以进行推断的判断性频度副词语义上要求同现的事物属性有“量”(属性呈现次数)的前提作为推断“质”(形成判断)的依据。前面我们提到过,形容词的生动形式具有“规定性+区间性”的特性,只不过这里“区间性”体现为事物属性从开始呈现到形成判断时的“量”的线性排列形式,即一个特定的频度区间。如:

尽管打了补丁,但我们兄弟俩的衣服总是干干净净的。

我和玉儿常常傻乎乎地问。

说起话来老是冷冰冰的,毫无生气。

只对事实进行判断的频度副词通常只有“有时”和“偶尔”常出现在全量幅形容词之前。其中“有时”表示同一事物不同属性的列举:

甚至可以让两个人的对白有时清晰有时模糊,以达到真实的效果。

有时宽容,有时又过分惩罚,使孩子在是非上产生混乱。

“偶尔”表示同一事物相同属性的特定频度区间,因“偶尔”是频度量级的极小值,常有极小量动量成分与形容词同现:

偶尔清醒一下，她便会想到丈夫和女儿，哭着要去找他们。

金无足赤，人无完人，偶尔错一回两回，也非不可饶恕。

唯有她静静地走在路边，偶尔羞涩地与记者说上几句话。

量点形容词必须与时段成分同现才能受"偶尔"修饰：

即使偶尔枯黄了几天，一逢雨水，就又茵茵地绿成了一片。

频度本就不是事物属性的本质特征，因而"频度副词＋性质形容词"结构都只是组合式结构，从频度副词修饰的形容词的复杂形式中也可以清楚地看出。

这一结构的判断性可以由频度副词的判断性类别推出，频度区间本身就是一个规定量度区间。

4.2.2.6 小结

副词可以与性质形容词、状态形容词、变化形容词直接组合构成弱标记组配或标记性组配形式。这种结构都蕴含了判断性和相对的规定量形式的存在前提。

由于位置的固定化，副词基本上都有不同程度的意义虚化现象，许多副词具有多义性或抽象性。毕永峨(1994:92)把同一副词不同用法的联系描述为以相关性为动因的语义扩展，认为这种相关性衍生自比喻的认识框架或认知典型。沈家煊(2001b:487)用"元语用法"和"元语增量"来解释副词的本体意义与抽象意义之间的联系。① 如：

① 元语是用来指称或描述语言的语言。如果一个语词传递的信息是关于语言本身传递信息的情况的，那么这个语词的这一用法就是它的元语用法。一般增量是客观的陈述，元语增量是主观的表态。参看沈家煊(2001b:487、491)。

a. 这辆车比那辆车还小。（一般增量、元语用法）

b. 小车还通不过呢，就别提大车了。（元语增量）

“也”的三种用法中对称性并列属元语用法，对应于命题内容话语平面；程度性包含和评价性婉转大致可以描述为分别是命题内容在认识世界和言语行为情景话语平面中的元语增量。“都”表示范围时只有元语用法，表示强调时也是一种元语增量。朱德熙（1982：190）指出过二者的区别：

A	B
老师′都听不懂	′老师都听不懂（学生当然更听不懂）
我′都买了	′我都买了（你怎么不买）

重音在“都”字上的A式是客观的陈述，重音在主语上的B式前头加“连”字就构成了非命题内容话语平面里的“连……都……”式结构。

4.2.3 述补结构

能做形容词粘合式述补结构补语的成分有两种：程度副词与只有引申意义的趋向动词，分别构成程度粘合补语和状态粘合补语。

4.2.3.1 程度粘合补语结构

4.2.3.1.1 规定量幅区间的认定形式

据张谊生（2000：6）考察，只能充当粘合式补语的程度副词共有15个，其中单音节的有7个：极、死、甚、尽、煞、透、坏，双音节的有8个：非常、异常、无比、过分、万分、绝伦、绝顶、透顶。既可以充当组合式补语，又可以充当粘合式补语的，只有“远”和“多”两个。如：

好极了/脏死了/坏透了/累坏了/差远了/暖和多了

屋里屋外，热闹非常。/我那时真是聪明过分，总觉得他说话不漂亮，非自己插嘴不可。/真是荒唐透顶。

除了带文言色彩的“甚、尽、煞”外，单音节程度副词做粘合式补语要带后缀“了”（参看朱德熙 1982:137），双音节的以不带为常。

程度副词与性质形容词的组合通常表示一个规定的量幅区间。即使是极值的“最”，也有量点和量幅区间两种表示法。如：

你们都是妈最好的孩子。（量幅区间）
他登上了最高的领奖台。（量点）

程度补语都表示一个规定的量幅区间，不表示量点。如有“最好”没有“＊好得最”的说法。马庆株（1988[1992:153]）敏锐地观察到，程度补语表示程度和幅度，只表示程度高，不表示同样的程度和较低的程度；而程度状语可以表示各种程度。马先生由此列出了如下一个程度补语和程度副词的对当关系表：

多、远——“更”类
很、厉害、慌、够呛、够劲儿、够受的、够瞧的、什么似的——“很”类
不得了、了不得、不行、可以、邪乎、邪行、凶——“太”类
极、死、坏、透、去了、透顶、要死、要命、不过——“极”类

我们把“更”类、“很”类、“太”类、“极”类与形容词的组合形式表示的量幅区间表示如下：

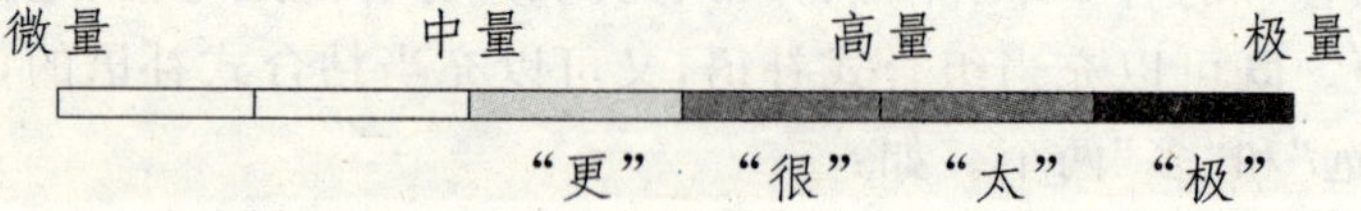

“更好”也没有“＊好得更、＊好更了”的说法，大概是由于“更”属于中量区，程度补语不表同样程度的缘故。高量区的

“很好”、“太好”也没有相应的“＊好很了、＊好太了”，但有相应的组合形式，“很好—好得很”、“太饿了—饿得不行”。二者的区别在于是以高量量点作为最高点还是最低点的量幅区间的不同，标示如下：

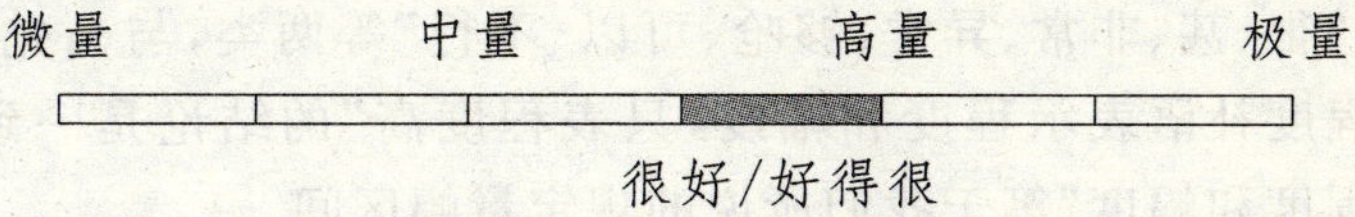

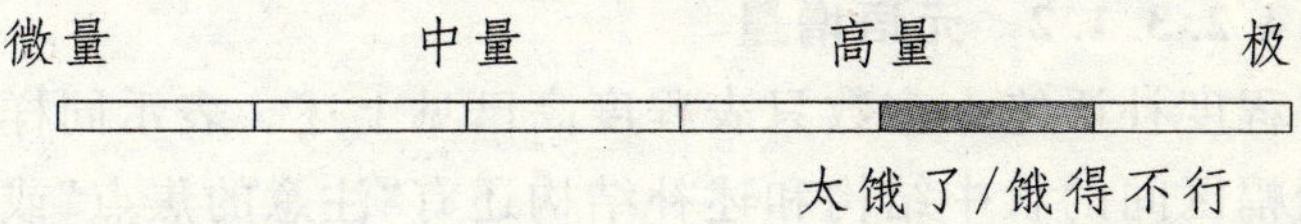

极量程度区间是以极量量点作为最高点的量幅区间，标示如下：

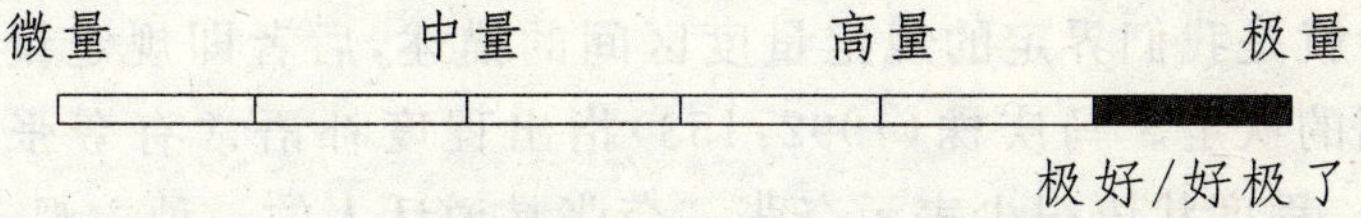

马庆株(1992:157)和张谊生(2000:8)都揭示了同一个事实：能充当补语的程度副词里只有“多、远”可构成表示比较的述补结构。究其成因大致可以表述为两点：其一，比较一般是相邻程度区间的比较。如果程度差别过大，实际也就失去了比较的必要。其二，性质形容词的原形形式可以表示全量幅程度区间，也可以表示中量量点。在比较结构中实际是以中量量点或者是以事物某属性的默认量值“身份”出现的。“多、远”正是属于“更”类的中量区程度副词。“多”着眼于数量的增加，“远”着眼于距离的增加。距离的增加也是一种数量的增加，因而能用“远”的比较结构也都可换成“多”，但用“多”的比较结构除了距离的远近义外都不能换成“远”。如：

我现在(比刚才)好多了。

我比你差远了。/我比你差多了。

这样，我们也可以得出处于高量区的“很”类、“太”类和处于极量区的“极”类副词一般不构成比较结构的结论来。张谊生(2000:8)把补语位置上只表程度的副词分为表顶级义的“极、透、死、透顶、绝顶、绝伦、万分、无比、要命”等与表高级义的“很、甚、非常、异常、够呛、可以、不行”等两类，与马先生的“程度补语表示程度和幅度，只表程度高”的结论是一致的。“程度和幅度”等于我们所说的规定量幅区间。

4.2.3.1.2　元语增量

程度补语绝大多数只表程度高已见上述。表示同样的规定量幅区间的状中结构和述补结构还有“注意的焦点”或侧面的不同。“极好”凸显属性本身，“好极了”凸显程度，因而程度状语可以表示各种程度，而程度补语却往往只表程度高。前者就是我们界定的规定量度区间的描述，后者即规定量度区间的认定。马庆株(1992:153)指出程度补语常有夸张的意味，程度状语很少表示夸张。夸张是说话人的一种主观态度，所以程度补语的规定量值区间可以解释为命题内容结构在认识话语平面里的投射，是一种元语增量。我们也视为一种指大特征(参看§3.1.2.2.2.1)，极量与微量、中量形式都只有程度状语的表达即只有量度区间的描述形式。程度状语结构只是客观陈述程度的一般增量，因而可以自由地表示各种程度，很少糅进说话人的主观认识。指大即是一种认定内涵。

史有为(1994:30～31)把“极了”、“得很”看成一种完句成分，它们都具有煞住句子、完成句子的作用。程度副词本来都是处于谓词之前的，此时句子的谓词还可以向后伸展，当程度副词置于谓词之后时，就是一种反常，谓词不允许再向后伸展。极量义程度补语还可以不表程度(回到原来的实义)向前伸展，如：

程度补语做定语　　　　　　　结果补语做定语

热死了：　——热死了的人都运到太平间了。(人真死了)

冻坏了：　——冻坏了耳朵的人有多少？(耳朵真坏了)

而"好得很"连向前伸展的能力也比"好极了"弱。这事实上也是有标记组配和弱标记组配间的区别。"极了"绑在一块与形容词粘合在一起显然是一种有条件的无标记组配。但"好极了"的规定量值区间具有与全量幅的其他量幅区间相对待的特性，其程度性在规定量值区间内是一致的，事实上是同质变化情状——状态情状的一种变体，跟弱有标记组配形式"豆腐臭了"这一异质变化情状相对，我们称之为弱无标记性组配。"死、坏"从表结果义的谓词发展为表程度义的副词，位置的固定和意义的不完全虚化，还可以让我们约略看出其中的演变轨迹来；而表示同样量度义的程度状语结构和程度补语结构，也显露出一般增量与元语增量的差异来，自然也包括我们估价这一结论的合理性程度。

"好极(了)"与"热死(了)、冻坏(了)"等程度补语结构一样，都属于非典型的加合性粘合式结构。补语只能是高量程度词，指大特征是其共同特征，也是规定量度区间认定形式的内在表现。"了"的同现是结构非典型的标记。元语增量是结构粘合或规定量度区间认定的语义体现却并非性状次范畴类别表达形式实现的必要条件，因元语增量并非粘合式结构的特定语义表达形式。

4.2.3.2　状态粘合补语结构

状态补语与中心语的粘合缘于补语成分的去范畴化。

4.2.3.2.1　始续结构、前续结构和后续结构

能带非典型形态形式"起来、下来、下去"以及"过来、过去、上、住"等表示状态持续意义的形容词只能是变化形容词。因"形容词＋起来"等的粘合形式都有相应的同义组合形式

“形容词＋了＋起来”等，如：

a. 小炉匠走得越加快起来，虽然他的样子看来是十分疲倦了，脚也一拐一拐的。

a′. 火车行过那长遍茅草的山坡，渐渐的速度快了起来。

b. 等跑出五六里路，三匹马才渐渐慢下来。

b′. 三匹马奔出四五里，气喘吁吁，渐渐慢了下来，花驴又逐步赶上。

张国宪(1998:404)把变化形容词的所指看成一个有起始点、终结点和续段的渐变过程，变化过程始于初始状态，变化过程的结束便产生一定的结果进入另一种状态。“了”表示变化过程的实现，因此“形容词＋起来/下来”等的粘合形式实际是一个异质变化过程结束后转入的一种新的状态，而“形容词＋下去”实际是一个异质变化过程结束后的状态的延续。这跟说话人的着眼点有关。用“起来/下来”时变化过程结束点是状态持续的起点，用“下去”时是把状态持续过程中的某一节点作为状态延续的起点。当然，“起来、下来、下去”还没完全虚化，“起来”由下而上，“下来”从上而下，“下去”由高到低或由现在而将来。具备相应语义条件的形容词才能进入相应的述补结构。因此我们也把“形容词＋起来/下来/下去”等的形式作为结构而并非单纯的形容词变化形式来看。如：

三天部队饭一吃，芦花的脸色红润起来了。(*苍白起来了)

政策环境会逐渐明朗起来。(*模糊起来)

那时候起，汉朝开始采取“和亲”的政策，跟匈奴的关系暂时缓和了下来。(*紧张了下来)

天黑下来，范雎才从昏迷中醒过来。(*亮下来)

这是物体的上下位置关系在物体的颜色、态度、时间等属性关系域投射的结果。结构语义特征大致可以表述为以变化过程的结束点为界属性值的非上即下的变化,“上”和“下”构成一个完整的统一体,相对地,属性值一方的存在也就意味着另一方的消失。这种特性可表述为互斥性。没有了相应的语义限制,表现在同一意义领域中的不同属性值既相对又独立的特性,即相对的属性值一方的存在虽然也意味着另一方的消失,但并非以另一方的消失为存在的前提,如“高兴起来”并非必须有“悲伤”消失的前提。这种特性可表述为相容性。如:

她望着镜中的自己,莫名其妙地高兴起来。(悲伤起来)

鸿渐翻了椅子,不见动静,胆小起来。(胆大起来)

“下来”的基本词义是表示由高到低的空间位移,虚化后表示动作的完成或状态的开始持续都还有方向性的限制,一般只有互斥性的属性值变化。相对的属性中,往往只有负向义形容词与“下来”结合,这是具体的空间位移投射为抽象的空间位移的结果。关系“紧张”为“高”,“缓和”为“低”;天“亮”为“高”,“黑”为低。[1] 再如:

韩长脖原先还阔,往后才穷下来的。(*阔下来的)

互斥性情形的变化过程不具有反复性,相容性情形的变化过程具有反复的可能,即相对的属性值一方是另一方的一部分,从根本上说这是由于事物属性本身的相容性性质决定

① Lakoff & Johnson(1980:15～17)在叙述概念隐喻类型之一的方位隐喻时指出,方位隐喻不是由一个概念来构造另一个,而是在同一个概念系统内部参照上下、前后、内外、深浅等空间方位而组建的一系列隐喻概念。如“上下图式”在抽象领域中的不同表现形式有“高兴是上,难过是下”、“有意识是上,无意识是下”、“健康、存活是上,疾病、死亡是下”、“施控、施力是上,受控、受力是下”、“多是上,少是下”、“好是上,坏是下”、“地位高是上,地位低是下”、“有道德是上,道德败坏是下”、“理性是上,感性是下”等等。

的。如：

他一会儿高兴如登天，一会儿沮丧像堕地，荡着单相思的秋千。

“下去”的基本词义也是表示由高到低的空间位移，与“下来”的区别无非是说话人的立足点的不同。虚化后表示动作的完成或状态的延续也有方向性的限制。戴耀晶(1997:102)指出继续体“下去”与持续体“着”的不同在于“着”表达的事件可以双向延伸，“下去”反映的事件只能单向延伸即向前延伸，并不强调继续点之前的情况。如果句中有时间、频度词语如“一直、总是、继续、永远”等出现把继续点前后的持续情况连在一起，“下去”可由“着”替代：

a. 如果南方继续贫困下去，北方就可能没有出路。

a′. 如果南方继续贫困着，北方就可能没有出路。

b. 她很清楚她的音乐不会永远红下去。

b′. 她很清楚她的音乐不会永远红着。

否则是只凸显延续的状态，或者只凸显“下去”的单向性意义，这时的“下去”不能由“着”替换：

但风气如果坏下去，经济搞成功又有什么意义？

尽管如此，家庭装修热并不会就此冷下去。

患病后的阿什没有消沉下去。

张国宪(1999:408)指出，在时间结构上，“下来”表示继续，属于前续结构，没有起始点但可以有终止点；“下去”表示延续，属于后续结构，既无起始点又无终止点。戴耀晶(1997:80)把“着、起来、下去”分别看做持续非完整体、起始非完整体和继续非完整体的标记形式。非完整体对所观察的事件进行分解，只选择其中的某个部分进行观察，或反映事件的起始，或反映事件的持续，或反映事件中途的继续。如果把“起来”看做始续结构的标记形式，可以发现始续结构、前续结构和后续结构相加正好与“着”表示的持续非完整结构相当，因而只有把与始续结构、前续结构连在一起的后续结构中的“下去”可以用“着”来替换，单单后续结构中的“下去”以及始续结构中的“起来”、前续结构中的“下来”都还只是“着”的状态持续过程的一部分，自然不可能用“着”来替代。

4.2.3.2.2 “过来”和“过去”

“过来”的基本词汇意义是从另一个地点向说话人（或叙述的对象）所在地来，“过去”的基本词汇意义是离开所在地或经过某地走向另一个地点。投射到状态变化上，能“过来”是认知上一般希望发生的，从原来的状态转向积极意义的常态；“过去”则表示失去常态（参看高顺全 2005:58、60）。如：

篝火已燃起，父亲把火拨旺，好把儿子冻红的脚暖过来。

老李明白过来了，这是马老太太的儿子。

鸿渐翻了椅子，不见动静，胆小起来，想柔嘉不要晕过去了，忙开电灯。

当时就有几个年纪较大的客人喘不过气来，背了过去。

“过”是“通过”或“经过”，“过来”、“过去”都是通过或经过阻碍物到达目标物所在位置。源域空间投射到目标域事件结构的某个方面如状态、变化、过程、目的、手段、原因等上，客观上是为了描述事件结构某要素的成因。“暖过来、明白过来”凸显希望看到的常态的成因，“晕过去、背过去”凸显不希望看到的非常态的成因。常态和非常态都是以变化点为起点的持续状态。

4.2.3.2.3 “上”

“上”表示由低处到高处，抽象出达到某一目标或实现了预期目的的结果意义(参看§3.2.4.1)。投射在事件结构中可表示状态的达成。如：

两个孩子以前在一块玩,现在一块上幼儿园,当然好上了。

如果犟上了,谁都不容易说服他,或是不愿去说,或是不敢去说。

这种事件结构可描述为非典型的始续结构,通常后面可有时段成分同现。与“起来”相较,“上”凸显作为结果意义的状态持续过程：

你没事就来烦上半天,我还有好日子过吗?

赶大礼拜到郊外疯上一天的效果充其量是“蒙住了双眼也蒙住了天”。

4.2.3.2.4 小结

“程度副词+性质形容词”和典型的状态形容词的程度值都标示为一个特定的量点,非典型的状态形容词的程度值标示为一个特定的量幅区间,处于虚化过程中的某些趋向动词与形容词的结合形式的程度值也标示为一个特定的量幅区间——状态持续过程。如果把一个有起讫点的事件结构称为完整结构的话,这些状态持续过程结构都属于状态持续非完整结构,大致包括始续结构、前续结构和后续结构三种。“起来”是始续结构的标记形式,“下来”是前续结构的标记形式,“下去”是后续结构的标记形式。

形容词具有依附性,其性状从根本上依附于事物或行为本身的存在。从物质运动原理上说,其性状的达成或变化都有着相应动作行为的致使原因,或者说都是物质运动的结果。性质分为固有属性与临时属性两种,也都是物质运动的结果,事物的固有属性随物质运动而运动变化,临时属性凸显物质运动的阶段性，在一定条件下固有属性与临时属性可以互相转化。状态的达成源于动作的实现，状态持续过程实际是一个量变过程，量变达到一定的程度这一相对均质的静态状况会被打破，这就是状态变化过程的结束引起的新一轮相对均质的状态的实现。如果把引起质变的变化过程结束点称为变化点，把不引起质变的变化过程结束点称为继续点，实际上继续点也是一种变化点，是量的变化点，可以发现，“起来”标记变化点或继续点之前的状态持续过程，“下来”标记变化点之后的状态持续过程，而“下去”却是标记继续点之后的状态持续过程，相对于继续点之前的状态持续过程无非是一个量变过程（需要注意的是，后续结构相对前续结构是一个量变过程，相对于始续结构则往往是一个质变过程，因始续结构与前续结构中间有一个变化点）。戴耀晶（1997：102）注意到了继续点的存在，指出许多句子表达的事件在继续点之前出现暂时中止，有时还插入了另一个事件：

他停下来，清了清嗓子，又继续说下去。

王海走累了，扶着墙喘了几口气，又接着走下去。

“过来”、“过去”与“上”都标记一个质变的状态持续过程，区别在于“过来”、“过去”是前续结构的非典型标记形式，“上”是始续结构的非典型标记形式。

典型的标记形式与非典型的标记形式都有粘合和组合（插入“了”、“得”）两种同义形式并存，粘合形式形成的诱因是这些形式成分的去范畴化，“体”的意义实际是行为或性状的类别表达形式。

两种形容词粘合式述补结构都是规定量幅区间的认定而非描述形式。

第五章

粘合、粘合式结构、词汇化

5.1 取消分界和改变分界

复合词的产生无非两条途径:构词法构词(词法词)、结构词汇化的结果(句法词)。本章讨论后一种情形。基本思路是,相邻的两个成分可能发生粘合现象,属于同一个短语的两个直接成分的粘合是粘合式结构,不属于同一个短语的两个成分的粘合是跨短语粘合结构,不是通常意义上的粘合式结构。粘合式结构和跨短语粘合结构是句法词的两个源结构,句法词的形成必得有粘合的前提。粘合式结构/跨短语粘合结构、句法词、词汇词是结构词汇化的三个阶段。词汇词是词库成员,句法词和词法词都可能有一部分进入词库,不具有阻断效应是进入词库的充分条件,即词库中没有相应的另一个形式的先期存在,虽然目前还不清楚句法词和词法词各自的作为词库成员的比例有多大。作为构句单位的句法词和词法词的并存是显而易见的,虽然二者衍生关系的认定并不是件容易的事。

目前所谓的词汇化指的是一个非词汇的语言成分（如音系成分、语义项、句法成分、形态成分以及语用成分）演变为词汇成分的过程，狭义的词汇化只指语法成分（形态标记、虚词以及结构式）演变为实义词的过程（参看吴福祥 2005a:491）。我们所说的词汇化主要指前者。句法词这一术语见于董秀芳(2007:41)，我们用于表示结构词汇化的结果。词法词（复合的而不是派生的）通常由两个实语素结合而成。因为有些词的结构具有可分析性，意义具有可预测性，可以通过词法规则和构成成分的意义推出，因此不必要以清单的方式列在词库中，即不一定进入词库，而只需在线（on－line）理解和生成（参看董秀芳 2007:44）。而句法词从生成上说结构都具有可分析性，意义也都具有可预测性。进入词库的条件是结构经过了一个重新分析过程，意义的可预测性模糊化乃至消失。

Langacker(1977)把结构层次的变化分为三类：(1)取消分界（boundary loss）；(2)改变分界（boundary shift）；(3)增加分界（boundary creation）（转引自沈家煊 1994b:22）。如“臭豆腐”和“臭鸡蛋”都是粘合式结构，前者同时是一个句法词后者却不是。“臭豆腐”不能表述为“臭的豆腐”或“臭了的豆腐”，结构分界取消；“臭鸡蛋”却可以表述为“臭的鸡蛋”或“臭了的鸡蛋”，结构分界仍在。“臭豆腐”中“臭”的意义有了变化，是“使……臭”的意思；“臭鸡蛋”中“臭”以基本词汇意义参与组合。再如动补结构来源于古代的双动共宾结构，最初两个动词的联系比较疏松，彼此之间分用与合用的自由度很大，常可以看到两个动词被其他成分隔开的情况，如“战以败之”（参看梁银峰 2006:333）。后“他动词＋他动词”的动词并列结构转成“他动词＋自动词”的动补结构，语义上由动作和动作的关系发展为动作和结果的关系（参看§3.2.3.1）。“走上讲台"只能分析为"走上/讲台"而不是"走/上讲台","上"虚化为结果义趋向动词与前动词"走"的分界取消,却是整个双动共宾结构改变分界致使的结果。增加分界也是一种重新分析过程,因是词向结构的转化,这里不讨论。

其实,改变分界也是一种分界的取消,区别在于取消分界是一个大的单位(短语)凝固成一个小的单位(词)的变化方式,而改变分界是两个单位(短语或词)凝固成一个小的单位(词)的变化方式。取消分界和改变分界都使得结构的意义发生了改变,不过这一改变恰好有正反两个方向。取消分界往往伴随着结构中某成分意义的增加。如"臭鸡蛋"有分类意义,区别性是结构意义的正常值。而"臭豆腐"并不凸显分类意义,"臭"在分类意义的基础上增加了一种使动意义,从而使整个结构意义的区别性正常值发生了改变,事物由分立而独立。这种改变值也就是我们前面所说的特异性。"黑狗"是一个粘合式结构而"黑熊"是一个词,因为"黑狗"与其他颜色的狗相比并不具有特异性。而"黑熊"与棕熊、白熊、灰熊等相比具有温驯的特性。"北极熊"是词而"白熊"是结构,因"北极"是独一无二的。假如只有北极熊是白色的,可想而知"白熊"也就具备了成词的条件。特异性是词库项目的固有属性,具有特异性的结构词汇化的程度自然也高。

改变分界往往伴随着结构中某成分意义的虚化(词汇意义的减少)。[①] 如"走上讲台"中"上"的致使意义消失,结果意义继起并引起结构意义的变化:由多动共宾结构的双重致使意义变为带有致使结果的单一致使意义。问题是能充任现代汉语动补结构中补语成分的一般是形容词,少数一些不及物

① 当然,词汇意义的减少往往由语法意义的增加来补偿,一头的减少又可能是另一头的增加。

动词补语成分基本上已能作为特例研究。自然我们不能说形容词是不及物动词演变来的，可能的情形是词汇化了的动结式类推的结果。承认这一事实首先得承认动结式的词类地位，因词汇化过程不具有类推性和能产性（参看吴福祥 2005a：488）。董秀芳（2007：44）支持动结式作为词汇化结果而不是作为词汇化过程的看法，认为凡是带宾语的粘合式动补结构中的补语都不具有独立的句法地位，带宾语的粘合式动补结构形成一个句法词，其句法地位与一个简单的及物动词相当。梅祖麟（2000：230）把唐以前的动补结构也视为由两个成分组成的复合动词，前一个成分是他动词，后一个成分是自动词或形容词；其意义是施事者用他动词所表示的动作使受事者得到自动词或形容词所表示的结果。蒋绍愚（1999［2000：242～243］）指出《左传》中要表达用某一动作造成某一结果时或是采用“V_1而V_2之”的形式（共10例），或是采用“V_1NV_2之”的形式（共12例），用“V_1V_2之”的形式极少。而最常见的是只用一个动词把结果表达出来，如“晋灭虢”不说明是如何“灭”的，[①]“伤潞子之目”不说明是如何“伤”的，认为汉代出现的“V_1+V_2+O”或“$V+A+O$”可以清楚地说明是“伐灭”、“击灭”还是“袭灭”，是“射伤”、“击伤”还是“刺伤”，这无疑是一种新兴的语言形式，但只有断定这些自动词不用做使动，和后面的宾语不构成述宾关系，才能肯定是动结式。综上所述，无论动结式产生于汉代还是南北朝时期，无论是从“$V_1+V_2(A)$”还是从“$V+O+C$”来，都是“通过词汇句法位

① 石毓智（2003：4）认为汉语的体标记跟补语属于同一类现象，它们产生的动因和历史过程也是一样的。动作与其结果用一个动词来表示是古汉语概念化的特点，根据这一特点可以推断那时的动词概念自身包含有体范畴的信息。

置和组合关系改变、词义变化(抽象、虚化)以及功能调整逐步实现的"。也毫无例外地经过了一个重新分析过程。"重新分析的作用是从认知的角度把这种词义虚化、功能变化的过程以结果(虚词产生)的形式表现出来并加以确认。""重新分析正是因为某个词汇单位的语法化已经使句子结构的语义关系产生了变化,重新分析标志着这个词汇单位语法化过程的完成。"(参看刘坚、曹广顺、吴福祥 1995:168)是改变分界或取消分界促使概念化方式发生了变化,还是概念化方式的变化从根本上成为改变分界或取消分界的变化使因,一个显见的事实是,概念化方式的变化、改变分界或取消分界都是一种客观存在,二者之间有一种内在的必然的联系。这种意义上的绑定("折→折断")、形式上的绑定使得我们有理由相信语言中客观上存在着两种粘合形式:与组合式结构相对的粘合式结构和作为语法化结果的粘合式结构,前者是具有独立句法地位的可类推的句法结构,后者是不具有独立句法地位的不可类推的句法结构即句法词。句法词发展成为词汇词的可能要大大高于可类推的粘合式结构,或者说句法词优先进入词库。

取消分界和改变分界都能把一个结构当成一个词来使用:赋予结构以词形和词义。词是构句单位,句法词和词法词一样作为一个不可分割的整体自由、反复运用于不同的语言环境:通常通过隐喻或转喻的方式建立起由具体到抽象的意义联系。如"切断"、"横扫"的"具体义→抽象义"程度变化序列可以描述为:

切断了绳子—切断了公路—切断了敌人的后路—切断了与他的联系

台风横扫而来—将球横扫入门—日耳曼人横扫欧洲

经过重新分析后的某个结构成分以相同的语法意义用于同样的句法位置，构成同样的词汇化结构，如“切断、割断、削断、阻断、拧断、撞断、碰断、拉断、打断”、“横扫、横切、横列、横亘、横行、横吹、横放、横飞、横突、横流”等。再如朱德熙(1982:157)论述的补语的引申意义：“动”表示有没有力气去做某个动作(“走得动～走不动、搬得动～搬不动”)、“住”表示通过动作影响目的物，使它停留在一处不动(“拦住、记住、抓住、打住”)、“开”和“住”相反，意思是使目的物离开原地(“搬开、走开、离开”)等。这是同一种语法化结果的复制，而并非单位类推的结果。语法化成分失去了特定结构的特定位置，其语法意义和功能随之发生变化，如“断了财路、住了几天草房”中的“断、住”只有使动意义而无结果意义。大量研究表明，在语法化过程中实际发生语法化的是整个一个结构式而非一个具体的词汇语素或语法语素(参看吴福祥 2005b:21)。这是句法词及形态化标记衍生的土壤。

我们不认为带宾语的粘合式动补结构一定形成一个句法词，但赞同带宾语的粘合式动补结构的句法地位也与一个简单的及物动词相当。“洗净(好、完、烂、坏)了一件衣服”中的动结式是结构类推的结果。至于哪一个动结式最后可能发展为句法词，要看补语成分是否会发展出结果意义之外的另一种引申意义，即可以同样的语法意义作用于不同的致使对象。与词法词不同的另一点是，词法词的构成成分是语素，句法词的构成成分都源于词。即句法词构成成分的独立性强，每一个构成成分都可以与其他成分构成一个新的组合或一个新的句法词，也还可以独立运用。“词＋词＝词”逻辑上似乎不通，但正如司令和纵队司令都是司令、钱币与代用券一样，功能相同，职能范围有所不同。朱德熙(1982:34)曾总结过复合词和句法结构通常的区分方法。从形式上看，不能扩展的是复合词，能扩展的是句法结构。如"大车(用马或骡子拉的车)"是复合词，"大车→大的车"是句法结构。从意义上说，句法结构的意义是它的组成部分的意义的综合，复合词的意义却不一定能从组成部分的意义看出来。如"大方"不是"又大又方"。形式的和意义的方法都有其局限性，客观上还存在着形式的或意义的方法管不住的情形。所以朱先生也介绍了另外两种辨别方法：看组成成分的性质(是否有粘着语素出现)和有无轻重音的分别。吕叔湘(1979[2002:479～480])认为有 de 和没有 de 是很不相同的两种结构，即使都叫做短语，也应该有所区别。形名组合中间如没有 de，前边的形容词和后边的名词都不能随便扩展，有 de 就行，如"挺大 de 一棵百年老树"。形动组合"仔细检查：很仔细 de 检查"、副动组合"偶然遇见：极偶然 de 遇见"、动形组合："摆整齐：摆得挺整齐的"等也都有类似情形。吕先生把没有加进去 de 和"得"因而其成分不能扩展的组合称为"基本短语"或"短语词"，认为其地位介于词与短语之间；有 de 和"得"的称为"扩展了的短语"。我们所谓的句法词等同于吕先生所说的短语词或基本短语，作为构成成分的词实际还是一个基本短语的构成元素。短语词或基本短语着眼于构成，句法词着眼于结构词汇化的结果。

词法词的凝固性是规则使然，是内部张力作用的结果。撇开派生词不谈，复合词的构成成分相互依存，彼此都不发生意义的抽象变化。整体意义的由具体而抽象的变化才是外部结构挤压的结果。而句法词的凝固性是外力作用的结果，结构或结构中某一构成成分意义的特异性变化或由具体而抽象的变化都源自更大的结构的制约。如果把具体义结构称为源结构，把抽象义结构称为目标结构，可以发现，目标结构是句法词的词的身份的标志，是单位类推效能的必然后果和具体体现。吴福祥(2005a:488)指出构词和词汇化是两种性质不同的词汇产生过程，前者是由规则驱动的、可类推的、作用于语言聚合轴的规律性过程，后者是由演变驱动的、不可类推的、作用于语言组合轴的特异性过程。索绪尔（2001：202）认为粘合是指原本不同但常在句子内部的语符列中相互汇合的两个或若干个辞项结合为一个绝对的或难以分析的单位，索氏的这种粘合便应是上述的特异性过程。

5.2 两种语法化模式

经历了一个特异性过程的结构不同程度地词汇化了。与此相关的假设是，句法词都由古汉语中的短语来。与分界的取消或改变相谐，原来的短语意义由义位组合合并为一个独立的义位，或是其中的一个义位虚化乃至消失（偏义复词或派生词），或是在义位组合的基础上衍生出一种新的意义（引申义），都是意义整合的结果。

词义和词形的发展变化是一种必然，反映了人们事物概念化方式的变化。社会的进步和思维的发展要求语言工具的变化与之适应，语言系统内部的各个要素语音、词汇、语法以及每个要素的各个成分也都处于对立统一的关系之中，相互间呈现出一种平衡的状态。如果其中某一要素或某一成分发生了变化，破坏了原有的平衡，那么，系统内部有关的要素或成分就会发生相应的变化，达到新的平衡。如“红”与“白”在词义上虽有一定的联系（“红白喜事”），但并非相反或相对。当“红”发展出“象征革命和政治觉悟高”的意义时，“白”也发展出“象征反动”的意义，在这样的意义上，二者成了一对反义词。又如古代汉语是单音节词占优势。那时汉语的语音系统比较复杂，音位的数量较多，组合方式多样，所以单音节词虽多，仍能互相区别。如“机”—居依切，平声，微韵，见母；

“基”—居之切，平声，之韵，见母。现在“机”和“基”成了同音词。语言中的同音词基本上属于消极现象，因为它使词语在形式（语音）方面没有区别，会给交际带来不利的影响。这就需要有某种方式来解决由语音变化所带来的这种矛盾。汉语解决这种矛盾的办法是增加词的长度，用双音节词的格局来代替单音节词的格局，于是就有了“机能、机器，基本、基础”等大量的双音节词。

句法词的意义整合归根结底也是社会和思维的发展、语言系统内部调适的结果。相应的意义变化形式可以概括为两种模式：一种是词义引申模式，一种是“语法词/附着词＞词内成分”语法化模式。董秀芳(2003a:138)把词内成分解释为一个形式语法化后的进一步语法化。在一些西方语言中功能词可以进一步语法化为词缀，而在汉语中则是变为词内不可分析的成分。如“为了”中的“了”、“X 要”中的“要”、“X 着”中的“着”等。吴福祥(2005a:489)进一步明确了词内成分和词缀的区别。词内成分可以是具有某种概念意义或语法功能的词内语素，如“可 X、只 X、不 X、非 X、特 X、自 X、相 X”中的“可、只、不、非、特、自、相”；也可以是不具有任何概念意义或语法功能的非语素成分（音段成分），如“X 要、X 也、X 复、X 然、X 而、X 乎、是 X/X 是、X 为、X 着”中的“要、也、复、然、而、乎、是、为、着”。这种“语法词/附着词＞词内成分”的语法化模式可以通过改变分界的方式来实现，也可以通过取消分界的方式来实现；而词义引申模式一般通过取消分界的方式来实现。

5.2.1 “语法词/附着词＞词内成分”的语法化模式

我们把改变分界限定为两个跨短语单位（短语或词）凝固成一个小的单位（词）的变化方式。分界改变后的句法词的某个构成成分不一定非得成为一个“语法词/附着词”或词内成分，但语法化的结果一定经过了一个意义整合过程，“语法词/附着词>词内成分”是这种语法化过程的可能性结果或语法化方向。

5.2.1.1 由不能类推的动补结构词汇化而来的动补式句法词

按照句法词是结构词汇化结果的假设，动补式句法词的源结构是动补结构。依石毓智(2006a:103)的界定，动补结构肇始于唐代，最后建立于宋代。现代汉语的动补结构来自于中古汉语的“可分离式动补组合”，在那时动词和补语是两个独立的句法成分，动词和补语之间可以插入包括受事名词在内的各种成分。而“可分离式动补组合”普遍认为来自于连动结构。石毓智(2002:55～56)也考察了多动共宾结构中连接词“而”由强制性变为选择性乃至消失的过程：《左传》中必用，比《左传》晚两百年的《庄子》中有20%的结构不用，10世纪左右“而”的这一用法基本消失。两个动词紧邻出现时就有可能重新分析成一个句法单位，甚至变成一个复合动词。没有连接词的多动共宾结构(如：“广亦竟射杀之。”)自公元1世纪以后慢慢普遍起来。由多动共宾结构的双重致使意义变为带有致使结果的单一致使意义是动补结构形成的标志。

按照我们(参看§1.2.2)的假设，动补式句法词实际有两个源结构，虽然两个源结构可能具有历时的渊承关系：

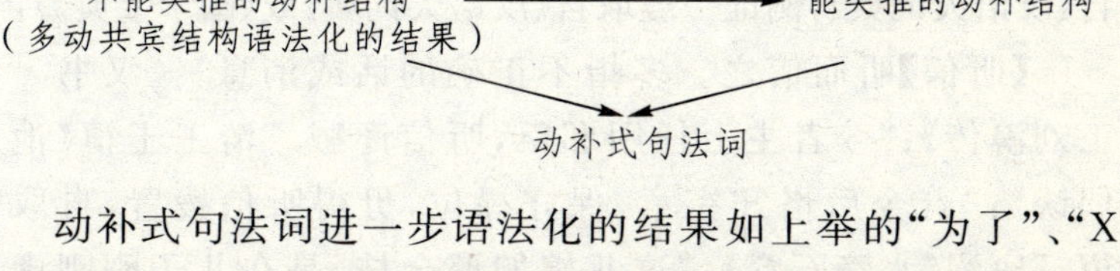

动补式句法词进一步语法化的结果如上举的“为了”、“X要”、“X着”，“了”、“要”、“着”都成为词内成分。与此相同的词内成分还有刘丹青(1994:23～25)列举的一些“唯补词”：

"到、住、起、来、走、掉、开、动"等。而"了、着、过"经过"唯补词"的阶段又进一步虚化为助词。徐丹(2004:9、14)认为补语动词其实就是动词和体态助词之间的一种过渡形式。当然,这并不意味着补语动词到了现代汉语里全都变成了体态助词。上古汉语缺乏一个完整的动词体态的表达体系。今天,不光体态助词已经不再缺乏,而且还出现了相当数量的其他语法词成分(结果补语和趋向补语)。动词后成分的重组意味着汉语开始具备句法层面上的一套体态表达系统:位于动词后的句子成分的这一重组过程导致了数个虚化成分跟主要动词之间的组合,而这正是汉语词序最要紧的变化。

由多动共宾结构直接通过改变分界的途径语法化而来的动补式句法词遵循"语法词/附着词>词内成分"语法化模式,虽然"语法词/附着词"及"词内成分"并非语法化的必然结果而只是语法化方向。在这一章里我们只讨论缘这一语法化方向而来的动补式句法词(由可类推的动补结构语法化或者说通过取消分界而产生的动补式句法词遵循词义引申模式,因这类句法词源不易确定结构范围且需要众多历时材料的查考,本书暂不讨论)。如听觉器官是人们获取信息的主要渠道,人们对"听"来的信息的言语处理方式通常是把事件处理方式动词直接与"听"组成双动共宾结构,其中许多结构间的分界已取消,成为一个难以分析的词汇单位。如(词语释义取自《汉语大词典》,例证一般取自《汉语大词典》或《国学宝典》):

【听信】听而信之。多指不正确的话或消息。《汉书·吴王刘濞传》:"今者主上任用邪臣,听信谗贼。"清王士禛《池北偶谈》:"着今后恪守宪章,保守禄位,毋得听信拨置,自取罪愆。"康濯《水滴石穿》:"这儿媳妇邢金枝,是在儿子刚刚虚岁二十足岁十八的时候,由他爹一时糊涂地听信了一个朋友的话,给他说上的亲事。"

【听取】听；听到；听从。今多用于听意见、反映、汇报等。《敦煌曲子词·何满子》："胡言汉语真难会，听取胡歌甚可怜。"宋辛弃疾《夜行黄沙道中》："稻花香里说丰年，听取蛙声一片。"曹禺等《胆剑篇》："我应该听取他的话，我应该耐心听取百姓的直言。"

【听从】接受依从。《左传·昭公十三年》："齐人惧，对曰：'小国言之，大国制之，敢不听从。'"唐韩愈《鳄鱼文》："七日不能，是终不肯徙也，是不有刺史听从其言也。"巴金《随想录·探索》："这几年我常常想，要是我当初听从我家里人的吩咐，不动脑筋的走他们指引的道路，今天我会变成什么样子。"

他如"听重、听受、听顺"也都发展成了动补式句法词。值得注意的是，由双动共宾结构而来的句法词并非一定是动补式的情形，如"听用、听察、听事、听治、听采、听纳、听聆、听许、听视、听凭"等：

【听用】1.听从并予采用或任用。《书·多士》："予一人惟听用德，肆予敢求尔于天邑商。"《诗·大雅·抑》："於乎小子，告尔旧止，听用我谋，庶无大悔。"《史记·商君列传》："王即不听用鞅，必杀之，无令出境。"2.听候使用或任用。明罗贯中《风云会》第二折："某一向就在军门听用。"

【听凭】任凭。《警世通言·玉堂春落难逢夫》："今后听凭玉堂春嫁人，并与本户无干，立此为照。"《儒林外史》第二八回："三位施主请自看，听凭拣那一处。"沙汀《困兽记》："难道你就听凭他摆布吗？"

多动共宾结构的连接词"而"在由强制性到选择性再到消失的变化过程中留下了大量的"副产品"：因常在句子内部的语符列中相互汇合的两个或若干个辞项而结合成一个绝对的或难以分析的单位。如"而乃、而上、而下、而已、而且、而外、而立、而往、而后、而来、而亦、而况、而降"。如：

【而上】1. 以上。表示品位、位置、次序或数目等在某一点之上。《易·系辞上》:"是故形而上者谓之道,形而下者谓之器。"唐韩愈《原道》:"由周公而上,上而为君,故其事行;由周公而下,下而为臣,故其说长。"2. 以上。表示时间在前的,犹以前。明胡应麟《少室山房笔丛·史书占毕二》:"三代而上之为帝者视其德,三代而下之为帝者视其才。"

【而已】助词。表示仅止于此。犹罢了。《论语·里仁》:"夫子之道,忠恕而已矣。"宋范仲淹《上资政晏侍郎书》:"众或议尔以非忠非直,但好奇邀名而已。"周恩来《关于和平谈判问题的报告》:"今天胜利局面已定,用战斗方式可以解决是毫无问题了,只是时间早迟而已。"

5. 2. 1. 2　状中式句法词

涉及跨短语粘合变化的另一种重要情形是状中式句法词,因状语通常是一个动词短语的修饰限制成分,状语成分与动词的粘合是结构的一种重新分界。我们通过一些例释来说明这一改变分界的语法化过程。

【武断】以威势妄断是非:

当此之时,纲疏而民富,役财骄溢,或至兼并豪党之徒,以武断于乡曲。(史记·平準书)

攸哈剌拔都……世农家,善射,以武断乡井。(元史·卷一百九十三)

长欲报之,而力不敌,乃伪与和好,共武断乡曲。(明史·卷二百九十七)

而载铨不识大体,任意颠倒,遇有盗案咨部,乃以武断济其规避。(清史稿·卷二百二十一)

"以武断于乡曲"分析为"以武/断于乡曲","常在句子内部的语符列中相互汇合"的结果使"武断"衍生出"妄以权势独断独行”的意义：

州里行信让之风，乡曲除武断之患。（唐元稹·授刘悟昭义军节度使制）

甚者富家巨室，武断乡间，贵族豪宗，侵牟民庶。（宋史·卷四百一十九）

断不可使品行悖谬、营私武断之人滥厕其间。（清史稿·卷一百十三）

词义为只凭主观判断、盲目自信，词性为形容词：

比阳布和，战地尽辟；寿春武断，奸吏夺魄。（唐刘禹锡·祭虢州杨庶子文）

志祖清修自好，读经史必释其疑而后已，著读书脞录七卷，考论经、子、杂家，折衷精详，不为武断之论。（清史稿·卷四百八十一）

【稍微】“稍”在上古是“渐”的意思，一直到中古还是这样，但在唐代开始产生出“略微”义（王力 1958［1980：560～561］）。我们推测，势力或气力有强弱之分，强弱有程度之别，即“渐”有强、弱两个方向，“稍”与“微”的汇合表示“渐弱”：

诸侯稍微，大国不过十余城，小国不过数十里。（史记·汉兴以来诸侯王年表）

本消奴部为王，稍微弱，后桂娄部代之。（后汉书·卷八十五）

今遘疾大渐，气力稍微，有志不申，以此叹息。（周书·卷六）

昭宗幸华州，宦官稍微。（旧唐书·卷一百八十四）

“稍”的“略微”义应是“稍微”短语义感染的结果：

皇姨有寡居者，持节入宫，妆饰稍过，上见之极不悦。（因

话录·卷一)

“稍微”粘合一起成同义并列式副词,“渐弱”义变为“略微”:

于是梦想正位的太子仍旧只能稍微委屈一些。(瞿秋白·乱弹)

稍微睡晏点,也不要紧。(巴金·秋)

【信用】指以诚信使用人:

其君能下人,必能信用其民矣。(左传·宣公十二年)

胜信用之,诸将以故不亲附。(汉书·陈胜项籍传)

吾谏官也,不可令天子杀无罪之人,而信用奸臣。(唐韩愈·顺宗实录四)

“信用”汇合的结果产生动词短语义“信任和委用、采用”:

上曰:“人臣当如是矣。”大见信用,威震京师。(汉书·蒯伍江息夫传)

石苞室谶,妖邪之书,岂可信用?(裴注三国志·魏书六)

恰好这荀莺楼是最信用西药的。(二十年目睹之怪现状)

最迟至唐已有名词用法:

退求已而自省,信用薄而才劣。(晋书·卷五十五)

子云笔札,元瑜书记,信用既然,可乐为甚。(梁书·卷三十三)

曰关於安全信用名誉及秘密之罪,曰关於窃盗及强盗之罪……(清史稿·卷一百四十二)

词性固定后词义指以能履行跟人约定的事情而取得的信任:

听说未名社的信用,在上海并不坏。(鲁迅·致李霁野)

深恐坏了信用，以后没有人来投宿了。（沙汀·替身）

董秀芳（2003b：14～16）讨论了“不”与所修饰的中心词的粘合现象，如粘合成一个副词的“不失、不免、不任、不料、不定、不期、不禁”。粘合成一个助动词的“不堪、不许、不得”，粘合成一个连词的“不拘、不问、不管、不怕、不论”，粘合成一个名词的“不测、不才、不平、不净、不讳”，粘合成一个形容词的“不学、不满”，粘合的结果是原动词短语义向非动词义的转变。诱发粘合产生的原因我们同意董秀芳（2003b：18～23）的看法，语音方面，可能粘合成词的对象必须构成一个音步；形式上得力于特定的句法结构为之提供的环境，特定的句法位置制约了演变的方向；认知上的转喻促使某些短语意义发生转变而得以词化，经过反复使用而确定下来。

5.2.2 词义引申模式

由短语词汇化而来的句法词词义也由短语义引申而来。词义引申不外乎两种途径：隐喻和转喻，相应地，我们把词义引申模式分为隐喻模式和转喻模式两种。

5.2.2.1 隐喻模式

隐喻模式一般是以较具体的意义为基础来构建较抽象的意义，在不同的意义领域之间建立起相似关系。

【禽兽】鸟类和兽类的统称：

草木畅茂，禽兽繁殖，五谷不登，禽兽偪人。（孟子·滕文公上）

帝曰：“先王之政，仁及草木禽兽，今取其羽毛，用于不急，伤生害性，非先王惠养万物之意。”（宋史·卷一百五十三）

专指兽类：

鹦鹉能言，不离飞鸟；猩猩能言，不离禽兽。（礼记·曲礼上）

比喻不知礼义或行为卑劣的人：

戎，禽兽也，获戎失华，无乃不可乎？（春秋左传·襄公五年）

红娘，书房里唤将那禽兽来！（元王实甫·西厢记）

有致金以雠其弟者，绝之，曰："此以禽兽待我也！"（清史稿·卷五百五）

"禽兽"短语义指鸟类和兽类，词义以兽类习性作喻，指不知礼义或行为卑劣的人。中间经历了一个专指兽类的意义变化过程。

【寻常】古代长度单位。八尺为寻；一丈六尺为常。连用指短、小或长、多：

及其乱也，诸侯贪冒，侵欲不忌，争寻常以尽其民。（左传·成公十二年）

故上失扶寸，下得寻常。（韩非子·扬权）

比喻平常、普通或经常、平时：

旧时王谢堂前燕，飞入寻常百姓家。（唐刘禹锡·乌衣巷）

无端嫁得长征堺，教妾寻常独自眠。（敦煌曲子词·十二月相思）

"寻常"短语义指长度单位，词义则取最普通最常见的长度单位的性质作喻，指事物的平常、普通。时间往往用长度单位具体化，"寻常"也就有了"经常、平时"义。

【桃李】桃花与李花。

何彼禯矣，华如桃李。（诗·召南·何彼禯矣）

由花之美形容人之貌美：

珪璋其节，桃李其容。（唐张说·崔讷妻刘氏墓志）

由桃李之益比喻栽培的后辈和所教的门生。

一日声名遍天下，满城桃李属春官。（唐刘禹锡·宣上人远寄和礼部王侍郎放榜后诗因而继和）

“桃李”短语义指两种美丽的花朵，词义由泛指的花之美与花之实喻指人的貌美与受益的人。

【亮相】戏曲演员上下场时或一节舞蹈、武打完毕后，在一个短促的停顿中所做的塑像式姿势：

当她以雀跃式的碎步出台，一回眸，一闪身，一抛巾，一亮相，观众免不了知趣地一笑。（徐迟·《牡丹》跋）

比喻人或别的事物公开露面：

各种牌号的电热毯纷纷登场亮相。

“亮相”由演员的标志性动作姿势转指人、物的公开露面。

【大才】堪当重任之才：

汝大才，当晚成。（后汉书·马援传）

比喻学识很高的人：

言博理当，实可谓经国之大才。（唐殷璠·河岳英灵集）

“大才”以才能喻指具有这一才能的人。

【浮沉】古代一种祭河川的仪式，亦作“浮沈”。《尔雅·释天》：“祭川曰浮沈。”或在水中或空中忽上忽下：

孤棹自迟从蹭蹬，乱帆争疾竞浮沈。（唐李绅·溯西江）

比喻随波逐流或升降、盛衰、得失：

袁盎病免居家，与闾里浮沈，相随行，斗鸡走狗。（史记·袁盎晁错列传）

伫风轩而结睇，对愁云之浮沈。（汉班倢伃·擣素赋）

（维桢）浮沉外僚，几三十年。（明史·文苑传四·李维桢）

好计策！不是十年宦海浮沉，磨老了的，就想不出来。（茅盾·子夜）

"浮沉"由上下浮动转指人的游移品性与坎坷命运。

5.2.2.2 转喻模式

转喻模式将短语义固定化，使临时义位组合向相关意义领域的一个义位转化。举例如下：

【上报】短语义指报答主上的恩德：

诏书特下，拜臣郎中……非臣陨首所能上报。（裴注三国志·卷四十五）

雪社稷之耻，上报明主，下安苍生，亦臣子之用心，国家之大计也。（旧唐书·卷一百八）

词义指向上级汇报或上复：

虽欲强聒，终必不蒙见察，故略上报，不复一一再辩。（宋王安石·答司马谏议书）

又定诸路差税课程，增益者即上报，隐漏者罪之。（元史·卷十一）

【卑鄙】短语义指低微鄙陋或低下粗俗：

先帝不以臣卑鄙，猥自枉屈，三顾臣于草庐之中。（三国志·蜀志）

是后开鸾必至，所言皆卑鄙琐陋，啾啾不休，皆厌恶之。

(清吴炽昌·客窗闲话)

词义转指(品质、言行)低级粗俗:

余自绩溪之游,见热闹场中卑鄙之状不堪入目,因易儒为贾。(清沈复·浮生六记)

林先生已经不是讽刺,简直就肯定杂文的流行是由于作者堕落、卑鄙、偷懒、投机。(聂绀弩·我对小品文的意见)

也曾转指卑鄙的人,后这种用法消失:

是以六艺备则卑鄙化为君子,众誉集则孤陋邈乎贵游。(晋葛洪·抱朴子)

【再见】短语义指再一次相见:

往而不来者,年也;不可再见者,亲也。(孔子家语·致思)

词义为表示希望以后再见面的临别套语:

并没有人和她去告别,也没有人和她说一声"再见"。(萧红·手)

【封闭】短语义指以封记关闭,使不能动用、通行或随便打开:

今沛公先破秦入咸阳,毫毛不敢有所近,封闭宫室,还军霸上,以待大王来。(史记·项羽本纪)

词义转指隔绝、蒙蔽:

人被物欲封闭,却全隔碍了,故须强恕。(明高攀龙·讲义·万物皆备章)

【得失】短语义指得与失,用于成与败、利与弊、名利的得到和失去、赢利与亏本、是与非、优与劣等：

故一人之治乱在其心，一国之存亡在其主，天下得失，道一人出。（管子·七臣七主）

如以为犹或可疑，乞召臣对面陈得失，庶有发明。（唐韩愈·禘祫议）

文章千古事，得失寸心知。（唐杜甫·偶题）

词义偏指失、过失：

帝小有得失，潘则与杖。（南史·齐纪下）

5.3 句法结构词汇化的动因

粘合式结构与组合式结构一样都是能产的可类推的形式。句法词的形成必有粘合的前提，粘合式结构发展成为句法词形式未变，意义变了：由义位组合整合为相应意义领域的一个义位，所谓的偏义复词也是其中的一种整合形式。句法词形成有两个源结构：着眼于分界取消的粘合式结构与着眼于分界改变的跨短语粘合结构。跨短语粘合结构词汇化的结果往往伴随着结构形式性质的改变：通常是原动词短语性质向非动词词性演化，结构中某成分往往有由词汇性成分向功能性成分转化的倾向。董秀芳（2002：63）指出句法结构词汇化的内部动因多是由于句法结构中的语法性成分的功能的衰退，促成句法结构词汇化的另一个重要原因是在语音上语法性成分都倾向于弱化。这一结论适用于跨短语粘合结构词汇化的情形，粘合式结构词汇化的结果通常并非如此：总是原动词短语演化为动词，结构中某成分不一定有由词汇性成分向功能性成分转化的倾向，词汇化的内部动因是高频的形式与整合的意义的有机统一。

结　语

本书课题研究粘合式结构形成的认知基础。语言中存在着粘合式结构和组合式结构两类主要的句法结构。粘合式结构和组合式结构从形式上都可以描述为一个可分析的、可类推的临时组合，从语义上则描述为一个义位组合。粘合式结构是由两个实词充任直接成分构成的、形式上不能被其他成分隔开、语义上具有整体性的最小的自由临时构造，组合式结构则是两个直接成分能由其他成分隔开的结构。相邻的两个直接成分并非一定构成粘合式结构，只有具备了粘合的前提才构成粘合式结构。粘合和组合是不同的结构构成方式或手段，发生粘合的结构未必都是粘合式结构，还可以是相邻接的两个非直接成分的粘合。粘合式结构的典型性与结构的整合机制密切相关，概念间的语义联系是结构的粘合剂。我们从概念组合角度区分出的规约性粘合与非规约性粘合，从组合的典型性程度上分出的组合性粘合和特异性粘合，实际都基于概念间的不同的语义联系。考察不同类型结构的典型性，继而揭示粘合和组合两种句法结构方式的异同，是我们这项研究的中心任务。

范畴化是从个性中概括出共性的过程，因而也是对认知对象进行分类和归类的过程。去范畴化是在一定语境下范畴逐渐失去其典型特征的过程，实际也是范畴化的一个重要内容。从范畴化角度我们关注粘合式结构的类别特征和句法表现，从去范畴化角度考察粘合式结构的典型性程度。把任何一种句法结构都看成原型范畴成员，将粘合式结构置于从结构成分结合自由度得出的“词汇词—词法词/句法词—粘合式结构—组合式结构”连续统中，由此描述粘合式结构的典型性程度差异与不同类别的句法语义表现。

名词性粘合式结构是事物的次范畴类别表达形式。人们可以从不同角度给事物分出小类，形式上作为事物次范畴类别分类标准的不同功能类别的词粘附于事物名词前面。这些不同功能类别的词都具有概念义潜存性质义凸显的语义特征。

名词性粘合式结构的典型性程度体现为结构的类指能力差异。名词性结构都有指称事物能力。属性定语有“属性类化、属性显化、属性强化、属性变化”四种不同的情形，相应地，指称能力也呈现“类指、弱类指、弱单指、单指”的连续统变化模式，这一模式同时也是不同类别的名词性短语的“客观性←→主观性”的强弱变化模式、“恒定性←→临时性”的强弱变化模式。在对形名、名名、动名、区名粘合式结构的分类考察中，我们都从结构成分的类别和性质入手，探讨了不同类别的类指结构的粘合度变化及结构形成机制。形容词定语的程度量值、名词定语的属性值、动词定语的及物性关系结构的代体性质、区别词定语的自源性/他源性程度，都与粘合式结构的典型性程度有着直接的联系。

动词性粘合式结构是行为的次范畴类别表达形式。动词性粘合式结构中我们只就粘合式述宾结构与粘合式述补结构进行讨论，前者因行为与关涉对象的联系称为行为对象类别或现象结构，后者因行为与致使结果的联系称为行为结果类别或事件结构。结构的范畴化与动词的情状类别、结构组成成分的性质及组配形式的句法语义特征都密切相关。结构范畴化的结果可以通过结构的识解与结构的出现环境等进行规则化验证。

动宾粘合式结构中我们把规约宾语视为能够构成现象或事件的成分，非规约宾语视为只构成事件的成分；非规约宾语如果与动词形成特异性结构，也可以构成现象。由宾语成分的受事性强弱分出现象等级，然后考察了容纳 VN 现象结构的五种非事件句，指出非事件句结构的无界识解条件：结构的两个组成部分动作和动作支配的事物或都是无界性质的，或必有一方是无界性质的，另一方相应地也按无界识解。因而非事件句其实是一种抽象表达的语言单位。动补粘合式结构一节则试图证明，由于句式意义的绑定，一个离散性质的结构并不必然有离散性质的表达。

形容词性粘合式结构是性状的次范畴类别表达形式。性状的达成都是行为致使的结果，性状的类别是性状达成的结果类别。性状的达成有既成性和渐成性之分，渐成性性状结构表现为组合式结构，既成性的性状可有类别之分。既成性性状有规定量度区间的描述与规定量度区间的认定两种表达形式。前者属标记性组配形式的型式语义，后者才是性状的次范畴类别表达形式。以此为出发点，我们就成分距离相同的几种形容词结构的概念距离远近进行了一番对比分析，从形容词性的粘合式结构与组合式结构的表达差异中进一步凸显粘合式结构在结构连续统中的位置。

粘合式结构可以进一步词汇化。作为词汇化结果的句法词的形成有两个源结构：着眼于分界取消的粘合式结构与着眼于分界改变的跨短语粘合结构。由粘合式结构发展成的句法词形式未变，意义变了：由义位组合整合为相应意义领域的一个义位。而跨短语粘合结构词汇化的结果往往伴随着结构形式性质的改变：通常是原动词短语性质向非动词词性演化，结构中某成分往往有由词汇性成分向功能性成分转化的倾向。跨短语粘合结构词汇化的内部动因多是由于句法结构中的语法性成分的功能的衰退，而粘合式结构的词汇化的内部动因在于加合性粘合的高频化致使和特异性粘合的衍化生成。

作为结构原型的粘合式结构的典型性也可独立描述，我们将其置入连续统考察典型和非典型的粘合式结构与组合式结构和词法结构的异同，从结构表达上首先考证如下假设：

词法结构	粘合式结构	组合式结构
指称类别	指称次范畴类别	指称个别

并以此为线索就影响结构范畴化的结构成分的性质、结构的去范畴化特征、结构型式语义的形成机制、结构表达的环境制约因素等问题进行了初步探讨，以期对粘合式结构的原型性认识问题有所增益。

需要进一步讨论的问题还有很多。如粘合式结构与组合式结构、词法结构均有同异。陆丙甫(1993:45)用一条粗线把复合词和粘合结构划在一起，张国宪(2004:9)关于粘合式述补结构中的动词是泛指一种无界行为的“变化动词”说，袁毓林(1999a:187)关于偏正结构粘合式的“单一性意象”说，郭继懋(1996:18)把“熊猫保护组织”和“保护熊猫的组织”分别对待(参看§1.2.1、§1.2.4.2)，都证明了不同层级结构存在着形式同而表达异或表达同而形式异的区别。着眼于形式，不同层级结构都有双音节组合;着眼于表达,“的”字短语“卖菜的、假的”跟粘合式结构都是事物的次范畴类别表达形式。吕叔湘、饶长溶(1981[1984:354])指出两个组合的长度不同即使构造相同也不宜同等看待,如不好把“立式六轴半自动车床”、“无级调速直流快速电梯”算作一个词,在实用上通不过。吕、饶两位先生事实上赋予了非词形式的“立式六轴半自动车床”类的结构以词的内容。多词组合形式“熊猫保护组织”和“保护熊猫的组织”容易界定,有语序位置的限制。“反进化论、七叶树”又介于多词组合与双音节组合形式之间。同是双音节组合的不同层级结构呢?如何断定结构方式既是构成短语的方式又是构成词的方式,或只是构成短语的方式、只是构成词的方式呢?词法结构映射句法结构,这让我们相信句法结构有粘合和组合两种范畴化手段或方式,词法结构方式只是粘合式结构方式的固化或类化。① 这也让我们把不同层级结构范畴化结果产生的动因更多地放在结构的不同表达上。

但问题的复杂性带来的一个直接的后果是,因必须给出一个讨论的前提使得我们在界定粘合式结构时加入了许多的条件限制,这些条件固然起到了限制讨论范围的作用,却不免掺入了不同程度的人为性或主观性。这样做的好处是能够就典型结构进行集中深入的讨论,随之而来的问题可能是规则的运用范围。

所有类型的结构都会发生粘合,因为所有类型的结构都有典型和非典型之分。我们只在朱德熙(1982:§8.3、§9.2、

① 起码词汇化而来的句法词是如此。就类推性而言,词法结构的类推性≤粘合式结构的类推性≤组合式结构的类推性。因而词法结构的类推性与句法结构的类推性本质上是相同的,但类推域及类推维度的差异也成了构词方式与短语结构方式产生变异的直接诱因。

§10.7)提出的三种类型上进行讨论，其他结构的粘合情形没有涉及。[①]不同类型个性的差异自然也会影响到规则的运用范围。

又如促使结构发生粘合的动因是多方面的，有些粘合是单一因素作用的结果，有些粘合是综合因素作用的结果。就粘合式结构的类别而言，加合性粘合和特异性粘合、规约性粘合与非规约性粘合是从不同角度划分出来的，一方可能是另一方成立的前提条件或句法语义特征体现，不同类别间联系的必然性或或然性程度还不是很清楚。粘合式结构也还有固定的与临时的、主观的与客观的、有相应组合式的与无相应组合式的、理论上的与运用中的等等类别差异，都有待于进一步探讨。

① 如吴振国(2004:24～29)对粘合式联合结构的研究。

参考文献

毕永峨."也"在三个话语平面上的体现:多义性或抽象性?载戴浩一、薛凤生主编《功能主义与汉语语法》.北京语言学院出版社,1994.

伯纳德·科姆里著,沈家煊译.语言共性与语言类型.北京:华夏出版社,1989.

布龙菲尔德著,袁家骅等译.语言论.北京:商务印书馆,1980.

陈宁萍.现代汉语名词类的扩大——现代汉语动词和名词分界线的考察.中国语文,1987,5.

陈平.释汉语中与名词性成分相关的四组概念.中国语文,1987,2.

陈平.论现代汉语时间系统的三元结构.中国语文,1988,6.

程琪龙."语义结构"体现关系的探索.国外语言学,1995,3.

崔希亮.汉语介词结构与位移事件.载《中国语言学报》(12).北京:商务印书馆,2006.

戴庆厦、黎意.藏缅语的述补结构——兼反观汉语的述补结构.语言研究,2004,24(4).

戴耀晶. 现代汉语时体系统研究. 杭州：浙江教育出版社，1997.
戴耀晶. 汉语疑问句的预设及其语义分析. 广播电视大学学报，2001，2.
邓守信. 汉语动词的时间结构. 载《第一届国际汉语教学讨论会论文选》. 北京语言学院出版社，1986.
董秀芳. 动词性并列式复合词的历时发展特点与词化程度的等级. 河北师范大学学报，2000，23(1).
董秀芳. 论句法结构的词汇化. 语言研究，2002，3.
董秀芳. 论“X着”的词汇化. 载《语言学论丛》(28). 北京：商务印书馆，2003a.
董秀芳. “不”与所修饰的中心词的粘合现象. 当代语言学，2003b，5(1).
董秀芳. 汉语的词库与词法. 北京大学出版社，2004.
董秀芳. 从词汇化的角度看粘合式动补结构的性质. 语言科学，2007，6(1).
范继淹. 形名组合间“的”字的语法作用. 中国语文，1958，5. 载《范继淹语言学论文集》. 北京：语文出版社，1986.
范继淹. 是非问句的句法形式. 中国语文，1982，6. 载《范继淹语言学论文集》. 北京：语文出版社，1986.
范开泰. 语用成分说略. 中国语文，1985，6.
范开泰. 型式语义琐议. 载《中国语言学报》(9). 北京：商务印书馆，1999.
方立. 逻辑语义学. 北京语言文化大学出版社，2000.
符淮青. 词的释义. 北京出版社，1986.
符淮青. “看”和“看见”等词义的同异和制约. 汉语学习，1993，5.
符淮青. 词义的分析和描写. 北京：语文出版社，1996a.

符淮青."词义成分——模式"分析(表动作行为的词).汉语学习,1996b,5.
高顺全.复合趋向补语引申用法的语义解释.汉语学习,2005,1.
葛本仪.汉语词汇研究.济南:山东教育出版社,1985.
古川裕."的s"结构及其所能修饰的名词.语言教学与研究,1989,1.
顾阳.论元结构理论介绍.国外语言学,1994,1.
顾阳、沈阳.汉语合成复合词的构造过程.中国语文,2001,2.
郭继懋."熊猫保护组织"与"保护熊猫的组织"的句法语义区别.汉语学习,1996,5.
郭继懋.谈动宾语义关系分类的性质问题.南开学报,1998,6.
郭继懋、王红旗.粘合补语和组合补语表达差异的认知分析.世界汉语教学,2001,2.
郭齐.朱熹对孔子中庸思想的继承和发展.孔子研究,2005,5.
郭锐.现代汉语词类研究.北京:商务印书馆,2002.
胡建华、石定栩.完句条件与指称特征的允准.语言科学,2005,4(5).
胡壮麟.认知隐喻学.北京大学出版社,2004,2.
黄国营."吗"字用法初探.语言研究,1986,2.
黄国营、石毓智.汉语形容词的有标记和无标记现象.中国语文,1993,6.
蒋绍愚.关于古汉语词义的一些问题.载《语言学论丛》(7).北京:商务印书馆,1981.
蒋绍愚.词义的发展和变化.语文研究,1985,2.
蒋绍愚.汉语动结式产生的时代.载《国学研究》(6).1999.又见蒋绍愚《汉语词汇语法史论文集》.北京:商务印书

馆,2000.

蒋绍愚、曹广顺主编.近代汉语语法史研究综述.北京:商务印书馆,2005.

刘丹青."唯补词"初探.汉语学习,1994,3.

刘丹青.汉语类指成分的语义属性和句法属性.中国语文,2002,5.

刘丹青.句类及疑问句和祈使句:《语法调查研究手册》节选.语言科学,2005,4(5).

刘坚、曹广顺、吴福祥.论诱发汉语词汇语法化的若干因素.中国语文,1995,3.

刘宁生.汉语偏正结构的认知基础及其在语序类型学上的意义.中国语文,1995,2.

刘勋宁.现代汉语词尾"了"的语法意义.中国语文,1988,5.

刘云.篇名的篇章化.语言研究,2003,23(3).

刘月华等.趋向补语通释.北京语言文化大学出版社,1988.

刘正光、曹志希.指称意义与句法变化.外国语,2007,2.

刘正光、刘润清. V_i + NP的非范畴化解释.外语教学与研究,2003,35(4).

刘宇红、王志霞.现实表征 心理表征 语言表征.湘潭大学学报,2005,29(1).

李红印.汉语色彩范畴的表达方式.语言教学与研究,2004,6.

李劲荣.指宾状语句的功能透视.中国语文,2007,4.

李晋霞.论格式义对"$V_{双}$ + $N_{双}$"定中结构的制约.中国语文,2003,2.

李晋霞.制约"$V_{双}$ + $N_{双}$"优先理解方式的因素.中国社会科学院研究生院学报,2004,1.

李临定.究竟哪个"补"哪个:"动补格"关系再议.汉语学习,1984,2.

王灿龙. 词汇化二例. 当代语言学,2005,7(3).
王纯清. 汉语动宾结构的理解因素. 世界汉语教学,2000,3.
王红旗. 功能语法指称分类之我见. 世界汉语教学,2004,2.
王惠. 现代汉语名词词义组合分析. 北京大学出版社,2004.
王力. 中国现代语法. 北京:商务印书馆,1943/1985.
王力. 汉语史稿. 北京:中华书局,1958/1980.
王力. 汉语语法史. 北京:商务印书馆,1989.
王建军. 粘合·移位·虚化·替换——语气词"便是"到"就是"的演化历程. 古汉语研究,2006,4.
王珏. 汉语生命范畴初论. 上海:华东师范大学出版社,2004.
王寅、李弘. 原型范畴理论和英汉构词对比. 四川外语学院学报,2003,19(3).
王寅. 认知语法概论. 上海外语教育出版社,2006.
吴福祥. 能性述补结构琐议. 语言教学与研究,2002,5.
吴福祥. 近年来语法化研究的进展. 外语教学与研究,2004,36(1).
吴福祥. 汉语语法化演变的几个类型学特征. 中国语文,2005a,6.
吴福祥. 汉语语法化研究的当前课题. 语言科学,2005b,4(2).
吴振国. 现代汉语中的粘合式联合结构. 语言研究,2004,24(1).
萧国政、李汛. 试论 V 一 V 和 VV 的差异. 华中师范大学学报,1988,6.
项开喜. 汉语重动句功能研究. 中国语文,1997,4.
徐丹. 动补结构中的上字和下字. 载中国语文杂志社编《语法研究和探索》(10). 北京:商务印书馆,2000.
徐丹. 汉语句法引论. 北京语言大学出版社,2004.
徐杰. 疑问范畴和疑问句式. 语言研究,1999,2.
徐烈炯. 名词性成分的指称用法. 载徐烈炯主编《共性与个性——汉语语言学中的争议》. 北京语言文化大学出版

社,1999.
徐烈炯.语义学(修订本).北京:语文出版社,1995.
徐盛桓.试论英语双及物构块式.外语教学与研究,2001,33(2).
许嘉璐.论同步引申.中国语文,1987,1.
亚里士多德著,方书春译.范畴篇 解释篇.北京:商务印书馆,1959.
姚振武.论本体名词.语文研究,2005,4.
杨成凯.事件阶段和语法表示.载中国语文杂志社编《语法研究和探索》(11).北京:商务印书馆,2002.
杨成凯.关于"指称"的反思.载中国语文杂志社编《语法研究和探索》(12).北京:商务印书馆,2003.
杨亦鸣、余光武.《汉语词法:语言学和认知的研究》评述.当代语言学,2003,5(1).
尹世超.标题语法.北京:商务印书馆,2001.
尹世超.动词直接做定语与动词的类.载中国语文杂志社编《语法研究和探索》(11).北京:商务印书馆,2002.
俞士汶等.现代汉语语法信息词典详解.北京:清华大学出版社,1998.
袁毓林.祈使句式和动词的类.中国语文,1991,1.
袁毓林.现代汉语二价名词研究.中国社会科学,1992,3.载袁毓林《语言的认知研究和计算分析》.北京大学出版社,1998.
袁毓林.一价名词的认知研究.中国语文,1994,4.载袁毓林《语言的认知研究和计算分析》.北京大学出版社,1998.
袁毓林.词类范畴的家族相似性.中国社会科学,1995,1.
袁毓林.定语顺序的认知解释及其理论蕴涵.中国社会科学,1999a,2.
袁毓林.袁毓林自选集.桂林:广西师范大学出版社,1999b.

袁毓林. 论元结构和句式结构互动的动因、机制和条件. 语言研究,2004,24(4).

泽诺·万德勒著,陈嘉映译. 哲学中的语言学. 北京:华夏出版社,1967/2002.

詹人凤. 受事主语句(名—动式)的识别. 载中国语文杂志社编《语法研究和探索》(6). 北京:语文出版社,1992.

张斌、胡裕树. 从"吗"和"呢"的用法谈到问句的疑问点. 逻辑与语言学习,1982,4. 载《汉语语法研究》. 北京:商务印书馆,1989.

张博. 组合同化:词义衍生的一种途径. 中国语文,1999,2.

张伯江. 词类活用的功能解释. 中国语文,1994,5.

张伯江. 论"把"字句的句式语义. 语言研究,2000,1.

张伯江、方梅. 功能语法研究. 南昌:江西教育出版社,1996.

张国宪. "动+名"结构中单双音节动作动词功能差异初探. 中国语文,1989,3.

张国宪. 双音节动词功能增殖探讨. 载邵敬敏主编《语法研究和语法应用》. 北京语言学院出版社,1994.

张国宪. 形容词的记量. 世界汉语教学,1996a,4.

张国宪. 单双音节形容词的选择性差异. 汉语学习,1996,3.

张国宪. "$V_{双}+V_{单}$"短语的理解因素. 中国语文,1997,3.

张国宪. 现代汉语形容词的体及形态化历程. 中国语文,1998,6.

张国宪. 延续性形容词的续段结构及其体表现. 中国语文,1999,6.

张国宪. 现代汉语形容词的典型特征. 中国语文,2000,5.

张国宪. 形动构造奇偶组配的语义·句法理据. 世界汉语教学,2004,4.

张国宪. 性状的语义指向规则及其句法异位的语用动机. 中国

语文，2005，1.
张国宪．性质形容词重论．世界汉语教学，2006a，1.
张国宪．典型补语的非可控句位义．载《中国语言学报》(12)．北京：商务印书馆，2006b.
张国宪．性质、状态与变化．语言教学与研究，2006c，3.
张国宪．现代汉语形容词功能与认知研究．北京：商务印书馆，2006d.
张国宪．状态形容词的界定和语法特征描述．语言科学，2007a，6(1).
张国宪．形容词下位范畴的语义特征镜像．汉语学报，2007b，2.
张　敏．认知语言学与汉语名词短语．北京：中国社会科学出版社，1998.
张谊生．程度副词充当补语的多维考察．世界汉语教学，2000，2.
赵微．两类祈使句的体特征及其对否定的影响．南京师范大学学报，2005，3.
赵艳芳．认知语言学概论．上海外语教育出版社，2000.
赵元任著，吕叔湘译．汉语口语语法．北京：商务印书馆，1968/1979.
郑怀德、孟庆海．形容词用法词典．长沙：湖南出版社，1991.
志村良治著，江蓝生、白维国译．中国中世语法史研究．北京：中华书局，1984/1995.
周海峰．粘补动词初探．语文研究，2000，3.
邹海清．频率副词的范围和类别．世界汉语教学，2006，3.
朱德熙．现代汉语形容词研究．语言研究，1956，1．载朱德熙《现代汉语语法研究》．北京：商务印书馆，1980.
朱德熙．句法结构．中国语文，1962，8～9．载《朱德熙文集》

(二).北京:商务印书馆,1999.
朱德熙."的"字结构和判断句.中国语文,1978,1、2.载《朱德熙文集》(二).北京:商务印书馆,1999.
朱德熙.现代汉语语法研究.北京:商务印书馆,1980.
朱德熙.语法讲义.北京:商务印书馆,1982.
朱德熙.自指和转指——汉语名词化标记"的、者、所、之"的语法功能和语义功能.方言,1983,1.载《朱德熙文集》(三).北京:商务印书馆,1999.
朱德熙.语法答问.北京:商务印书馆,1985.
朱德熙.变换分析中的平行性原则.中国语文,1986,2.
朱景松.动词重叠式的语法意义.中国语文,1998,5.
A.J.格雷马斯著,吴鸿渺译.结构语义学——方法研究.北京:生活·读书·新知三联书店,1999.
Hopper and Traugott, *Grammaticalization*. New York, Cambridge university press, 1993.
Langacker, R. W. *Foundations of Cognitive Grammar*. Stanford University Press, 1987/1991.
Langacker, R. W. *Grammer and Conceptualization*. Berlin: Mouton de Gruyter.
Lakoff & Johnson. *Metaphors We Live By*. The University of Chicago Press, 1980.
Kruschke J K. *ALCOVE: An exemplar－based connectionist model of category learning*. Psychological Review, 1992.
Lyons, John. *Semantics* Ⅱ, Cambridge: Cambridge Cambridge University Press, 1977.
Malt B C, Sloman S A, Gennari S, Shi M, Wang Y. *Knowing versus naming: Similarity and the linguistic categorization of artifacts*, Journal of memory and

language, 1999.

Smith E E. *Concepts and induction*, *In*: *Poster M I. ed. Foundations of cognitive science*, Cambridge, M A: MIT Press, 1989.

Timothy Light 著,王宗炎译.黎天睦论"着"的核心意义.国外语言学,1991,1.

后记

本书在我的博士学位论文《粘合式结构范畴化研究》的基础上润色而成。粘合式结构与组合式结构是句法结构的两种基本构式，本书是我对粘合式结构形成及典型性问题的初步理解。

有幸拜在张国宪师座下学习语法。老师一册《汉语语法分析问题》在手，循章撷句，见常思异，循异蹈变，浸变洇常，纵古横今。侍座前直如清风拂面、街衢畅达。讨论答疑中老师从不骤下断语，从不拘于一家之说，娓娓中见源流经纬。写作中自觉鄙见常与矛盾同行，老师也从不朱笔圈割悖逆，唯留醒目标注示意，疏浚中也给我留出了很大的自由空间。因而敢不揣鄙陋，斗胆假设。课余老师不在合肥，电子信件的零距离还是让我能随时恭聆老师教诲。文中老师批注总是切中肯綮，或正、或顺、或肯定、或存疑，终让我受益无穷。拙论中也不乏对老师著述和授课心得的引鉴、阐释与讨论，文就常自惶悚，唯恐曲解或断章取义致悖损于老师初衷。好在老师丝毫不以为忤，允我这份习得现眼，得抱愧疚，当铭于内。

曹德和教授是我攻读博士学位期间接触最多的老师。先生给我们开了西方语言学理论和修辞学专题研究两门课程，授课旁征博引，肆逸挥洒。总想效仿先生的博学与严谨，唯令我始终不敢稍有懈怠。求学期间蒙先生座前视如及门、座后情逾友朋，每每感念系之。本课题开题、论证及行文过程中先生更多方启碁疏转。先生真诚的付出与无微不至的关怀使得本应乏味的三年枯坐竟如沐春风。邀天际遇，终不敢或忘。

白兆麟教授、黄德宽教授两位授业恩师对我博士论文的写作同样倾注了大量心血。两位先生的治学修养或通过言传身教、或潜移默化地感染着我。修习先生们的训诂、语法史与文字理论课，醉于研究视野、内容、思路、体系、方法等重大问题的融通，欣幸于这一生受用无穷的宝贵财富。白先生百忙中还通读了本书初稿并提出了宝贵的修改意见。先生们无私的教诲与关怀令人感戴。当奉圭臬，企法效万一。

复旦大学宗廷虎教授、上海师范大学陆丙甫教授、苏州大学朱景松教授、北京师范大学张炼强教授、山东大学高万云教授以及安徽大学岳方遂教授、杨晓黎教授等先生在本课题的开题、论文评阅及答辩过程中多所指正，使我获益良多。本书也因而得以尽快付梓。谨致谢忱。

同窗李艳思想天纵，学习讨论中总有新颖、不俗见解，多所契引；学弟傅满义、杨增宏，学妹马春华等也常与游。俾获颇多收益、诸般谐趣，在此一并致谢。

这份答卷属于母校安徽大学，校训“至诚、至坚、博学、笃行”将成为我永远的座右铭。感谢安徽大学出版社给了我这一以志纪念的机会。感谢安徽大学出版社的副总编辑彭君华先生、责任编辑马晓波先生的大力支持。马先生还就拙作惠赐了许多中肯的意见并进行了认真的改校，再拜。

全国斌

2009 年 5 月